古代文人并称导论

GUDAI WENREN BINGCHENG DAOLUN

東北林業大學出版社
Northeast Forestry University Press
·哈尔滨·

图书在版编目（CIP）数据

中国古代文人并称导论／姜大鹏著．—哈尔滨：东北林业大学出版社，2016.12（2024.8重印）

ISBN 978－7－5674－0994－1

Ⅰ．①中…　Ⅱ．①姜…　Ⅲ．①文人—称谓—研究—中国—古代　Ⅳ．①K825.4

中国版本图书馆 CIP 数据核字（2017）第 015608 号

责任编辑：赵　侠　陈珊珊

封面设计：宗彦辉

出版发行：东北林业大学出版社

（哈尔滨市香坊区哈平六道街 6 号　邮编：150040）

印　　装：三河市天润建兴印务有限公司

开　　本：710 mm×1 000 mm　1/16

印　　张：17.75

字　　数：240 千字

版　　次：2017 年 9 月第 1 版

印　　次：2024 年 8 月第 3 次印刷

定　　价：60.00 元

网络相逢感怀

——赠陈凯玲博士

【山东】姜大鹏

读文欲见尔真容，网络今朝喜见逢。
共话文人千古事，相析疑问一朝通。
路艰不惧向苍穹，惟愿今生发奋匆。
南陈北姜期共现，标新立异并称风。

拜读姜兄《中国古代文人并称导论》书稿有感，奉和一首以寄

【广东】陈凯玲

当年网络偶相逢，缘起并称志趣同。
故纸尘昏遗世外，天涯憔悴不言中。
杀青付梨一朝事，十五年来陶铸功。
更待他日成双璧，岂知无用补苍穹。

前　言

在中国古代文化史中，由于学术流派、社会风气、地方色彩、兴趣爱好、血缘关系等原因，人们往往把成就、名气、言行等方面相近的几个或更多的人相提并论，这就是我们常见的文人的并称。文人并称是一种颇有意味的文学现象，成为中国文学史上一道灿烂的景观。文人并称这种现象，为文学批评和作家研究提供了一个独特的视角，吸引人们去探索文学发展中的某些特殊规律。

并称具有概括性、差异性和排他性。通过对并称的研究，可以了解学术流派的异同，文艺流派的风格，朝代的背景与风尚，流派的师承关系，以及某一地方、某一氏族的文化风貌，等等。对于“老庄”“孔孟”“屈宋”“李杜”“二安”“三曹”“三苏”“初唐四杰”“南宋四大家”“元曲四大家”“建安七子”“竹林七贤”“前后七子”“唐宋八大家”等并称，相信大家不会感到陌生。但对于“东郭二诗人”“月湖三子”“莆田四子”“南楼五子”“西湖六君子”“海曲七子”“东江八子”“西园十子”“鹫峰十六子”等可能就不是很熟悉了。可以说，文人的并称虽然很常见，但并称中的人物究竟是指哪些人，为什么会出现这样的并称，人们可能知之甚少，这给众多读者带来了极大的不便。过去的类书和辞书曾收录过关于人物的并称，但因择要而录，远不能满足查阅、检索和研究的需要。上海辞书出版社2001年推出了迄今为止国内最全面的一部著录历代名人并称的工具书——《历代名人并称辞典》，这部辞典收录了上起传说时代，下迄1949年，共1 710余条（实收2 190条）名人并称，其中纯文人并称就占了一半以上，总数超过一千条，但仍然有太多缺漏，至少笔者掌握的条目已是其数倍之多。出于对中国文学史的爱好，自2001年起，在笔者的读书生活中，就有了一个既定的阅读目的，那就是将各类书籍中关于文人并称的文字记录下来，如此这般持续地读下去、记下去，日积月累，经过不懈地搜集、整理和研究，最终得成今日之书。

全书共分六章，分别介绍了文人并称的释义与界定、源流与分期、排序与评价、分类与命名、扫眉才子的并称与兴起、文人并称的研究与成果。

在写作过程中，笔者力求把握四点：一是雅俗共享，科学处理“雅”与“俗”的关系。任何作品不能用非雅即俗，非俗即雅的单一视角来看待，相反，某些最“俗”的作品中也常常会流露出极有历史感、极有文化意味的“雅兴”，所谓“大俗成雅”。如汉赋、唐诗、宋词、元曲，这是备受前人称赞的、我国古代文学史上最具光彩的“一代之文学”，其中词、曲原本就是通俗文学。本书写作力求学术性、知识性与通俗性、生动性兼顾。文人并称的导论部分，既有学术研讨，也有知识普及，力求使高雅文化在通俗的表述中得到更大的传播。二是立旧拓新，理性把握“新”与“旧”的关系。关于文人并称，古人其实是注意到的，在《小学绀珠》《齐名纪数》《读书纪数略》《诗家标目》等书中均有体现，但更多的是谱录学的一个方面；当代的学者张珊、陈凯玲也都有专题研究，但是这一领域仍然有待继续深入挖掘。本书希望能在传统表述的基础上，跳出窠臼，利用丰富的史料深入挖掘、独抒己见，力求使文人并称研究在广度、深度、高度三个方面得到开拓发展。三是知行合一，努力践行“知”与“行”的关系。知行合一，既是一个哲学问题，也是一种学术态度。“纸上得来终觉浅，绝知此事要躬行”，全面系统地整理发掘古代文人并称情况，必须“读万卷书，行万里路”，必须深入文化楼馆、民间一线，充分将“书里”“书外”结合起来，做到知行合一，格物致知，这才是学习和写作的最好方法，也只有这样才能得到最鲜活的“文人并称案例”、最无误的“文人并称组合”。四是以小窥大，辩证审视“大”与“小”的关系。力求通过一个小的文人并称案例，展现一个时代或一个时期，某个地域或是某个流派抑或某个家族等不同层面的宏观面貌，力求通过一个个文人并称案例的串联，形成文学史的主要脉络，从微观入手，处理好“点”与“面”的关系，让文人并称的面貌得到更好的展现。

当然，由于我国历史悠久、幅员辽阔、典籍浩瀚，因此文人并称数量众多，加之笔者水平有限，鲁鱼亥豕，或恐难免；意见分歧，或容商榷；白璧微瑕，或当有之；见闻未广，或存蛙见。在此敬请广大读者批评指正，以便日后进一步修订完善。

目　　录

第一章　文人并称的释义与界定

第一节　导语

在正文开始之前，先来赏读三首词，作为全书的引子：

喜迁莺·贺生双子

宋代·佚名

物中双美，惟郯县双凫，禹门双鲤。太华双莲，蓝田双璧，剑丰城而已。争是一门双秀，又是一朝双喜。人总道，机云双陆，同年弧矢。

希耳。会见这，双桂连芳，双鹄冲霄举，鱼诏双金，带横双玉，惟道无双国十。但愿双英双戏彩，且直与，双亲儿齿。愿岁岁，见东风双燕，满城桃李。

喜迁莺·贺人生第三子

金代·王特起

古今三绝，惟郑国三良，汉家三杰。三俊才名，三儒文学，更有三君清节。争似一门三秀，三子三孙奇特。人总道，赛蜀郡三苏，河东三薛。

庆惬。况正是，三月风光，杯好倾三百。子并三贤，孙齐三少，俱笃三余事业。文既三冬足用，名即三元高揭。亲俱庆，看宠加三命，礼膺三接。

剔银灯·庆生第五子

宋代·佚名

古来五子伊谁，有唐室、五王称首。窦氏五龙，柳家五马，西晋室、陶家五柳。英名不朽。更东汉、马良并秀。

君今也、五男还又。应是五星孕就。腹笥五经，身膺五福，指日继、五侯之后。个般非偶。好与醉、刘伶五斗。

第一首是宋代无名氏作的一首词，内容是祝贺某人家生两个孩子，笔者称之为“双字词”。中华文化讲究骈偶，喜欢事物成双成对。在中华民族的传统文化中，崇尚对偶、崇尚对称这种观念已渗透到人们社会生活中的各个角落，在各个方面都有淋漓尽致的表现。在历史上，这首词虽然并不知名，但是很有特色，通篇串联双数，“双美”“双凫”“双鲤”“双莲”“双璧”“双陆”“双桂”“双鹄”“双金”“双玉”“双英”……均有并列之意，形之于文学，即为比、兴手法的运用；用之于人物，即为同类并称的流行。以“双美”“双璧”“双陆（机云）”“双桂”等词语为例，这几个词语在文史上多用来形容兄弟或姊妹并称。严格地说，“双”“对”不是数字范畴，但它们都含有数的意义，体现了中华民族崇尚偶数的观念。

第二首词，据明代陈耀文《花草粹编》记载，金朝有个人生第三个儿子时，当时词人王特起（字正之，一说为明朝人），戏作含有“三”的数字词祝贺，有人称之为“三字词”，词虽不甚出众，但其旁征博引，足见其对经典的熟稔，其中就包含了多对人物并称。

“郑国三良”是指叔詹、堵叔、师叔三个郑国贤臣。语出《左传·僖公七年》：“郑有叔詹、堵叔、师叔，三良为政，未可间也。”“汉家三杰”是指汉代张良、萧何、韩信三人。语出《史记·高祖本纪》，刘邦曾语：“夫运筹策帷帐之中，决胜于千里之外，吾不如子房。镇国家，抚百姓，给馈饷，不绝粮道，吾不如萧何。连百万之军，战必胜，攻必取，吾不如韩信。此三者，皆人杰也，吾能用之，此吾所以取天下也。”“蜀郡三苏”是指宋代苏洵、苏轼、苏辙父子三人。“河东三薛”是指唐代薛收与其侄薛元敬、薛德音的合称。在一首词中至少就出现了四对历史人物并称，其中两对即为纯粹的文人并称。

第三首词，还是为祝贺某人家生孩子所作的，笔者称之为“五字词”，依然还有多对人物并称。其中“窦氏五龙”大家相对熟悉一些，中国古代蒙学教材之一的《三字经》中写道：“窦燕山，有义方，教五子，名俱扬。”讲的就是五代时期窦禹钧教子有方的故事。窦禹钧，也称窦燕山，渔阳县人，即蓟县人，生于唐末，卒于后周，官至右谏议大夫。窦禹钧有五个儿子，家教甚严，建书房四十余间，买书数千卷，聘请名师教读。在窦禹钧的培养教育下，五个儿子先后登科及第，并成为国家栋梁。长子窦仪，授翰林学士，任礼部尚书；次子窦俨，授翰林学士，任礼部侍郎；三子窦侃，任左补阙；四子窦偁，任左谏议大夫，官至参知政事；五子窦僖，任起居郎。窦家五子，被称为“窦氏五龙”，又称“燕山五龙”。窦燕山的好友冯道曾赠诗赞曰：“燕山窦十郎，教子有义方。灵椿一枝老，丹桂五枝芳。”

至于“五王称首”则是唐代的一个典故。神龙元年，武则天病重弥留，宠臣张易之、张昌宗阴谋作乱。宰臣张柬之联合桓彦范、敬晖、崔玄暐和袁恕己五人率羽林军入宫，杀死“二张”，拥立中宗即位，逼迫武则天还政于唐，是为“神龙政变”。次年，武则天去世。五人此年均被封为郡王，故又称之为五王政变。“五王”分别为平阳郡王敬晖、扶阳郡王桓彦范、汉阳郡王张柬之、南阳郡王袁恕己、博陵郡王崔玄暐。

“柳家五马”，代指柳宗元。古时以“五马”称太守，柳宗元曾为柳州刺史，唐刺史与汉太守相当，故以“五马”称之。

“陶家五柳”，代指陶渊明。陶潜有《五柳先生传》：“先生，不知何许人也，亦不详其姓字；宅边有五柳树，因以为号焉。”这是一篇通过对五柳先生这一假想人物的描述来用以自况的文章。又有唐司空图《杨柳枝》诗：“陶家五柳簇衡门，还有高情爱此君。”

至于“五男”“五星”“五经”“五福”“五侯”“五斗”等均与人物并称无关，不再过多解释。

除了上述几首有趣的古代并称诗词外，与并称有关的还有一些有趣的联语。其中有一对经典的联语，出自曾国藩，他提出作字之法，可为师资者作二语，曰：“时贤一石两水，古法二祖六宗。”看到这里，不少读者可能会觉得一头雾水，什么是“一石两水”？什么又是“二祖六宗”呢？实际上，“一石两水”“二祖六宗”均是并称语，所谓“一石谓刘石庵，两水谓李春湖、程春海，二祖羲、献，六宗为欧、虞、褚、李、柳、黄也”。换成白话文就是一石是指刘墉，就是电视连续剧《宰相刘罗锅》里的那个“刘罗锅”，但实际上“刘罗锅”年轻时并不罗锅。刘墉号石庵，所以权作“一石”。两水指的就是李宗瀚、程恩泽了，因为李宗瀚号春湖，程恩泽号春海，皆有“氵”字旁，所以便称之为“两水”了。“一石两水”是清代三位著名官员、文学家、书画家的并称。至于“二祖”指的就是王羲之、王献之父子了，他们在书法史上分别被冠以“书圣”“亚圣”的称号。“六宗”指的则是欧阳询、虞世南、褚遂良、李邕、柳公权、黄庭坚，他们均是历史上的书法大家。

如果说以上讲的是石头啊、水啊都可以用作并称词语，那么下面的这个案例就更有意思了，什么山啊、谷啊、陵啊、坡啊的也都可以，这个案例出自钱锺书的《围城》：

> “当然是陈散原第一。这五六百年来，算他最高。我常说唐以后的大诗人可以把地理名词来包括，叫‘陵谷山原’。三陵：杜少陵，王广陵——知道这人么？——梅宛陵；二谷：李昌谷，黄山谷；四山：李义山，王半山，陈后山，元遗山；可是只有一原，陈散原。”说时，翘着左手大拇指。鸿渐懦怯问道：“不能添个‘坡’么？”“苏东坡，他差一点。”

以上就是那位“我一开笔就做同光体”的董斜川所说的话，书中的“方鸿渐不敢开口”，就是因为被“陵谷山原”这一并称给慑伏了。

那么“陵谷山原”究竟指的是历史上哪些著名文学家的并称呢？在此，做简单介绍。

“三陵”分别指的是杜甫、王令、梅尧臣。杜少陵即杜甫，杜甫自号“少陵野老”，“少陵”本为地名，在今西安市长安区。那里原是古代杜伯国的旧地，汉宣帝死后葬在那里，其墓因此而称“杜陵”，宣帝的第一位皇后许皇后的墓在附近，因规模小于帝陵，所以称“少陵”。杜甫曾在“少陵”西边住过，故此为号。王广陵即宋代诗人王令，字逢原，广陵（今扬州市江都区）人，有《广陵先生文集》。梅宛陵即梅尧臣，字圣俞，宣城人。宣城古名宛陵，故世称宛陵先生，有《宛陵先生集》存世，故称之。

“二谷”分别指的是李贺和黄庭坚。李贺，字长吉，有《昌谷集》传世，世称李昌谷。黄庭坚，自号“山谷先生”，故称之。

“四山”分别指的李商隐、王安石、陈师道、元好问。上文中的李义山即李商隐，字义山。王半山即王安石，字介甫，号半山，因他罢相后居于建康（今南京）之半山，故名之。陈后山便是陈师道，彭城（今徐州）人，字无己，自号后山居士，有《后山集》，故称之。元遗山即元好问，字裕之，号遗山。

“一原”指的是陈三立，字伯严，号散原，是大学者陈寅恪的父亲，近代同光体诗派的重要代表人物，亦被誉为中国最后一位传统诗人。实际上“一原”不是并称，但是陈三立却是有多个并称称号的，如他与王树枏并称为“南陈北王”，与谭嗣同并称为“两公子”，与谭延闿、谭嗣同并称为“湖湘三公子”，与陈衍、陈曾寿并称为“海内三陈”，与谭嗣同、徐仁铸、陶菊存并称为“维新四公子”，又与王闿运、樊增祥、易顺鼎并称为“清末民初四大诗人”。

如果说上面的“四山”是古代的山，下面笔者说一个现代的“四山”，虽然名声未必能同上述四位大作家相比，但为了说明一下并称的广泛性和适用性也还是有必要的。尚树森先生曾写过一篇文章《太行“四山”——从张石山先生讲座说开去》，发表在《长治日报》(2015 年 5 月 23 日的副刊）上，在文中曾提及：“由张石山、我不禁在此想起了多年以前的一个说法，叫‘太行四山’，指的是在 20 世纪八九十年代，太行山东西两侧几位比较有名的作家，巧的是他们的名字都有一个‘山’字。太行山西侧，是山西的韩石山、张石山；太行山东侧，是河北的韩映山、贾大山。至于这个说法是怎么来的，孤陋寡闻的我，还不得而知。愿有兴趣的读者为大家揭开这一谜底吧。”

好了，多余的话不再多说了，就让我们开始进行“并称”的追根溯源之旅吧！

第二节　并称释义

可以说，并称在生活中使用广泛，各行各业都有自己的并称词汇，它是汉语的一种独特表达方式。人物并称，在现代汉语中，顾名思义，就是一起称呼，再详细一些就是某几个人合在一起特有的共同称谓。由于其司空见惯，以致一般辞书都疏于详细解释，部分收录并称的辞典进行了一些解释，如《历代名人并称辞典》前言："把成就、言行相一致的两三个以至十数个人相提并称。"《中国并称名人辞典》序："后人将历史上或同一时代，或同一地点，或同一姓氏，或同一领域的博学多才、德高望重、卓有成就，且为世人所钦仰推崇的人物加以并称。"可以说，第一种解释过于简单，不够详细，诠释也有偏差。有些人物并称并非因为成就、言行相一致。第二种解释比较详尽，但是表述也有欠缺。有些人物并称也并非世人所钦仰推崇的，也有的是讽刺、丑化的。

"并称"二字并非自古就有，从现有文献来看，较早的记载见于汉代，司马相如的《难蜀父老》："于是诸大夫茫然丧其所怀来，失厥所以进，喟然并称曰：'允哉汉德！此鄙人之所愿闻也。百姓虽劳，请以身先之。'敞罔靡徙，迁延而辞避。"① 扬雄《羽猎赋》："群公常伯杨朱、墨翟之徒，喟然并称曰：'崇哉乎德！虽有唐、虞、大夏、成周之隆，何以侈兹！'"②

然而，这里的"并"与"称"实际上是作为单音节字来使用，虽然连在一起，但应该分开理解，二者各有不同的含义，并非"相提

① 严可均．全上古三代秦汉三国六朝文：第1册［M］．北京：中华书局，1958：247.
② 同①，406.

并论”的意思。“并”相当于“都”“皆”，“称”作“谓”“说”等解，与“曰”字一起引导主语说话的内容。

大致到了魏晋南北朝时期，“并称”一词向复合词发展，意思为“一起被称为”“以……著称”，多见于人物的相提并论，成为一个具有褒义色彩的评价性动词。如北齐魏收《魏书》卷九十三：“时黄门侍郎太原王遵业、琅琊王诵，并称文学。”①

至唐代以后，“并称”的含义在“相提并论”的基础上，又逐渐向“齐名”过渡，使得该词侧重于所称对象的名气、声望相埒。特别是在宋代以后，尤为常见，与今义一致。

如宋代罗大经《鹤林玉露》卷六“李杜”条：“唐人每以李杜并称。”②

宋代黄震《黄氏日钞》卷六十《读文集》“柳文”条：“柳以文与韩并称。”③

宋元以后，“并称”现象逐渐增多，特别是明清两代，可谓蔚为大观，“并称”更是演变成一个具有术语性质的双音节名词：齐名之称。

根据张珊④考证，在古代，并称主要有以下几方面释义：

1.“并”作都、一起、同时、并且等意，“称”与其后字词组成词组，如“并称疾”“并称病”“并称兵”“并称王”等。

2.“并”作都解，“称”作谓、说、称为等解。

3.“并”作都解，“称”作称赞、称扬等解。

4.“并称”逐渐向复合词发展，作“一起被称道”“以……著

---

① 魏收．魏书：第6册［M］．北京：中华书局，1974：2008.

② 罗大经．鹤林玉露［M］．北京：中华书局，1983：341.

③ 黄震．慈溪黄氏日钞［M］．北京：北京图书馆出版社，2005：29b.

④ 张珊．中国古代作家并称研究［D］．南京：南京大学，2006：4－5.

称”，开始向今义靠拢。

张珊认为“并称”一词的今义，在宋代以前，尚未发现有使用者，不过这个观点还有待进一步考证。

在古代，与“并称”意义相关的词语很多，“合称”“齐名”“齐称”“同称”“并名”“齐号”等都可表述此类现象，下面列举几例。

“合称”之例：

清代杨琼《滇中琐记》：“升庵在滇，与滇之士夫文字交密者，有张含、李元阳、杨士云、胡廷禄、王廷表、唐锜六先生，与升庵合称‘滇南七子’。”① 文中将杨慎（字升庵）、张含、李元阳、杨士云、胡廷禄、王廷表、唐锜合称为“滇南七子”。

“齐名”之例：

《元史》卷一百八十二《谢端传》：“谢端字敬德，蜀之遂宁人。宋末，蜀士多避兵江陵，因家焉。端幼颖异，五六岁能吟诗，十岁能作赋。弱冠，与尚书宋本同师，明性理，为古文，又同教授江陵城中，以文学齐名，时号‘谢宋’。”文中，因谢端、宋本齐名，故将两人称之为“谢宋”。

一般来说，并称者必定齐名，而齐名者未必有并称，再试举一例：

清代卢见曾《国朝山左诗钞》中张永跻小传载：“先生名家隽才，早负文望，与同邑毕解元世持、谭进士再生齐名。而屡困场屋，年将六十始举于乡，耳久废听，壬辰下第，遂终老焉。善诗余，所著《蕉雨词》二卷，力矫南宋靡芜，独以苏辛为宗，尤为时所仅见。卒年八十有四。”由此可见张永跻、毕世持、谭再生三人尽管齐名，却无并

---

① 方国瑜．云南史料丛刊：11 卷［M］．昆明：云南大学出版社，2001：304.

称之号。

“齐称”之例：

清代朱彝尊《静志居诗话》卷七《陈献章》：“陈献章，字公甫，新会人。……成化间，白沙诗与定山齐称，号‘陈庄’体。”在文中，将庄昶、陈献章称之为“陈庄”。

“同称”之例：

宋代石介《三豪诗送杜默师雄》诗：“曼卿豪于诗，社坛高数层。永叔豪于辞，举世绝俦朋。师雄歌亦豪，三人宜同称。曼卿苦汩没，老死殿中丞。身虽埋黄泉，诗名长如冰。永叔亦连蹇，病鸾方蹇腾。四海让独步，三馆最后登。师雄二十二，笔距狞如鹰。才格自天来，辞华非学能。迥顾李贺辈，粗俗良可憎。玉川月蚀诗，犹欲相凭陵。曼卿苟不死，其才堪股肱。永叔器甚闳，用之王道兴。师雄子勉旃，勿便生骄矜。”诗称欧阳修为文豪，石延年为诗豪，杜默为歌豪。

“并名”之例：

清代沈德潜《清诗别裁集》卷二《宋征舆》：“云间诗家推陈卧子、宋辕文、李舒章。卧子蹈海后，宋李并名于时，未尝有所轩轾。”在文中，将宋征舆、李雯称之为“宋李”。

……

张珊认为并称、合称异名同质，并指出：“古代文史中有一种常见现象，即人物常常不以单独的形式出现，而是几人一组，并列而出，这种现象就是所谓的并称，又叫合称、连称等。”而袁世全并不赞同此观点。袁世全在《实用合称词词典》中的代序——《合称：一种独特的传播符号》一文中详细论述了合称与并称的区别，他认为合称与并称是不同的概念。袁世全对“合称”所下的定义是：“我们所定义的合称，是指两个或两个以上具有某种平行关系而且至少在某一点上有着一定联系（或同质，即内在联系；或同形，即外部联系）的人或事物，用数的表述形式合而为一的称谓。”他对“并称”所下的定义是：“我们所定义的并称，是指两个或两个以上具有某种平行关系而且至少在某一点上有着一定联系（或同质，即内在联系；或同形，即外部联系）的人或事物的称谓中各取其一（或语素，或词，或短语；或省称，或全称）组合而成的一种称谓，一种传播符号。”①

袁世全对于“合称”的解释尤为详细，从五个方面进行了解释：第一，一定有数词作为构成成分。第二，这个数是基数而不是序数。第三，这个数一般是确数而不是约数。第四，各单元之间至少在某一点上有着一定的联系，也必然有体现这种或其中某种联系的一个或一个以上的词语（语素或短语）或概念。第五，各单元是平行（并列）关系，而不是主从关系、种属关系，或其他别的关系。其实，用简单的语言来区分两者的话就是前者含数，后者不含数。

所使用的“并称”概念，在最根本、最本质的看法上与张珊并无区别，可以概括为三点内涵：

第一，“并称”是指两个或两个以上的特定对象在某个方面具有相同、相似、平行或是并列的关系。

第二，“并称”是一种品评关系，即对两个或两个以上的特定对象作相提并论的评价。

第三，“并称”是一种称谓方式，即对两个或两个以上的特定对象冠以共同的称号。

笔者的观点是合称、并称不需细分，也就是本书所说的文人并称既包含袁世全所说的合称，也包含其所说的并称，主要的原因就在于它们在文学史上或文化史上的意义是相同的，“李杜”也好，“中国古代诗坛双子星座”也罢；“轼辙”也好，“二苏”也罢；均是从不同

① 袁世全. 实用合称词词典［M］. 上海：上海辞书出版社，2004：1－3.

侧面、不同角度、不同提法揭示了这一并称现象。

关于“齐名”“齐称”“同称”“并名”“齐号”与“并称”的区别，则可参阅张珊的论文《中国古代作家并称研究》，在此不再过多阐述。

李永雅在其硕士学位论文《与陶渊明相关并称的批评学意义》中，曾对“文人并称”一词下过一个完整的定义：“文人并称”是指仅保留对象的姓氏，以简略形式同时称谓两名或以上的文人，并经历一定的意义积累过程，长期沿用的现象。论文进一步指出：并称现象衍生的一系列并称词汇，是古代批评术语中的非常规成员，具有一定的解释学意义①。很明显这是属于狭义的文人并称定义，甚至有些不太确切，如“三君”“四友”之类的并称就不属于“仅保留对象的姓氏，以简略形式同时称谓”这一特征。

因此综合各家观点，本书对“文人并称”所下的定义是：两个或两个以上的文人具有相同或相似、平行或并列的关系，并且至少在某一点上有着内在或外延的关系，用相应的词语表述其组合的一种称谓方式。

简单地说，文人并称就是两个或多个文人的联合简称。

第三节 并称界定

关于“古代文人并称”的内涵和界定，下面从五个方面予以辨识。

① 李永雅．与陶渊明相关并称的批评学意义［D］．广州：暨南大学，2014：摘要页．

一、关于身份的界定

若给文人并称提炼一个完整的定义，首先应当对“文人”一词有一个相对准确的认识。

“文人”一词共有两个含义：一是古称先祖之有文德者，二是知书能文的人。在中国传统典籍中，“文人”之称起源颇早，如《诗·大雅·江汉》：“厘尔圭瓒，秬鬯一卣，告于文人。”自殷周以来，“文”字多涵有“德”的意义，以至春秋时最终形成“文德”一词。而自春秋以后，“文”又含有“学”的意义，渐而成“文学”一词。《论语》中孔子曾将他的门生分为四类，其第四类就是擅长文学的子游、子夏。

关于文人的定义，过去论者甚多，概言之，大体不外广义或狭义两种，古代对文人的理解，是与“武”相对而言的，即非军事的，非武即文。所以，朝廷里有武官、文官之称。这里的文人就是一个广义的概念，包含了“武”之外的所有，当然也包括了任文职的写诗作赋之人。所以通俗地讲，所谓广义的文人，即与武人相对者，可指一切舞文弄墨之人；狭义文人就即指文学艺术工作者，是指人文方面的、有着创造性的、富含思想的文章写作者。

文人一词的含义其实是随着时代的变化而变化的。传统意义上的古代文人，主要是指写诗作赋之人，是以诗、词、赋等为主要形式而进行文学创作的人。现代意义上的文人，应该是专门从事诗歌、散文、小说、影视、戏曲等文学创作的人，不仅仅包括作家、编剧，还包括导演、演员、作曲家等，甚至还包括所有从事舞台艺术的人群。这就是文人概念的延伸和内涵的变化与发展。也就是说严肃地从事哲学、文学、艺术以及一些具有人文情怀的社会科学的人，就是文人；或者说，文人是追求独立人格与独立价值，更多地描述、研究社会和人性的人。现代著名作家钱锺书在《写在人生边上·论文人》中曾写道：

> 所谓文人也者，照理应该指一切投稿、着书、写文章的人说。但是在事实上，文人一个名词的应用只限于诗歌、散文、小说、戏曲之类的作者，古人所谓“词章家”“无用文人”“一为文人，便无足观”的就是。至于不事虚文，精通实学的社会科学与自然科学等专家，尽管也洋洋洒洒发表着大文章，断乎不屑以无用文人自居——虽然还够不上武人的资格。①

正因为文人一词有传统意义和现代意义、广义和狭义之分，因此为了规范和统一表述，本书所使用“古代文人并称”一词来称呼的研究对象，即在古代史上留有文学作品的文人的齐名之称。本书所指的文人主要是指古代所有的作家以及绝大多数的书法家、画家，也包括一小部分在中国文学史上产生重大影响且留下著名文学作品的思想家、政治家、史学家及宗教人物等。当然，纯粹的政治、军事、科学等领域的人物并称并不包含在内。诗人、词人、剧作家、小说家等比较纯粹的文人并称自然是比较容易区分和界定的，而绝大多数的书法家、画家也包含在文人之列，主要是基于两点考虑：一是“琴棋书画”在古代为秀才“四艺”，也就是说哪怕是一个普通的文人也应当是能书擅画的，也许画作水平可能并不高；二是古代的书法家、画家基本上没有不会吟诗作文的，尽管文学水平并不一定很高。在古代，两者基本上是一种相互包容的关系，差异并不像今天这么大，只是在论述时表述的侧重点不同而已。除此之外，还有三类特殊身份，一则为闺秀类人物，一则为隐逸类人物，一则为方外类人物。闺秀类和隐

① 钱锺书．写在人生边上；人生边上的边上；石语［M］．北京：生活·读书·新知三联书店，2002：52.

逸类人物，比较容易理解也比较容易接受，有作品流世者，本书多予收录。方外类人物主要是指僧侣、道士及其信徒等，有重要影响者，本书酌情予以收录，一般的僧道则不予收录。下面再以具体的案例说明一下非纯粹的文人并称是如何界定和处理的。

以“班马”为例，此指的是汉代两位著名历史学家的并称，“班”指班固，“马”指司马迁。司马迁及其《史记》，已有诸多褒赞，《史记》无论是史学价值还是文学成就都极高，故鲁迅先生誉之为“史家之绝唱，无韵之离骚”。班固则是继司马迁之后又一位杰出的史学家，其编著的《汉书》是中国历史上第一部纪传体断代史，后人常把他与司马迁、把《汉书》与《史记》相提并论，向有“班马”“史汉”之称。因其二人在文学史上影响巨大，故“班马”并称本书视为文人并称予以收录。其他领域亦以此参照。

再以“大范小范”为例，“大范小范”指的是宋代范雍、范仲淹两人并称。据《五朝名臣言行录·七之二参政范文正公仲淹》引《名臣传》：“夏人闻之，相戒曰：‘无以延州为意，今小范老子腹中自有数万兵甲，不比大范老子可欺也。”虽然说范仲淹的《岳阳楼记》《渔家傲》《苏幕遮》等文学作品脍炙人口，其本人也是宋代著名的政治家、思想家、军事家和文学家，但从这对并称来讲，还是指军事领域的并称，应纳入军事人物并称行列。其实范仲淹与包拯也曾被人并称为“包范”，尽管这个并称并不为人们熟知。元代诗人王恽在开封府瞻仰《开封府题名记》碑后，就赋诗《宿开封后署》：“拂拭残碑览德辉，千年包范见留题。惊乌绕匝中庭柏，犹畏霜威不敢栖。”在诗中将包拯、范仲淹并称，并将其英名比作“霜威”，贪官则比喻成“惊乌”，很显然这是一对官员并称，这首诗讲的也是“政事”而非“文事”。包拯虽然中过进士，担任过龙图阁学士，但并不擅长诗赋，给人的第一印象是“廉洁正直、不畏权贵、铁面无私、断案公正”的清官形象，享有的是“包公”“包青天”的美誉。关于包公的文学作品很多，仅以元杂剧包公戏为例，今人考证至少有十一种之多，但包公自己的文学作品则基本未见流传，其诗歌仅有一首《书端州郡斋壁》。因此“包范”这一并称笔者不视为文人并称，准确地讲应纳入政治人物并称行列。

二、关于范畴的界定

文人并称从范畴上而言可以分为广义和狭义之说。狭义的文人并称是指人数和成员均已固定的、被充分认可的、经典化的一个团体，这个创作团体能够给人相似或是一致的印象，已经成为一个文学符号，从而标志着成员之间特定的并称关系。这类文人并称具有稳定性、经典性和紧密性的特点。

广义的文人并称则是指除了狭义文人并称外，各成员之间并无稳定组合形态的一个团体，对于群体关系的描述，虽有修饰语但没有特定，往往是临时性地将某些人相提并论，或者是还没有经典化成一个文学符号。这类文人并称也常在各类结社、文学选集或诗话、笔记集中出现，常常使用“×家”“×子”“×兄弟”“×布衣”“×进士”“×翰林”“×女/姐妹”等形式。例如，清代、民国时期合刻诗文总集取若干家组成，其书名便成为若干家集，如《灵岩三家诗选》《黎平四家诗》《五华五子诗抄》《文园六子唱和诗》《石城七子诗钞》《滇八家诗选》等，从而衍生出“灵岩三家”（清代盛锦、张锡祚、黄子云）、“黎平四家”（清初胡学汪、胡奉衡、倪本毅、朱凤翔）、“五华五子”（清代戴絅孙、杨国翰、池生春、李于阳、戴淳）、“文园六子”（清代汪之珩、李御、黄振、顾驷、吴合纶、刘文）、“石城七子”（清代秦际唐、陈作霖、邓嘉缉、顾云、蒋师辙、何延庆、朱绍颐）、“滇八家”（清代云南诗人钱沣、黄琮、戴絅孙、朱雘、赵藩、张星柳、陈荣昌、李坤）等称谓。一般情况下，这些并称只是选本内容的反映，至于入选对象之间是否存在并称关系，有些是比较清晰的，有些则是比较模糊的，本书将之视为广义的文人并称。

当然，对于《×氏×世（代）×集》之类的家族作品汇集，本书并不认定其为作家并称。举例说明，潘元炳、潘元炜辑《潘氏八世诗集》，路承熙辑《毕节路氏三代诗钞》，佚名辑《铜仁徐氏十二世诗集》等，虽然分别辑录了多个人的作品，相互之间也有一定的关联，但明显不符合并称的特征，因为无法从中辑录出并称名号，冠之以名。

其实，广义的文人并称，若是得到普遍的接受和认同，也会逐渐被经典化、符号化，从而进入狭义文人并称的层面。例如，清初宋荦与许汝霖编选《国朝三家文钞》、吴之振辑《八家诗选》、清中叶沈德潜辑《七子诗选》、刘执玉辑《国朝六家诗钞》，所标举的“国朝三家（清初散文三大家魏禧、侯方域、汪琬）”“海内八家”（清初诗人曹尔堪、宋琬、沈荃、施闰章、王士禄、王士禛、汪琬、程可则）、“吴中七子”（清代曹仁虎、王鸣盛、王昶、钱大昕、赵文哲、吴泰来、黄文莲）、“国朝六家”（清代王士禛、朱彝尊、施闰章、宋琬、赵执信、查慎行）等人，即成为经典化的称谓，进入了狭义的文人并称行列。

上述是以文学选集或诗话、笔记集为例。再以文人结社为例，常见的格式有“×子社”“×老会”等。陈小辉在《诗社起源》一文中对“结社”做了如下定义：“结社，古已有之，它是两个或两个以上的成员为了相同的目的自发组织起来，并按照一定的原则或方式开展活动的相对稳定的团体。”① 而文人并称也是由两个或两个以上的成员

① 杜泽逊．国学茶座：第一辑［M］．济南：山东人民出版社，2013：155－160.

组成的，在历史上有一些并称和结社还存在互换关系，如《锡金识小录》卷之四《综考·蓉湖七子》载："康熙初，七人为文会，名噪一时，时士子结社有禁，故不称社，人号'蓉湖七子'云。"① 这个案例不仅清晰地表明了社团的称号与文人并称群体是可以互换的，而且还说明了缘由，也就是说可以从"×子社""×老会"中辑录出"×子""×老"的并称称号。当然，在历史上，最为著名的则是"香山九老"和"香山九老会"了。

朱则杰先生在《"南华九老会"与其〈倡和诗谱〉》一文中以"南华九老"为例，进一步阐述了结社与并称的特殊关系②：

乾隆四十九年"甲辰"（1784）春，常州庄氏中的庄绳祖、庄日荣、庄汝明、庄学和、庄一虬、庄熊芝、庄棣、庄暵及庄兆钥凡九人，曾拟重举"南华九老会"。可惜当时没有人出面组织，"侵寻未举"，而有关诸人却"继相徂谢"，所以这个"后南华九老会"事实上并未真正成立。但庄绳祖等9人作为一个新的并称群体"后南华九老"，确实已经提出，清代庄宇逵《南华九老会倡和诗谱》（嘉庆五年庚申刻本）跋："乾隆甲辰春，宇逵尝以《诗谱》质之族祖乐闲先生（绳祖），先生语之曰：'有会有诗，诚宜有谱。抑今日尚可举后（南华）九老会，子当更谱之。'"这样，历史上的"南华九老会"虽然只有过一个，但"南华九老"却有前、后两个（前南华九老：庄清度、庄令翼、庄祖诒、庄枟、庄歆、庄学愈、庄柏承、庄大椿、庄柱）。诗人结社与并称，既有可能完全重合，也有可能相互参差，这里的前、后"南华九老"就恰好反映了这两种不同的情况。

这个例子虽然表明了结社与并称有不同的地方，但是却并不妨碍

① 黄印．锡金识小录［M］．台北：成文出版社有限公司，1984：246.

② 朱则杰．"南华九老会"与其《倡和诗谱》［J］．常州大学学报（社会科学版），2013（3）：57－60.

从“南华九老会”提炼出“南华九老”这个并称来，实际上在历史上，“南华九老会”与“南华九老”的称呼一直是并存的，如杨梦符《心止居集·文集》卷下，题作《南华九老诗序》；洪亮吉《洪亮吉集·卷施阁文乙集》卷五，题作《南华九老会倡和诗序》；张惠言《茗柯文编·二编》卷上，题作《南华九老会倡和诗谱序》；赵怀玉《亦有生斋集·文》卷三，题作《南华九老诗序》；左辅《念宛斋文稿》卷五，题作《南华九老倡和序》；毛燧传《味蓼文稿》卷一，题作《南华九老倡和诗谱序》；吴士模《泽古斋文钞·补遗》，题作《南华九老会倡和诗谱序》；恽敬《大云山房文稿·补编》，题作《南华九老会诗谱序》。这再次充分说明了从“×老会”中完全可以提炼出“×老”并称来。

因此，在各类典籍中，诸如五子社、七子社、五老会、九老会之称的，笔者将“五子”“七子”“五老”“九老”等皆视为广义的文人并称。

本书研究的范畴是广义的文人并称，但必须符合并称之义。故凡是在文献里出现了“合称”“齐名”“齐称”“同称”“总称”“统称”“并名”“齐号”之类的与“并称”语意相同或相似的称呼，本书统统收入。没有“合称”“齐名”“齐称”“同称”“总称”“统称”“并名”“齐号”之类称呼的，而有关并称的书籍明确收录的，本书一般也收录。其他的则概不收录，仅当作并列关系，而不当作并称处理。

下面再以“君”“子”“贤”“家”“先生”等特殊情况予以说明。古典文献中时常出现“二君（子）”“三君（子）”“四君（子）”“五君（子）”“六君（子）”……“二家”“两家”“三家”“四家”等语，但相当一部分并非并称。现以属于并称之例的“三君”举例。清末民初徐珂《清稗类钞·文学类》“踵其后而以诗鸣者，大兴有舒位，秀水有王昙，昭文有孙原湘，世称‘三君’。”《清史稿》卷四百八十五《文苑二·法式善传》："法式善，字开文，蒙古乌尔济氏，隶内务府正黄旗。……平生于诗所激赏者，舒位、王昙、孙原湘，作三君子咏以张之。"这个"三君"确有并称之义（世称三君），并得到普遍的接受和认同，已经被经典化、符号化，本书予以收录。

再以不属于并称之例的"三君"为例，清陈康祺《郎潜纪闻初笔》卷十四《四明四友禾中四友》："顷读嘉禾钱警石学博《甘泉乡人集》中，有与冯柳东劝辞荐举书，称柳东与史竹南、屠梅西、周桐北三君，为道义之友，总角之交，知'禾中四友'，亦以东西南北各占一字，与吾乡诸先辈事，前后相符，可云巧合。"① 这个"三君"看不出并称之意，类似于"三人"之意，虽有并列关系，但因此类称呼在古籍中太多且未得到普遍接受和认同，未被经典化、符号化，本书不予收录，即不把此"三君"（史竹南、屠梅西、周桐北）作为单独一个条目。

"子""家""先生"等称呼亦做同样处理。关于"贤"类的并称相对比较麻烦，诸如"竹林七贤"之类的并称自然是毫无疑问需要收录的。但是作为故去列入祠庙祭祀的"贤人"就比较复杂，此类的并称许多都是跨年代并称，且多为官员，而纵观各个地方的地方志，诸如此类的"二贤""三贤""五贤"之类的数目很多，本书将根据具体情况予以取舍。

三、关于格式的界定

包含器物的文人并称本书是否收录的关键在于是否属于名词结构。以毕萍、刘钊编著的《中国并称名人辞典》为例，在其第 207 页收录了"买王得羊，不失所望""买褚得薛，不失其节"两词条，而

---

① 陈康祺．郎潜纪闻初笔二笔三笔［M］．北京：中华书局，1984：301.

本书则概不收录，虽然上述两词条均提到两人，但不符合本书所下的定义，包含了明显的动词。而对于“李诗谢赋”“苏海韩潮”“周兰赵菊”“诚真谅草”等词条，本书则一概收录。主要原因就是这类人物并称属于名词结构，而不是动词结构，含有动词的文人并称本书概不收录。

以“崔黄叶王黄叶”（崔华、王苹）为例具体来讲解和说明。清初诗人王苹因王士禛的赏识而被人们称为“王黄叶”，《渔洋诗话》云：“宗人苹……诗有别才。有句云：‘乱泉声里才通屐，黄叶林间自著书。’又：‘黄叶下时牛背晚，青山缺处酒人行。’寄余云：‘得名自公始，失路谁复怜？’时人亦呼为‘王黄叶’。”“崔黄叶”指崔华，字蕴玉，一字不雕，江苏太仓人，亦因王士禛的赏识而被人们称为“崔黄叶”，《渔洋诗话》云：“太仓崔华不雕，工诗画。常有句云：……‘丹枫江冷人初去，黄叶声多酒不辞’，此例甚多，余目为‘崔黄叶’。”两人均是以“黄叶”诗而知名，故后人将两人并举，如清代陈康祺在《郎潜纪闻二笔》卷十六将“崔黄叶、王黄叶”单独作为一条，《历代名人并称辞典》亦将此词条收录。

再继续延伸，以特殊的并称“三绝”为例，具体又可分为两种情况，一种可收录，另一种则不予收录。以“一门三绝”（清代李秉礼、李秉绶、李宗瀚）为例，清汤贻汾《琴隐园诗集》卷三十二《七十感旧》（清同治十三年曹士虎刻本）云：“松甫工诗，芸甫工画，春湖工书，时称‘一门三绝’。”再如唐代韦扃善判、李亘工书、徐彦伯属辞，时称“河东三绝”，虽是指三人的特长，但亦可视为代指三人并称，又如明代徐㶿就将“河东三绝”视为文人并称，其《徐氏笔精》卷七《徐氏文人》云：“古今文人之盛，惟徐氏历代不乏。建安七子，则有徐干；一代文宗，则有徐陵；河东三绝，则有徐彦伯；江南文士，则有徐铉、徐锴；诗派法嗣，则有徐俯；晚宋四灵，则有徐道晖、徐致中；

国初四家，则有徐贲；盛明四家，则有徐祯卿；中原七子，则有徐中行。此皆丁极盛之时，而文士辈出、名震雷壤者。至于单词片语，流传文苑，不可胜纪矣。"遇到类似案例，本书基本上予以收录。

再看一个例子，唐朝文宗御封李白的诗歌、裴旻的剑舞、张旭的草书为"三绝"，因裴旻明显为武人，故本书不予收录。又如郑燮，即郑板桥，是清代著名的书画家、文人，为"扬州八怪"之一，其诗、书、画世称"三绝"，因这里的"三绝"并非人物并称，则本书不予收录。

再举一个特例，如"高邮王父子，栖霞郝夫妻"。这句话在清代乾嘉时期的学者中广泛流传，说的便是当时著名的训诂学家：高邮的王念孙、王引之父子和栖霞的郝懿行、王照圆夫妻。在训诂治学方面，王念孙、王引之父子并称"二王"，《经学历史》的作者皮锡瑞曾有"经学训诂，以高邮王氏念孙、引之父子为最精"一说；同时代的阮元也称王氏父子是"一家之学，海内无匹"；而王照圆与丈夫郝懿行志同道合、同心专研，时人将二人并称，也实乃名实相副。这个并称明显不属于动词结构，但又跟一般的名词结构有较大不同。实际上，这个称谓确实含有"并称"的意味，因此，本书勉强将其视为文人并称。

继续举一个特例，民国时期李柏荣《日涛杂着》："默深（魏源字默深）声名既宏伟，又值洪秀全建国南京，提倡文化，设科取士，乃聘江宁梅伯言（梅曾亮字伯言）、泾县包慎伯（包世臣字慎伯）及默深为乡三老。"这里的"三老"，并非并称专属称号之"三老"，而是指掌教化的乡官，因此不予收录。

四、关于时间的界定

当前，对于中国历史分期比较受认可的划分方式是四分法，即古代：指 1840 年中英鸦片战争之前，近代：指 1840 年到 1919 年（五四运动）中间的一段时间，现代：指1919年到1949年，当代：指1949年以后至今。本书定名为《中国古代文人并称导论》，在时间的界定上，采用二分法，即非古即今，上限定为远古，下限则定为清末。

清代止于1911年，但是人物不宜戛然而止，那么向后延长到何时呢？笔者参考他书意见，综合考虑，最终将下限延伸至1919年五四运动前，部分以古诗词、古文等为创作主体的人物再适当延长，但无论如何延长，卒年亦不超过1949年。主要原因是民国之前官方语言以文言文为主导，"五四"之后以"白话文"为主导。简言之，作品使用文言文创作或古诗词创作的，卒年在1919年以前的文人所属的并称予以收录，极个别人物如樊增祥（1846—1931）、朱祖谋（1857—1931）、陈三立（1853—1937）、吕碧城（1883—1943）等古诗、词、文大家在1949年前去世的酌情予以收录，而其他人概不收录。

下面以一个具体的实例说明，以李叔同（弘一法师）所属的并称为例，李叔同与李芳园（平湖派琵琶艺术家）并称"平湖二李"，李芳园去世于1901年，李叔同去世于1942年，算是过了年代的下限；李芳园为艺术家，虽非舞文弄墨者，但笔者仍勉强将之归入古代文人并称；李叔同又与许幻园、张小楼、蔡小香、袁希濂并称为"大涯五友"，袁希濂、张小楼分别于1950年11月、12月去世，在1949年之后，因此"天涯五友"这个并称就不归入古代文人并称了，笔者将之视作现代文人并称。虽然，李叔同被大家公认为民国人物，也被称为中国现代戏剧的开创者，但是从其文学创作上来讲，还是偏古代的韵味多些，现代的少些。总之，笔者是将一个文人所属的不同并称区分为古代和现代的。此外，在历史上还有跨代并称的，这个将会在第四章"文人并称的分类与命名"中详细讲到。在这里，笔者要强调的是最终还是要有个界限，否则的话类似于“二俊”（夏敬观、诸宗元）、“南雍双柱”（王伯沆、柳诒徵）、“南州二王”（王易、王浩）、“南社三巨头”（陈去病、高旭、柳亚子）之类的并称也都要划入古代了，这显然不合理。1949 年是笔者界定的最后期限，即上面所说的并称中的主要人物无论如何延长，卒年亦不得超过 1949 年。

五、关于虚实的界定

需要专门说明的是，在中国的悠悠历史长河中，曾经创造出无数流传千古的神话传说和文学作品，这些神话传说和文学作品也创造出了无数流芳百世的知名人物形象，比如《红楼梦》中的“金陵十二钗”（正册：林黛玉、薛宝钗、贾元春、贾探春、史湘云、妙玉、贾迎春、贾惜春、王熙凤、贾巧姐、李纨、秦可卿）等，这些虚拟的人物虽然也属于古代，但均不是现实中的人物，故不在本书的收录和研究范畴之列。《水浒传》中亦有“三十六天罡”“七十二地煞”“阮氏三雄”（阮小二、阮小五、阮小七）等并称，这些人物多属虚幻，又因属于典型的武人，故不录。

第四节　并称特点

谈完了文人并称的五个内涵界定后，再谈一下文人并称的四个特点或规律。从整个文学史的角度来考察，文人并称还是颇具特点和规律性的，主要体现在以下几个方面：

一是文人并称的高度概括性。文人并称对人物内部或外部的某些联系进行提炼后，提纲挈领、高度概括地将若干信息归集为一个信息单元，用寥寥几个字表达出丰富的内容。这种独特的信息编码过程和方式，实际上也是一种独特的思维方式。例如，“唐宋八大家”就是对唐朝、宋朝两个朝代八位最为著名的散文作家的高度概括。现在，一提起“唐宋八大家”，就不需要再过多地或额外地进行解释了。

二是文人并称的相对稳定性。文人并称一旦产生，便具有固定性。已经形成的文人并称，后代的评论者往往会传承前人的基本看法，并受到前人的影响。文人并称在前代获得认同，在后代基本上也会得到认同，从总体情况来看，文人并称中的人物、次序等没有较大偏差。当然，文人并称也有一定的变异性。即在一定的时期，他们的并称会发生改变或者部分人物得不到认可。这同时也说明了某些文人的历史地位在发生改变，这种改变与多种因素有关，如政治需要、社会思潮、时代风尚、审美角度，等等。比较典型的案例如中兴四大诗人的尤袤、元曲四大家的郑光祖等。但总的来说，绝大多数文人并称是千古不变的。

三是文人并称的持续扩展性。较早的文人并称，绝大多数为单义项，后来，多义项逐渐增多，同时表述时附件成分也在逐渐增多，也就是说文人并称是可持续的、可扩展的。以“四家”（明代沈周、文徵明、唐寅、仇英）为例，后来的称呼越来越多，逐渐演变成“四大家”“明四家”“明四大家”“明画四家”“明画四大家”“吴门四大家”“明代四大画家”等多种称谓。这固然是并称本身所表现的对象有其特定的外延，但另一方面，也是随着并称的逐渐增多，使得许多概念之间出现了重叠与交叉，概念不延伸，则无法准确、鲜明地表达和交流。其实，这个并称，笔者最认同的一个就是“明画四大家”，这也是笔者感觉表述最标准、最准确且无歧义的一个并称。

四是文人并称的繁杂多样性。可以说文人并称的数量之多、类型之富、关系之繁，真可谓包罗万象，难以一言以述之。兹将常见的并称格式罗列如下（仅以数字类并称为例），从中即可略窥其面貌：

二×、三×、四×、五×、六×、七×、八×、九×、十×、十一×、十二×、十三×……

×子、×家、×友、×杰、×雄、×豪、×俊（隽）、×妙、×士、×秀、×贤、×忠、×义、×儒、×（诗）僧、×君（子）、×才（子）、×逸、×隐、×老、×高士、×奇士、×布衣、×公子、×名士、×舍人、×学士、×状元、×鼎甲、×进士、×翰林、×解元、×秀才、×孝廉、×先生、×才女、×女士、×女史……

×龙、×凤、×虎、×鹤、×夔……

×怪、×狂、×懒、×废、×迂……

大小×、大×小×、南北×、南×北×……

双桂、双丁、双璧、双玉、双珠、双绝、双秀、两难、两雄、双子星座……

当然除了上述的标配格式外，还有许多特例。并称的多样性将在后面章节中文人并称的分类中继续谈到，在此不再赘言。

需要进一步说明的是文学并称与文人并称的区别，再看一个例子。

《施淑仪集·清代闺阁诗人征略》卷六《陈端生》："□□名□□，句山太仆女孙也。适范氏，婿诸生，以科场事为人牵累谪戍。因屏谢膏沐，撰《再生缘》南词，托名女子郦明堂，男装应试及第，为宰相，与夫同朝而不合并，以寄别凤离鸾之感。曰，婿不归，此书无完全之日也。婿遇赦归，未至家，而□□死。许周生梁楚生夫妇为足成之，称全璧焉。'南花北梦，江西九种'梁溪杨蓉裳农部语也。'南花'谓《天雨花》，'北梦'谓《红楼梦》，谓二书可与蒋青容《九种曲》并传。《天雨花》亦南词也，相传亦女子所作，与《再生缘》并称，闺阁中咸喜观之。（《西泠闺咏》）”①

在这段话中出现了两对非常明确的文学并称，即“南花北梦”“江西九种”。“南花北梦”这两部作品在文中说的已经很详细了，尽管如今《再生缘》的名气更大一些，今人多认可“南缘北梦”，但《天雨花》也不失为一部优秀作品。②“江西九种（曲）”则是指蒋士铨的九部作品，又名“藏园九种曲”“红雪楼九种曲”，分别是指《一片石》《雪中人》《空谷香》《临川梦》《香祖楼》《冬青树》《第二碑》《桂林霜》《四弦秋》九种作品的并称。由此可见，作品并称和文人并称之间还是有不少相似之处的，两者都是文学并称的重要组成部分。

应当说文学并称比文人并称含义是要广一些的，文学并称除了文人并称外，还包括作品并称等。比较常见的作品并称有：四大古典小说名著——《三国演义》《水浒传》《西游记》《红楼梦》，元代四大悲剧——《窦娥冤》《汉宫秋》《梧桐雨》《赵氏孤儿》，三言——《喻世明言》《警世通言》《醒世恒言》，二拍——《拍案惊奇初刻》《拍案惊奇二刻》，等等，这些读者都很熟悉。关于作品并称不在本书研究之列。

并称由于概括力较强，也比较容易让人记取事物，因此成为一种贯穿古今、具有持久生命力的普遍现象。运用并称的方式对历史人物进行分类，是理性思维的一种显现。张珊博士认为，当并称进入文学艺术领域之后，其文学批评作用得到了充分彰显。它不仅体现了文人的称谓法则，而且对文人历史地位的确立，文学成就、特色的衡量，

① 施淑仪．施淑仪集［M］．北京：人民文学出版社，2011：157.

② 《天雨花》是我国古代讲唱文学的代表作品之一。它通过主人公左维明与权奸郑国泰、魏忠贤斗争的故事，反映了明朝后期东林党与阉党的斗争，再现了明末著名的梃击、红丸、移宫三大案等重大历史事件。

以及见证不同时代的风气与价值取向，丰富古代文学批评的方法，理解文体与风格，评量文学流派等方面，都有重要作用。对文人并称考释其内涵，能使读者领会到中华民族优秀文化艺术的丰富多彩，从而加深对中国传统文化的兴趣。

陈凯玲认为："回顾一部没有并称群体的古代文学史，就如同仰望一个繁星灿烂的夜空。那些被历史所淘汰剩下的作家，他们集体呈现给后人的印象，大抵就如同天上的繁星一样，人们在惊叹其壮观之余，却无从着手进行描述。然而，假若我们把一颗星与它相邻的几颗勾连起来，组合成一个个形态各异的星座，并冠以独立的名字，那么整个天宇就变成另外一番景观了——这样的星空，至少是有一定的系统特征，而不像一盘散沙似的孤立存在。作家并称群体即如以星座的形态呈现在文学史上，他们一般都是在相同时代、相近区域出现的，有着近似特征的创作群体，人数不多却足以构成一个独立的体系，对某种文学现象起到表征的作用。从这个意义上来说，文学史正因为有并称群体的存在，才使其在整体容貌上更容易为人们所辨认。"①

笔者对以上说法极为赞同，文学的并称研究，是文学研究中一个十分重要的领域。可以说，如果没有关于文学深入的并称研究，就难以概括说明我国古代各个时期的文学面貌，也难以说清古代文学的演变史，没有文人并称的文学史是不完整、不全面的文学史，也是有缺憾的文学史，正是有了文人并称，才使整个文学史更加灿烂多姿。

① 陈凯玲．清代诗人并称群体研究［D］．杭州：浙江大学，2011.

第二章　文人并称的源流与分期

中国古代历史上，在文学、艺术、政治、军事等领域中成就卓著、声名显赫的人物很多。这些人物中，由于名声成就、风格流派、思想兴趣、地域籍贯等原因，人们往往把成就、言行、级别等相似或相同的几个人归于一类而相提并论，这类人物常常不以单独的形式出现，而是几人一组，并列而出，这就是我们常见的名人的并称。它通过或连接姓、氏、名、号中的某一字，或以人物之数目加上相应短语，或将人物嵌入成语、谣谚的方式，将并列人物以一个总名冠之，形式多样。而在众多的名人并称之中又以文人并称为最多。为什么会出现人物并称这种现象并且持续经久不衰呢？最初的人物并称又起源于何时呢？

万物皆有源，若寻求并称的起源，自然得从上古追溯。应该说人物并称是受了类比意识启发的，在人类早期的生产或生活的过程中，“类”的意识就已经产生了，这个自然不需多说。至于最早的人物并称起源于何时已无从考证，目前可知关于人物最早的并称当是“三皇五帝”。早期的典籍就已有记载，《吕氏春秋·禁塞》：“上称三皇五帝之业，以愉其意。”《周礼·春官·外史》：“掌三皇五帝之书。”①他们是中国在夏朝以前出现在传说中的“帝王”。基本上，无论是按

---

①《周礼》是儒家经典，相传为西周时期的著名政治家、思想家、文学家、军事家周公旦所著，但是今天一般认为是西汉末王莽时期大儒刘向和其子刘歆的伪作。

照神话传说，还是史书的记载，都认为三皇所处的年代早于五帝的年代。现在通常都认为他们是部落首领，由于实力强大而成为部落联盟的领导者。三皇即传说中的三位远古帝王，至少有七种说法：

①天皇、帝皇、泰皇；

②天皇、地皇、人皇；

③伏羲、女娲、神农；

④伏羲、神农、祝融；

⑤伏羲、神农、共工；

⑥伏羲、神农、黄帝；

⑦燧人、伏羲、神农。

其中以第六种最为流行。

五帝，即传说中的上古五位帝王，至少有六种说法：

①黄帝、颛顼、帝喾、尧、舜；

②庖牺（伏羲）、神农、黄帝、尧、舜；

③太昊、炎帝、黄帝、少昊、颛顼；

④黄帝、少昊、颛顼、帝喾、尧；

⑤少昊、颛顼、帝喾、尧、舜；

⑥黄帝（轩辕）、青帝（伏羲）、赤帝或炎帝（神农）、白帝（少昊）、黑帝（颛顼）。

其中以第一种最为流行。

无论哪一种，他们距今都有约 5 000 年的历史，可以说这称得上最早的人物并称了。

中国文学的产生也可以一直上溯到文学产生以前的远古时期。原始的神话传说和歌谣，在人们口头代代流传，经过了漫长的岁月，一直到文字产生以后。甲骨卜辞和《周易》卦爻辞中的韵语，是有文字记载的古代文学作品的萌芽。但是，在中国古代文学史上，特别是在文学史的早期，尽管许多文学作品的作者不可考，但很多的作品还是流传下来了。在中国文学史上向来以“风骚”并称，“风”是指十五《国风》，代表《诗经》；“骚”是指屈原的《离骚》，代表《楚辞》。《诗经》是我国第一部诗歌总集，全书主要收集了周初至春秋中叶五百多年间的作品。《楚辞》主要收集的是战国时期屈原、宋玉等人的作品。“风骚”并称萌芽于西汉，定型于南朝，这可能是我们见到的最早的作品并称。

毫无疑问的是，文人并称的出现和作品并称出现的时间明显比神话人物、政治人物的并称要晚。史籍里有明确记载的最早并称群体，大致出现在春秋时代。据《左传·文公十八年》载：“昔高阳氏有才子八人：苍舒、隤敳、梼戭、大临、尨降、庭坚、仲容、叔达，齐圣广渊，明允笃诚，天下之民，谓之‘八恺’。”孔颖达疏：“恺，和也，言其和于物也。”又载“高辛氏有才子八人：伯奋、仲堪、叔献、季仲、伯虎、仲熊、叔豹、季狸，忠肃共懿，宣慈惠和，天下之民，谓之‘八元’”。孔颖达疏：“元，善也，言其善于事也。”

需要注意的是，这里的“才子”与今义有较大差异，这里指的是有才能的人，而非后世一般意义上所指的有文学才华的人。这两段的意思主要是说高辛氏与高阳氏各有才子八人，并称“八恺”“八元”，他们因有德有才而被虞舜任用，共同治理天下。

《论语》亦以商周时期的名贤并举，即“微子去之，箕子为之奴，比干谏而死，孔子曰：殷有‘三仁’焉”。（殷末三仁：微子、箕子、比干的并称）、“周有‘八士’”（八士：伯达、伯适、仲突、仲忽、叔夜、叔夏、季随、季騧八人的并称）云云。又《商君书·错法》：“三王五霸，其所道不过爵禄，而功相万者，其所道明也。”可见当时的政治人物的并称群体还是比较常见的。

春秋战国时期，诸子齐出，百家争鸣，故多有学者并称，如“老庄”“孔孟”等就是典型代表。学者也常有作品传世，但是，从他们的传世作品来看，其思辨色彩强烈，哲学意味浓厚，文学气息不浓，每每“以立意为本，不能以文为宗”（萧统《文选》）。按照“士农工商”四分法划分，他们都属于“士人”阶层，用现在的话讲就是他们都属于有文化的人，应当讲都属于文人范畴，但他们并不被看作是真正意义上的文学家，更多情况下被认为是思想家，而且他们的并称其实是后人评定的，在生前并无并称。

值得注意的是，在孔子的学生中，有“文学子游、子夏”之称（《论语·先进》），但直至如今，尚无法找到两人的文学作品，也无法确证两人的文学水平。再则，先秦时期所谓的“文学”，是广义的文字、文章之学，与后来的“文学”之意有较大区别，因此，“游夏”也未必是真正意义上的文学家并称。

中国文学史中真正意义上第一对文人并称从其生前所在的年代来看，当属“屈宋”，尽管“屈宋”一词出现的年代未必最早，至少“七子”（即建安七子）一词出现的时代就不比“屈宋”一词要晚。陈凯玲认为“（建安）七子”是作家并称群体之发端，在这里仅按照并称人物所处的时代进行探讨。西汉司马迁《史记·屈原贾生列传》云：“屈原既死之后，楚有宋玉、唐勒、景差之徒者，皆好辞而以赋见称；然皆祖屈原之从容辞令，终莫敢直谏。”这是“屈宋”并称的雏形。南朝刘勰《文心雕龙·辨骚》有“屈宋逸步，莫之能追”“屈平联藻于日月，宋玉交彩于风云”之语，第一次将两者正式并称。可以说自汉代以降，文学并称的现象方开始兴起。

纵观中国古代文学史，笔者将古代文人并称的演变分为四个历史时期，分别为萌芽期、形成期、成熟期、鼎盛期，下面分别进行阐述。

第一节　萌芽期（先秦时期）

并称发展的第一个时期是萌芽期或孕育期，即先秦时期。主要的特点就是人物并称开始零星出现，但是数量极少，特别是其时就含有今义的文人并称基本没有（假如其时的三子、四友也算并称的话），不少现在为人熟知的文人并称其实是后人评定的。

取并称者的姓名、字号进行组合，历来是人物并称群体命名的惯例之一，也是较早的来源。在古代，纸张尚未发明之前，受其书写材料的限制，古人尽可能用较少的汉字表达更多的意思，在甲骨文中今人就发现有人物简称现象（例如“武丁”简称为“武”或“丁”），这一习惯被很好地传承下来，在文言文时代表现尤为明显，也体现了文言的文约义丰之美。

但是在秦汉之前，汉语的称谓比较复杂，姓、氏、名、谥等都处于不停的分化、发展、交汇中，体现在并称上则极不规范，或连姓、氏，或连名、字，或连谥号，无统一规范。明末清初著名学者顾炎武在《日知录》卷二十三中就发现了这一现象：

> 文中并称两人，而一氏一名，尤为变体。杞殖、华还，二人也，而《淮南子》称为“殖华”。贾谊《新书》：“使曹勃不能制。”曹，曹参；勃，周勃也。《史记·孟子荀卿传》：“管婴不及。”管，管仲；婴，晏婴也。司马迁《报任安书》：“周魏见辜。”周，周勃，魏，魏其侯窦婴也。扬雄《长杨赋》：“乃命骠卫。”骠，骠骑将军霍去病；卫，大将军卫青也。《杜钦传》：“览宗宣之飨国。”韦昭曰：“宗，殷高宗也；宣，周宣王也。”

> 《徐乐传》："名何必夏子，俗何必成康。"服虔曰："夏，禹也；子，汤也，汤子姓。"班固《幽通赋》："周贾荡而贡愤。"周，庄周；贾，贾谊也。《汉庠彰长碑》云："丧父事母，有柴颍之行。"柴，高柴；颍，颍考叔也。夏侯湛《张平子碑》云："同贯宰贡。"宰，宰我；贡，子贡也。《风俗通》："清拟夷叔。"邵正《释讥》："偏夷叔之高怼。"《傅子》："夷叔迂武王以成名。"杜预《遗令》："南观伊洛，北望夷叔。"陶潜诗："积善云有报，夷叔在西山。"皆谓伯夷、叔齐。汉《广汉属国侯李翊碑》："夷史之高。"《巴郡太守樊敏碑》："有夷史之直。"皆谓伯夷、史鱼。陶潜《读史述九章·程杵》的程杵是程婴、公孙杵臼。《新唐书·尉迟敬德传》："隐巢。"隐巢是隐太子、巢刺王，一溢一爵。①

因此在谈先秦的文人并称之前，有必要简单谈一谈古代的"姓""氏""名""字"和"号"。

先说说"姓"。许慎《说文解字》卷二四"女部"："姓，人所生也，从女、生，生亦声。"班固《白虎通德论》卷九："姓者，生也，人禀天气所以生者也。"《左传·隐公八年》："天子建德，因生以赐姓。"都说出了"姓"的本义是"生"。因此人们普遍认为，姓最初是代表有共同血缘、血统、血族关系的种族称号，简称族号。

姓是怎么来的？人们推测，姓的由来与祖先的图腾崇拜有关系。在原始蒙昧时代，各部落、氏族都有各自的图腾崇拜物，麦穗、熊、蛇等都曾经是我们祖先的图腾，这种图腾崇拜物成了本部落的标志。后来便成了这个部落全体成员的代号，即"姓"。

再说说"氏"。由于人口的繁衍，原来的部落又分出若干新的部落，这些部落为了互相区别以表示自己的特异性，就为自己的子部落

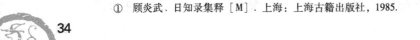

① 顾炎武．日知录集释［M］．上海：上海古籍出版社，1985.

单独起一个本部落共用的代号，这便是“氏”，当然也有的小部落没这样做，仍然沿用老部落的姓。有的部落一边沿用旧姓，一边有自己的“氏”。这些小部落后来又分出更多的小部落，它们又为自己确定氏，这样氏便越来越多，以至超过了原来姓的规模。

所以“氏”可以说是姓的分支。《通鉴外纪》说：“姓者统其祖考之所自出，氏者别其子孙之所自分。”即说明了二者的关系。“姓”是不变的，“氏”是可变的。顾炎武也说“氏一传而可变，姓千万年而不变。”秦汉之前，姓和氏在不同场合使用，哪些人有姓，哪些人用氏有严格规定，汉代以后，姓氏不加区分，姓氏合一，统称为姓。

需要注意的是，战国前，贵族才有姓氏，贵族男子称氏，女子称姓。因为“姓所以别婚姻”“氏所以别贵贱”“贵者有氏，贱者有名无氏”（《通志·氏族略序》）。顾炎武在《日知录》中说：“考之于《传》，二百五十五年之间，有男子而称姓者乎？无有也。”

那么男子称什么呢？贵者称氏。贱者则以职业概括之，如奕秋、庖丁、匠石、医和、优孟，这些职业名后来才成了姓，当时是通称。

接着说“名”。名是每个人的代号。姓氏是公共的，名是个人的。历朝历代的命名习惯，反映了一定时期内的社会意识形态。由于人们所属的民族、社会、历史、宗教信仰、道德传统及文化修养的不同，其命名习惯也很不相同。

“名”的产生也是在氏族社会时期，同时也是人的个体意识逐渐觉醒的必然结果。《说文》对名这样解释：“名，自命也。从口夕，夕者，冥也，冥不相见，故以口自名。”意为，黄昏后，天暗黑不能相认识，各以代号称。这便是名的由来。这多少有些传说意味。人们发现了使用“名”的便利性，便逐渐通行起来，使得人皆有名，并对命“名”讲究起来。实际上，名的出现是私有制经济出现后的必然产物。

据《周礼》，“婚生三月而加名”，婴儿出生三个月后由父亲取名，我们现在所见最早的名是商代人的名。当时的习惯，崇尚以天干为名。也往往以其生日干支来命名，如太乙、成汤（天乙）、太丁、盘庚、帝辛（纣）、外丙、仲壬、太甲等。后来随着时代的发展，起名越来越讲究，也越来越复杂。

需要注意的是，古代的女子有姓无名，在家只有小名、乳名，对外则称某某氏。

继续说“字”。“字”只是限于古代有身份的人。《礼记·曲礼》上说：“男子二十，冠而字”“女子许嫁，笄而字”。就是说不管男女，只有到了成年才取字，取字的目的是为了让人尊重他，供他人称呼。一般人尤其是同辈和属下只许称尊长的字而不能直呼其名。

可以说，字与名有密切关系，字往往是名的补充或解释，这叫“名字相应”，互为表里，故字又称作“表字”。同义反复、反义相对、连义推想是古代三种主要的命字方法，另外还有以干支五行命字，以排行命字，或者字行加排行，字后加父（甫）的情况一般也归入字的范围。

最后说“号”。“号”也叫“别称”“别字”“别号”。《周礼·春官·大祝》：“号为尊其名更美称焉。”名、字是由尊长代取，而号则不同，号初为自取，称自号；后来，才有别人送上的称号，称尊号、雅号等。号起源很早，但直至六朝时还不流行，到唐宋时才开始盛行起来。号主要可以分为两类：一类是自号，一类是赠号。赠号又可分为三类：一是以其轶事特征为号；二是以官职、任所或出生地为号；三是以封爵、谥号为号。

由于号可自取和赠送，因此具有自由性和可变性。以至到了后世，许多文人有很多别号，多的可达几十个、上百个，“别号太多，反成搅乱”（郑板桥集题画《靳秋四索画》）。所以近代以来，尤其是新中国成立以后，文人用号之风大减，不少人发表作品不是用笔名，就是用真名，只有少数文人存有别号，这也是现代以来文人并称现象锐减的一个重要原因，因字号而并称的土壤几乎不复存在了。

先秦时期的文人并称较少，先秦时期文人并称的案例笔者仅仅搜罗了几十个，绝大多数还是后人追封的。主要有以下几类：

取其“姓”而并称。如“孔墨”，《吕氏春秋》卷二《仲春纪·当染》：“非独国有染也。孔子学于老聃、孟苏夔、靖叔。鲁惠公使宰让请郊庙之礼于天子，桓王使史角往，惠公止之，其后在于鲁，墨子学焉。此二士者，无爵位以显人，无赏禄以利人。举天下之显荣者，必称此二士也……孔、墨之后学显荣于天下者众矣，不可胜数，皆所染者得当也。”又如“屈宋”，战国时的屈原为楚辞的开创者，宋玉是楚辞的主要作家之一，后人因此将两人并称。

取其“字”而并称。如“游夏”，指的是孔子学生言偃、卜商的并称。偃字子游，商字子夏，因以称之。《论语·先进》：“文学子游、子夏。”又如“游贡”，指的是孔子学生言偃、端木赐的并称。言偃字子游，端木赐字子贡，因以称之。

取其“名”而并称。如“丘轲”，指的是春秋末期思想家孔子和战国孟子的并称，孔子名“丘”，孟子名“轲”，因以并称。唐韩愈《石鼓歌》：“方今太平无事日，柄任儒术崇丘轲。”

取其“氏”、取其“号”而并称的在先秦时期笔者基本上没有见到。

至于以数量词串联起来的文人并称也很少，今仅见“×士”“×子”“×友”等样式。如“（孔子）四友”，指的是春秋末期颜回、端木赐（字子贡）、颛孙师（字子张）、仲由（字子路）。《孔丛子·论书》：“孔子曰：‘吾有四友焉。自吾得回（颜渊）也，门人加亲，是非胥附乎？自吾得赐（子贡）也，远方之士日至，是非奔辏乎？自吾得师（子张）也，前有光，后有辉，是非先后乎？自吾得仲由（子路）也，恶言不至于门，是非御侮乎？'”①

又如“三子”，指的是战国时期宰我、子贡、有若。宋代王应麟《小学绀珠·圣贤类·三子》：“宰我、子贡、有若。《孟子》注：三子言孔子。”

其实当时“二士”“三子”“四友”也未必真有并称之意，实是“两个人物”“三个人”“四个朋友”之意，只不过到了后来被好事者统称、诠释，逐渐演变成了今天的并称组合或条目。

总之，先秦时期文史哲不分家，文学的地位没有独立，真正的作家也可谓是凤毛麟角，所以只能说这时期是文人并称的萌芽期。

第二节　形成期（汉魏至南北朝时期）

并称发展的第二个时期是形成期，即汉魏至南北朝时期。清代田雯认为诗人“并称”始于“苏李”，其《古欢堂集杂著》卷一：“自苏、李以来，古之诗人各有匹耦。”②《四库全书总目提要》宋荦《江左十五子诗选》中亦云：“实胚胎于建安之七子。”并称研究专家张珊和陈凯玲也都认为从魏晋开始，并称多用于人物相提并论。

程章灿更是对并称的起源有较为详细的解说，在《中国古代文学通论·魏晋南北朝卷》第四章《世族与魏晋南北朝文学》中指出：

> 两个或多个作家并称，是从魏晋南北朝开始的，而其滥觞则

① 《孔丛子》的成书时间及其作者问题，一直是学界的一大疑案，其书之真伪也必然成为历代学者争论不休的话题。学者李存山根据上博简中的《孔子诗论》与《孔丛子·记义》中孔子论诗的材料，通过比勘认为，《孔丛子》六卷当出自汉魏孔氏家学，其前三卷可能是先秦孔氏遗文。今采用此观点。

② 郭绍虞．清诗话续编［M］．上海：上海古籍出版社，1983：694.

始于汉末政治斗争中志同道合者的相互标榜和月旦人物①时的简称。……早期的并称，包括竹林七友、贾谧二十四友之类在内，其意义主要是政治层面上的，而随后出现的一些并称，其意义就逐渐地指向了文学层面。……以并称来概括某些作家群体，越到后来使用越广，用法也越灵活，既可以指称同一时代的作家，如潘陆、颜谢，也可以指称不同时代的作家，如三谢。有时候，它是某一时期文坛横断面的扫描；有时候，它是某种风格集中的呈现；有时候，它是某种文学流派的表现形态。总之，这是一种有中国特色的文学批评方式，它是从世族人物品藻中流转而来的。②

这段论述非常精辟，可谓指要式的阐发。所以说文人并称的真正形成就是从魏晋南北朝时期开始的。在这个时期，文学与学术、政治分离并走向独立，人们也有意识地开始把文学和学术著作加以区分，《后汉书》专门开辟了《文苑传》为文人立传，此后的正史也予以单列，文学、文人至此有了真正的地位。虽然在这个时期，并称多与政治有关，但文人并称也可以说是正式确立了，个人认为主要标志有三个方面，即人物品题的兴起、文学评论的出现以及文人群体的形成。

一、人物品题的兴起

人物品题即对人的评论，可以说自古有之，尤其是在魏晋时期，成为风靡一时的文化风尚。它将大多数士大夫裹挟其中，史称“臧否

① “月旦评”最初指东汉汝南地区品评人物的风气，其产生与当时的辟举制度有关，士人如要获得辟举，出任地方行政机构，必须得到人们的好评。在当时的汝南地区，名士许劭和许靖都喜欢品评人物，每月一换品题，故称为“月旦评”。后来，“月旦评”泛指品评人物，或省称“月旦”。

② 刘跃进．中国古代文学通论（魏晋南北朝卷）［M］．沈阳：辽宁人民出版社，2005：166－167.

人物”。这一风气，从东汉末年开始兴起，于魏晋达到鼎盛，其影响波及整个南北朝时期。所谓品题，主要是通过言谈话语、行为举止、仪表风度等外在表象，对人物内在的气质性格、品德才能以及未来仕途的发展做出评价。所评人物以士人为主体，涉及社会主要阶层——上至皇帝、大臣，下至处士、僧侣，甚至士兵。这一风尚之所以产生，主要是荐举制选官制度所致。随着变相世袭制度的发展（九品中正制）和玄学思潮的兴起，人物品题的价值观亦由讲究政治实用转向注重人才审美，由重“德才”转向重“自然”①。

主要表现方式有两种：一是名号称谓，二是事数标榜。这两种特殊的臧否方式在中古时期非常流行。名号与事数，本身即包含了对人物的品评，实际上是对人物的主要特征的抽象概括。

魏晋南北朝时期士林喜欢以特殊的名号来称呼人，以显示其主要特点。名号称谓作为品评人物的特殊方式，其中包含着丰富的文化信息，多方面地反映了当时士人的品藻思想。

《后汉书》卷五三《黄宪传》：“宪初举孝廉，又辟公府，友人劝其仕，宪亦不拒之，暂到京师而还，竟无所就。年四十八终，天下号曰‘征君’。”

“征君”之号表明黄宪在天下人心目中具有崇高的威望。“征”字古作“徵”，徵士即不接受朝廷征聘的隐士，“徵君”就是徵士的尊称。后世以征君为名的并称也为数不少，如“晋两征君”（清初傅山、吴雯）、“云间两征君”（清代张锡恭、钱同寿）、“五征君”（清代邵晋涵、余集、周永年、戴震、杨昌霖）等。

《世说新语·任诞》：“张季鹰纵任不拘，时人号为‘江东步兵’。”

《南齐书》卷三二《何戢传》：“戢美容仪，动止与褚渊相慕，时

---

① 黄少英．魏晋人物品题研究［M］．济南：齐鲁书社，2006：绪论1.

人呼为‘小褚公’。”

《南史》卷三十《何尚之传》附《何胤传》：“胤以会稽山多灵异，往游焉，居若邪山云门寺。初，胤二兄求、点并栖遁，求先卒，至是胤又隐，世号点为‘大山’，胤为‘小山’，亦曰‘东山’。兄弟发迹虽异，克终皆隐，世谓‘何氏三高’。”“大山小山”既是一种名号称谓，也是一种并称形式，而“何氏三高”则是事数标榜的品藻方式。

事数标榜的品藻方式，则是由东汉末年的清议名士开创的。《后汉书·党锢列传》：

> 自是正直废放，邪枉炽结，海内希风之流，遂共相摽榜，指天下名士，为之称号。上曰“三君”，次曰“八俊”，次曰“八顾”，次曰“八及”，次曰“八厨”，犹古之“八元”“八凯”也。窦武、刘淑、陈蕃为“三君”。君者，言一世之所宗也。李膺、荀翌、杜密、王畅、刘佑、魏朗、赵典、朱宇为“八俊”。俊者，言人之英也。郭林宗、宗慈、巴肃、夏馥、范滂、尹勋、蔡衍、羊陟为“八顾”。顾者，言能以德行引人者也。张俭、岑晊、刘表、陈翔、孔昱、苑康、檀敷、翟超为“八及”。及者，言其能导人追宗者也。度尚、张邈、王考、刘儒、胡母班、秦周、蕃飨、王章为“八厨”。厨者，言能以财救人者也。

文中所列：

“三君”，指窦武、刘淑、陈蕃；

“八俊”，指李膺、荀昱、杜密、王畅、刘祐、魏朗、赵典、朱宇；

“八顾”，指郭林宗、宗慈、巴肃、夏馥、范滂、尹勋、蔡衍、羊陟；

"八及"，指张俭、岑晊、刘表、陈翔、孔昱、苑康、檀敷、翟超；

"八厨"，指度尚、张邈、王考、刘儒、胡母班、秦周、蕃向、王章；

"八俊"，指张俭、檀彬、褚凤、张肃、薛兰、冯禧、魏玄、徐乾；

"八顾"，指田林、张隐、刘表、薛郁、王访、刘祗、宣靖、公绪恭；

"八及"，指朱楷、田槃、疏耽、薛敦、宋布、唐龙、嬴咨、宣褒。

但张俭的同乡朱并上书告发张俭等二十四人"别相署号，共为部党，图危社稷"，则所举"八俊""八顾""八及"的人名不同。

尽管人名不同，然"三君""八俊""八顾""八及"等并称的存在是没有疑义的。

下面，再以《三国志》举例：

《三国志》卷十《荀彧传》："当汉顺、桓之间，知名当世。有子八人，号曰'八龙'。"

《三国志》卷六《刘表传》裴松之注引《汉末名士录》："表与汝南陈翔字仲麟、范滂字孟博、鲁国孔昱字世元、渤海苑康字仲真、山阳檀敷字文友、张俭字符节、南阳岑晊字公孝为'八友'。"

《三国志》卷七《吕布传》裴松之注引《典略》："（金）元休名尚，京兆人也。尚与同郡韦休甫、第五文休俱著名，号为'三休'。"

《三国志》卷一十三《华歆传》裴松之注引《魏略》："歆与北海邴原、管宁俱游学，三人相善，时人号三人为'一龙'，歆为龙头，原为龙腹，宁为龙尾。"

《三国志》卷三十九《董允传》裴松之注引《华阳国志》："时蜀人以诸葛亮、蒋琬、费祎及允为'四相'，一号'四英'也。"

又如《晋书》卷一《宣帝纪》："魏国既建，迁太子中庶子。每与大谋，辄有奇策，为太子所信重，与陈群、吴质、朱铄号曰'四友'。"

再看《世说新语》中的案例：

《世说新语·品藻篇》："正始中，人士比论，以五荀方五陈：荀淑方陈寔，荀靖方陈谌，荀爽方陈纪，荀彧方陈群，荀觊方陈泰。又以八裴方八王：裴徽方王祥，裴楷方王夷甫，裴康方王绥，裴绰方王澄，裴瓒方王敦，裴遐方王导，裴頠方王戎，裴邈方王玄。"

又如《世说新语·任诞》："陈留阮籍、谯国嵇康、河内山涛三人年皆相比，康年少亚之。预此契者，沛国刘伶、陈留阮咸、河内向秀、琅琊王戎。七人常集于竹林之下，肆意酣畅，故世谓'竹林七贤'。"

以上列举的"八龙""四友""三休""五荀""五陈""八裴""八王"以及"竹林七贤"，等等，都是事数标榜之名目，主要是从出处、行迹方面对人物的主要特点所进行的简要概括。它们一般由一个数词加上一个称谓名词构成，如"四友""四相""四英"等；有时在数词前有一个地点名词或姓氏名词，如"竹林七贤""八裴""八王"等。与名号称谓不同，它们能概括地反映某一些人或某一类人的群体特征，同时在人物个体之间也构成一种鲜明的对比。

二、文学评论的出现

有关文人并称的文学评论，这个时期较为典型的则是曹丕的《典论》和刘勰的《文心雕龙》。

《典论》是第一篇出现文人并称的专著，全书大概在宋代已经亡佚，今仅存《自叙》《论文》两篇较为完整。其中的《典论·论文》是中国文学批评史上最早出现的文学专论之一，也是汉魏文学批评史上的重要文献。它论述了文学批评的态度、作家的个性与作品的风格、文体的区分、文学的价值等颇为重要的问题。它对于文人并称研究也具有很重要的价值和意义，在文中共出现了班傅、扬班、张蔡、七子、琳瑀五对并称，这五对文人并称均是在文学史上首次提出的。

特别是“七子”的提出：

> 今之文人：鲁国孔融文举，广陵陈琳孔璋，山阳王粲仲宣，北海徐干伟长，陈留阮瑀元瑜，汝南应玚德琏，东平刘桢公干，斯七子者，于学无所遗，于辞无所假，咸自以骋骥騄于千里，仰齐足而并驰。

所举的这七人，后世又称为“建安七子”“邺下七子”等，这是文学史中在典籍上见到的最早的、最有影响力的文人并称之一，意义极其重大。而与“七子”同时的“三曹”（曹操、曹丕、曹植）、“三祖”（曹操、曹丕、曹叡）等文人并称在文学史上的并称地位，则晚至南朝初年才被正式追认，相对较晚一些。

《文心雕龙》是我国第一部全面而系统的文学理论著作，全文不足四万字，但内容十分丰富，包括文学史、文学概论、文体论、创作论、文学批评、文学鉴赏等多方面的论述，当然，也不乏作家并称评论，甚至可以说这是文学评论家刘勰开始有意识地使用并称的方式点评前代作家。如《文心雕龙·铨赋》篇：

> 秦世不文，颇有杂赋。汉初词人，顺流而作，陆贾扣其端，贾谊振其绪，枚马同其风，王扬骋其势，皋朔已下，品物毕图。繁积于宣时，校阅于成世，进御之赋，千有余首，讨其源流，信兴楚而盛汉矣。

《文心雕龙·丽辞》篇：

> 至于诗人偶章，大夫联辞，奇偶适变，不劳经营。自扬马张蔡，崇盛丽辞，如宋画吴冶，刻形镂法，丽句与深采并流，偶意共逸韵俱发。至魏晋群才，析句弥密，联字合趣，剖毫析厘。然

契机者入巧，浮假者无功。

《文心雕龙·事类》篇：

观夫屈宋属篇，号依诗人，虽引古事，而莫取旧辞。唯贾谊《鹏赋》，始用鶡冠之说；相如《上林》，撮引李斯之书：此万分之一会也。及扬雄《百官箴》，颇酌于《诗》《书》；刘歆《遂初赋》，历叙于纪传：渐渐综采矣。至于崔班张蔡，遂捃摭经史，华实布濩，因书立功，皆后人之范式也。

上述三篇就出现了“枚马”“王扬”“皋朔”“扬马张蔡”“屈宋”“崔班张蔡”等多对文人并称。类似表述或与骈文的写作思维有关，但不能否定这些并称的提法，均各自有其合理的因素，并且基本都通过了后人的检验。

刘勰之后，钟嵘完成了其文学理论代表作《诗品》，这是我国现存最早的一部诗论专著，它评论汉魏迄齐梁的五言诗人，显其优劣，定其品第。在《诗品》中他不仅明确提出类如“曹刘”“三张、二陆、两潘、一左”“颜谢”“江鲍”“孙许”“陆海潘江”“苏陵任戴”等为后世所公认的诗人并称；而且还采取以类相从的编排方式，置同一时期风格相近的诗人于同条或同品并列而论，这样便无形中将原来分散的诗人组合到一起，赋予其并称齐名的关系。总之，经批评家论定的文人并称群体，往往成为某种文学现象的符号化象征，使其脱离原有的历史语境，进入文学批评空间，从而流传千古。

三、文人群体的形成

至于文人群体，可以追溯到我国最早的诗歌总集——《诗经》中，《小雅·鹿鸣之什》里的“我有嘉宾，鼓瑟吹笙”，即是文人群体宴集的场景，也可以上溯到战国时期的养士制度，但具有文学意义的较早的文人群体则是在汉代出现的，最有名的有两个：一是以淮南王刘安为中心的文人群体，一是以梁孝王刘武为中心的文人群体。

魏晋以来文人交往频繁、群体创作活动增多，文人之间亦多带有交游唱和的特点，如“三曹七子”的南皮、西园之会，“竹林七贤”的竹林之游，“二十四友”金谷宴游，谢灵运与“四友”的山泽之游等等，也为文人群体的形成创造了条件。因统治者雅好艺文，经常组织以宫廷为中心的群体创作活动，便愈加刺激文士们赓歌唱和之热情，其中的杰出人物往往被赋予并称名号。如南齐时从游竟陵王萧子良的“八友”，梁代先后从游昭明太子萧统的“东宫十学士”，东宫太子萧纲的“高斋十学士”“东宫四友”，等等。由此可见，交游唱和活动对于文人并称群体的形成、发展与流传，也起到至关重要的作用。当然这个时候还不能称之为结社活动，只能视作是文人群体活动。

另外，这一时期，同一家族中以文学并称者亦不少，最著名的如“三曹”（曹操、曹丕、曹植父子）、“二陆”（陆机、陆云兄弟）、“马氏五常”（马良、马谡、马静、马季、马通兄弟）等。以“马氏五常”为例，马老大字伯（孟）常，马老二字仲常，马老三字叔常，马老四字季常，马老五字幼常。兄弟五人，人称“马氏五常”。《三国志·蜀志》卷九：“马良，字季常，襄阳宜城人也，兄弟五人，并有才名。乡里为之谚曰：‘马氏五常，白眉最良。’良眉中有白毛故以称之。”而同以帝王之尊，雅好文艺，勤于著述，而又聚拢文士、引导风气，形成一代文学之盛，其影响可与三曹比肩的，则有“四萧”：梁武帝萧衍、其长子昭明太子萧统、三子梁简文帝萧纲、第七子梁元帝萧绎。总之，这一时期的文人群体集会是以皇族、世家、文学侍臣为主体的宫廷游宴、家族聚会等为主的，不同于后世以兴趣爱好等为主的雅会。

第三节　成熟期（唐宋金元时期）

并称发展的第三个时期是成熟期，即唐宋金元时期。这一时期的特点是文人并称开始大量出现，数量显著增多。

以唐代为例，明代胡震亨《唐音癸签》卷二十八《谈丛四》："唐人一时齐名者，如富吴、苏李、燕许、萧李、韩柳、四杰、四友、三俊皆兼以文笔为称。其专以诗称有沈宋、钱郎。又钱郎刘李、鲍谢、元白、刘白、温李、贾喻、皮陆、吴中四士、庐山四友、三舍人、大历十才子、咸通十哲等目，至李杜、王孟、高岑、韦孟、王韦、韦柳诸合称，则出自后人，非当日所定。"① 仅在这一节中胡震亨就归纳了 28 个唐代文人并称，而且还指出了文人并称和诗人并称的区别，生前齐名与死后并称的区别。

除在魏晋南北朝时期就已出现的三个显著特征之外，这一时期的文人并称除了继续保留和发扬外，在深度和广度上也有进一步拓展。如在文学评论方面，杜甫《论诗六绝句》开论诗绝句开端，欧阳修《六一诗话》开诗话之端，元好问亦有《论诗绝句》三十首，等等。此外促使文人并称演变的还有三个新特点，即文人社团的形成、文学流派的涌现、并称自我标榜意识的觉醒。

一、文人社团的形成

"社"，其源久远，最早可追溯到共工氏时代，《左传》："颛顼氏有子曰犁，为祝融，共工氏有子曰句龙，为后土，此其二祀也。后土

---

① 胡震亨．唐音癸签［M］．上海：上海古籍出版社，1981：288.

为社，稷，田正也。”[1] 此处之“社”有两重意思：一是指祭司活动，二是指祭司场所。先秦时期，“社”之名虽然已经出现，但是文人结社出现的时间却相对较晚。

“文人结社”是中国古代在特殊的社会环境、社会体制、社会结构、社会文化条件下形成的一种相对固定人群的特殊社会活动方式。魏晋时期，出现了几个零星结社，如“竹林七贤”集会、王羲之兰亭集会、“竟陵八友”集会，等等，虽然只是个别现象且并未以“社”命名，但已有后世“文人结社”之雏形。东晋时期始见“白莲社”，东晋太元九年（384），慧远入庐山，住虎溪东林寺，慕其德风者云集。元兴元年（402），集缁素慧永、慧持、刘遗民、雷次宗等人，于般若台精舍阿弥陀佛像前建斋立誓，精修念佛三昧，以期往生西方。时以寺前净池多植白莲，又为愿求莲邦的集团，故称白莲社。其中缁素之翘楚有十八人，称为十八贤，即东林寺慧远、西林寺慧永、慧持、道生、昙顺、僧睿、昙恒、道昺、昙诜、道敬、觉明、佛驮跋陀、刘程之、张野、周续之、张诠、宗炳、雷次宗这十八人（《佛祖统纪》卷二十六《庐山莲宗宝鉴·卷四》）。这个社团属专修念佛法门的结社，又称白莲华社、莲社。这个社团在结社史上的意义非比寻常，后世一般将其视为文人结社的源头[2]。但是，严格说来这个社团是一个集宗教性和文学性为一体的社团组织，并非真正意义上的文人结社。

真正具有文学性质的结社始于唐代。隋唐以来，随着科举制度的推行和实施，大量科举士子人群开始出现，文人雅集、诗酒唱和也较以往为盛，于是“文会”“诗社”“吟社”“诗会”等开始在诗文中不断出现。现在一般认为最早的诗社是在初唐产生的，即初唐诗人杜审

---

① 左丘明．左传［M］．长沙：岳麓书社，2001：643.

② 陈小辉．诗社起源［M］//杜泽逊．国学茶座：第一辑．济南：山东人民出版社，2013：160.

言在唐上元年间贬任吉州司户参军时所结的相山诗社。中唐时代幕府诗人所结之“诗社”，“大历十才子”就曾经在洛阳结社唱和。而真正对后世文人结社产生重大影响的当数中唐诗人白居易晚年所结“香山九老会”①。虽然说唐代的文人结社数量比较少、规模也不大，但毕竟是成形了。

到了宋代，文人结社就比较普遍了，数量也大幅增加，可以说已经初具规模了。根据有关研究，仅诗社就有近百家。例如仅宋代的耆老诗社就有李昉“汴京九老会”、马寻“吴兴六老会”、徐祐“苏州九老”会、杜衍“睢阳五老会”、章岵“苏州九老会”、程俱“衢州九老会”，等等，至于其他唱和的诗社、文社就更多了。可以说，随着“文人结社”的发展，不仅使之成为一种影响文学发展的活动，更成为社会文化中的一种独特现象。这种现象对于“文人并称”的生成起到了极大的促进作用，也为其文学评论提供了丰富的土壤。

二、文学流派的涌现

汉魏南北朝时期，开始有言“体”的现象，如“苏李体”“柏梁体”“徐庾体”等，宋代严羽《沧浪诗话·诗体》对此即有归纳：

> 以时而论，则有建安体（建安为汉末年号，曹子建父子及邺中七子之诗）、黄初体（黄初为魏年号，与建安相接）、正始体（正始为魏年号，嵇、阮诸公之诗）、太康体（太康为晋年号，左思、潘岳、二张、二陆诸公之诗）、元嘉体（元嘉为宋年号，颜、鲍、谢诸公之诗）、永明体（永明为齐年号，齐诸公之诗）、齐梁体（通两朝而言之）、南北朝体（通魏、周而言之）……以人而

① 张涛，叶君远．文学史视野下的中国古代文人社团［J］．河北学刊，2006（1）：148－153.

论，则有苏李体（李陵、苏武）、曹刘体（曹植、刘桢）、陶体（陶渊明）、谢体（谢灵运）、徐庾体（徐陵、庾信）……①

苏李体，是中国文学史上早期五言古诗的一种体式，“苏李”也成为较早的一对文人并称。至于“曹刘”“徐庾”等大家多耳熟能详的这种因作品风格最终演变为人物并称也是古代文人并称的一种重要来源（不少书画家即是如此）。到了唐宋时间，又进一步由“体”言“派”了，这也标志着文人并称的发展迈入了一个新的阶段。

文学流派是指文学发展过程中，一定历史时期内出现的一批作家，由于审美观点一致和创作风格类似，自觉或不自觉地形成的文学集团和派别，通常是有一定数量和代表人物的作家群。文学流派从基本形态上看，大体有这样两种类型：

一种是有明确的文学主张和组织形式的自觉集合体。这种流派，从作家主观方面来看，是由于政治倾向、美学观点和艺术趣味相同或相近而自觉结合起来的，具有明确的派别性。他们一般有一定的组织和结社名称，有共同的文学纲领，公开发表自己的文学主张，与观点不同的其他流派进行论战，同时在创作实践上形成了共同的鲜明特色。

另一种类型是不完全具有甚至根本不具有明确的文学主张和组织形式，但在客观上由于创作风格相近而形成的派别。这种半自觉或不自觉的集合体，或者是因某一个作家的独特风格，吸引了一批模仿者和追随者，逐渐形成了一个有特定核心和共同风格的派别；或者仅仅是由于一定时期内的一些作家创作内容和表现方法相近、作品风格类似而被后人从实践和理论上加以总结，冠以一定的流派名称。这样的流派，在中国古代文学史上大量存在，如唐代诗坛上以王维、孟浩然

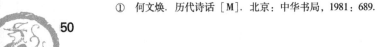

① 何文焕. 历代诗话［M］. 北京：中华书局，1981：689.

为代表的田园诗派和以高适、岑参为代表的边塞诗派，宋代诗坛的江湖诗派，词坛上的婉约派和豪放派。

各类文学流派的涌现，是文学繁荣的重要标志之一。唐代出现的文学流派主要还是第二种类型，如上述所提及。而到了宋代则出现了第一种类型的文学流派，例如“江西诗派”。江西诗派是我国文学史上第一个有正式名称的诗文派别。北宋后期，黄庭坚在诗坛上影响很大，追随和效法黄庭坚的诗人颇多，逐渐形成以黄庭坚为中心的诗歌流派。宋徽宗时，吕本中作《江西诗社宗派图》，下列陈师道、潘大临、谢逸、洪刍、洪炎、洪朋、饶节、僧祖可、徐俯、林敏修、汪革、李錞、韩驹、李彭、晁冲之、江端本、杨符、谢薖、夏倪、林敏功、潘大观、何觊、王直方、僧善权、高荷，合25人，并认为这些诗人与黄庭坚是一脉相承的。后被归入江西诗派的还有吕本中、曾几、陈与义等。稍后曾纮、曾思等人也被补入江西诗派。至于“江西”则是宋代的江南西路。

江西诗派产生了多对诗人并称，到了宋末，方回因为诗派成员多学杜甫，就把杜甫称为江西诗派之“祖”，而把黄庭坚、陈师道、陈与义三人称为诗派之“宗”，提出了江西诗派的“一祖三宗”之说。《瀛奎律髓》卷二十六评陈与义《清明》：“古今诗人，当以老杜、山谷、后山、简斋四家，为一祖三宗，馀可预配飨者有数焉。”又如“二林”（林敏功、林敏修）、“临川二谢”（谢逸、谢薖）、“南北二宗”（吕本中、曾几）等。

可以说文学流派的涌现进一步促进了文人并称的产生和发展。

三、并称意识的觉醒

汉魏时期，人物品题即已兴起，但是这主要是对别人的评价，而到了唐宋，文人并称自我标榜意识逐渐觉醒，开始有意识地把自己与别人一同评价，即自我标榜，由此也产生了新的文人并称案例。

例如“元白”，指的是中唐诗人元稹、白居易的并称。二人同为新乐府运动的倡导者，文学观点相同，作品风格相近，在中唐诗坛影响很大。“元白”并称，当时已行于世。并称始于元和五年（810）元稹贬居江陵后与白居易一起在“杯酒光景间”所为之“小碎篇章”和“次韵相酬”之“千言”或“五百言律诗”，“江湖间为诗者”和“新进小生”，竞相仿效，遂成风气。长庆三年（823）白居易《馀思未尽加为六韵重寄微之》诗“制从长庆辞高古，诗到元和体变新”上句自注：“微之长庆初知制诰，文格高古，始变俗体，继者效之也。”下句自注：“众称元、白为千字律诗，或号元和格。”“元和格”是众人对元白二人“千字律诗”之称谓，白居易此处的口气，在对客观事实的叙述中已带有默认之意。白居易在《白居易集》卷六十九《〈刘白唱和集〉解》云：“江南士女，语才子者，多云‘元白’。”[①] 此处，意思已经非常明显了，这是极其明确地表达了自己和元稹并称的想法。

又如宋代“二李”，指的是宋初文学家李昉、李至并称。“白体”代表诗人李昉、李至，常以诗歌唱和赠答，刻有《二李唱和集》，收录两人自端拱元年（988）春二月至淳化二年（991）九月期间互相唱和的诗，所收诗包括两首残诗在内共计一百五十八首。李昉序曰：“昔乐天、梦得有《刘白唱和集》，流布海内，为不朽盛事。今之此诗，安知异日不为人之传写乎？”开宗明义地宣布以“刘白”自况，为诗集取名《二李唱和集》。可以说，并称意识的觉醒标志着文人并称正逐步向成熟期迈进。

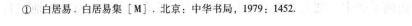

① 白居易．白居易集［M］．北京：中华书局，1979：1452.

第四节　鼎盛期（明清时期）

并称发展的第四个时期是鼎盛期，即明清时期。这一时期是文人并称最辉煌鼎盛的时期，伴随着经济社会的发展、文学社团的兴盛、文学评论的繁荣、风格流派的迭起，文人并称极为普及。

这种繁荣至少可以从四个方面来体现：

一、文人的结社与相互标榜

明代以来，文人自我标榜之风大盛，于是集团林立，流派蜂起，各立门户。据郭绍虞统计，明代的文人集团大约有 176 个①，大大超过了唐、宋时期。相同的兴趣、共同的主张使趣味相投的人们容易走到一起，各个社团或文人集团也就具有了各自的特色，而为了扩大影响，相互之间的标榜习气就在所难免。明清时期结社或文人群体常以“品题”为基本骨架，如所谓的“六子社”“七子社”“九老会”，等等，而但凡品题，无不带有标榜的意味。而一旦标榜，便衍生出了文人并称，如“六子”“七子”“九老”，等等。如明茅元仪《石民四十集》卷十五《傅远度诗选序》：

> 茅子与傅子方成诗于天启纪年之时。诗之格，有称建安者、正始者、太康者、元嘉者、永明者、元和者、大历者、元佑者，而明实阙焉，若或待之。建安之诗为三曹七子，正始之诗为左张潘陆，元嘉之诗为颜鲍，永明之诗为王谢，元和之诗为元白，大

---

① 郭绍虞．照隅室古典文学论集［M］．上海：上海古籍出版社，1983：610.
另外，李玉铨统计为 177 个，见文献：李玉铨．明代文人结社考［M］．北京：中华书局，2013：672。

历之诗为十才子，元佑之诗为苏黄，天启之诗为茅傅。

茅元仪与傅汝舟在文学史上地位并不显著，但并不妨碍两人自我标榜为“茅傅”，且同前代大诗人并列，故郭绍虞曾说：“明代文人只需稍有一些表现，就可以加以品题，而且树立门户。”① 在明代，并称沦为党同伐异的工具，或自创旗号，标榜门庭，或借彼炫此，有滥用之嫌，这体现了并称的负面作用。许多文人集团之名与作家并称之名相合为一，当并称作为文学集团的名号使用时，文人们可以借此更有效地传播声名而集体流芳。

可以说并称将数个文学家并列相提，或字号并称，或地域并称，或风格并称，或师门并称，或人数并称，从而引导人们给予一个作家群体、一个流派以充分的注意，这对于作家和创作的研究无疑是有益的。但是，如果人们只是将目光投到文人并称现象上，并不断制造出一个又一个的文学并称，只注意其外在表面而忽视其内在精神内涵，尤其是过多考虑并称的群体特征而较少考虑个体特征也是不可取的。取若干作家的共同点将之并称，是可行而且是必要的，但是过分追求其相同点或相似点而忽略其间差异，结果必然导致千篇一律、众人一面，而失去个中作家的本来面目。这种现象发展到极致，并称就只是作为一种现象、一种符号而存在了。

清代储大文在《麟洲沈君墓表》一文中就曾对门庭林立的明代文坛有这样的描述：

> 至明而吴北郭之十子，闽之十子、二元辈，辄曰：我家诗。英、景时之“十子”，虽以金粟公子，不敌海涯二布衣，其尤盛而为孝、武时之“十子”，又为“七子”。永陵时之“前八子”“后七子”，而《弇州稿》又有“前五子”“后五子”“广五子”“续五

① 郭绍虞．照隅室古典文学论集［M］．上海：上海古籍出版社，1983：518.

子”“末五子”，又远近游从“四十咏”，号为艺林中极盛，奔走宇内，且突过灵济讲席五千人。晚而为云间之“十一子”，又为“六子”，金精之“十子”，又变续而为雪苑之“前、后六子”。①

纵观明代文学史，不仅出现了“前五子”“后五子”“广五子”“续五子”“末五子”“前七子”“后七子”等人们所熟悉的名称，甚至出现了“九子”“十二子”“四十子”等种种夸饰的说法。清陈田《明诗纪事·己签序》：

嘉靖之季，以诗鸣者有后七子，李、王为之冠，与前七子隔绝数十年，而此唱彼和，声应气求，若出一轨。海内称诗者，不奉李、王之教，则若夷狄之不遵正朔；而啖名者，以得其一顾为幸，奔走其门，接裾联袂，绪论所及，嘘枯吹生。沧溟高亢，门墙稍峻。弇州道广，观其后五子、续五子、广五子、末五子，递推递衍，以及于四十子。②

又如陈衍《石遗室诗话》卷一十八：

自来文人好标榜，诗人为多，明之诗人尤其多。以诗也者，易能难精，而门径多歧，又不能别黑白而定一尊，于是不求其实，惟务其名，树职志，立门户，是丹非素，入主出奴矣。明太祖时，吴则有“北郭十子”，为高启、杨基、张羽、徐贲、余尧臣、王行、宋克、吕敏、陈则、释道衍；越则有“会稽二肃”，为唐肃、谢肃；粤则有“南园五子”。为孙黄、黄哲、王佐、李德、赵介；闽则有“十子”，为林鸿、王恭、王偁、高廷礼、陈

① 储大文．存砚楼文集：卷十五［M］//景印文渊阁四库全书：第266册．台北：台湾商务印书馆股份有限公司，2008：336.

② 陈田．明诗纪事［M］．上海：上海古籍出版社，1993：1867.

> 亮、郑定、王褒、唐泰、周玄、黄玄。景帝时有“景泰十才子”，为刘溥、汤胤绩、苏平、苏正、沈愚、晏铎、王淮、邹亮、蒋主忠、王贞庆。孝宗时有“前七子”，为李梦阳、何景明、徐祯卿、边贡、王廷相、康海、王九思，七子中去王廷相，加朱应登、顾璘、陈沂、郑善夫，号“十子”。世宗时有“嘉靖八才子”，为李开先、王慎中、唐顺之、陈束、赵时春、任瀚、熊过、吕高；有“后七子”，为李攀龙、王世贞、谢榛、梁有誉、宗臣、徐中行、吴国伦；“后五子”为张九一、张嘉胤、汪道昆、余日德、魏裳；“广五子”为卢柟、欧大任、俞允文、李先芳、吴维岳；“续五子”为黎民表、王道行、石星、赵用贤、朱多煃（熓）；“末五子”为屠隆、胡应麟、李维桢、吴旦、李时行；而梁有誉、欧大任、黎民表、吴旦、李时行又为“南园后五先生”。神宗时，有“嘉定四先生”，为程嘉燧、李流芳、娄坚、唐时升；又有“公安派”，则袁宗道、袁宏道、袁中道；“竟陵派”为钟惺、谭元春。然此百十人中，没世有称者不过三四十人，其余虽有名，亦无称者，不过占志乘中数行地位而已。

不可否认，被列入上述诸“子”中的一些人物，相当一部分并没有在文学史上拥有多么重要的地位或者发挥多大的作用。然而，他们却借助于品题而名载史籍。

实际上，明代文人社团或文人集团远远不止这些数量。近年来在此领域研究极深的何宗美教授在其《文人结社与明代文学的演进》一书中就已梳理了680余家（含元末）。李玉铨博士在《明代文人结社考》一书中更是考订出了930家[①]，而且据其说明，从其使用的文献资料来看，这也只不过是明代文人结社的一部分而已，并进一步推断

① 李玉铨．明代文人结社考［M］．北京：中华书局，2013：672.

明代文人结社的数量至少在千数以上。

尽管清代官方对于文人结社一直持打压态度，将结社视为“朋党”的某种形式加以批评和否定，钱穆在《中国历代政治得失》一书中即指出：“清廷在每个明伦堂里都置有一块石碑，这块碑不是竖栽而是横躺的，故叫作卧碑。卧碑上镌有几条禁令。第一，生员不得言事；第二，不得立盟结社；第三，不得刊刻文字。这三条禁令，恰好是近代西方人所要争取的言论自由、结社自由和出版自由，所谓的三大自由了。”这三大禁令是在满族入关不久后的清顺治五年（1648年）颁布的，对文学的发展和社会的进程产生了一定的抑制作用。但因清代的人口基数较历史上任何一个朝代都大得多，所以从总量上来看，民间的结社还是相当惊人的。至于清代的文人结社的数量到底有多少，至今尚未有人深入统计分析，但根据目前笔者寓目的典籍来看，其数量绝对不会少于明代。

二、诗话笔记的记载与评论

考察明清时期文人并称的密集程度，最为直观的方法是从相关史料文献中统计出并称的数量，明清两代各类文献的存留数量相当庞大，不可能一一列举，只能选取个别有代表性的著作进行分析。

笔者认为至少有两部作品可以说明问题，第一部作品是清末陈康祺的笔记《郎潜纪闻初笔二笔三笔四笔》，其中所含明清时期文人并称可辑出如下表格。

《郎潜纪闻初笔》之清代文人并称一览表（49 例）

卷　目	内含文人并称
卷一	谏垣三直、四虎
卷二	五凤

续 表

卷 目	内含文人并称
卷三	五老、余杜白
卷四	昆山三徐
卷五	南北二邵、淮上三子、畿南三才子
卷六	澄园八友、五老、五老（并称相同，所指不同）、五征君、辽东三老、海内三隐
卷七	南齐北窦、北纪南钱、南潘北李、北朱南王、南童北鲍、五客
卷八	三家村、归奇顾怪、陆痴严怪、苏门三贤、关中二李、浙中三毛、王李、松陵四君
卷九	二老、四贤五君子、四大布衣
卷十	
卷十一	十六画人、四皓
卷十二	万氏八龙、二难
卷十三	西南两子、黔中三奇男、惠门四子
卷十四	易堂九子、北田五子、西泠十子、海内八家、粤东十三家、四明四友、禾中四友、二老、后三高、吴门双璧

《郎潜纪闻二笔》之清代文人并称一览表（34 例）

卷 目	内含文人并称
卷一	
卷二	随园十三女弟子

续　表

卷　目	内含文人并称
卷三	秀水三李、合肥二李、澄怀八友
卷四	薇垣五名士
卷五	辇下十子（十子）、常州二申
卷六	无锡二裳、大秦小秦
卷七	六诗三笔、湖州三炳、秀州二年、小沧浪七友
卷八	吴中七子、春官六座六师生、一榜三经师、淮海四士、南梁北祁
卷九	髯金瘦厉、老查少查、二史
卷十	二查、西江四戴、新城二陈
卷十一	三鼎甲
卷十二	虎林二吴、两大诗家
卷十三	
卷十四	休宁二江
卷十五	二王、佳山堂六子
卷十六	元和三蒋、四愚、太仓十子（十子）、崔黄叶王黄叶

《郎潜纪闻三笔》之清代文人并称一览表（14 例）

卷　目	内含文人并称
卷一	三李
卷二	

续　表

卷　目	内含文人并称
卷三	二绝、朱氏两神童
卷四	南陈北李、诗家三王（济南三王）、画家三王（太仓三王）、四王
卷五	朱李
卷六	
卷七	万氏八龙、谈天三友、扬州二堂
卷八	倭门四忠
卷九	江左三凤皇
卷十	
卷十一	龙凤虎豹（越中四杰）
卷十二	

《郎潜纪闻四笔》之清代文人并称一览表（11例）

卷　目	内含文人并称
卷一	浙中五君子、三君
卷二	彭王
卷三	
卷四	
卷五	

续 表

卷 目	内含文人并称
卷六	江浙三布衣、曲阜三颜、吴中七子（七子）、四廉吏、二王
卷七	
卷八	二吴
卷九	
卷十	
卷十一	萧山四文士（包毛沈蔡）、南梁北孔

不完全统计，《郎潜纪闻初笔二笔三笔四笔》中的清代文人并称不重复案例就达到了109个，如果加上清代之前的并称案例则更多，也可以看到清代文人并称的繁盛。

第二部作品是清末民初杨钟羲的《雪桥诗话》《雪桥诗话续集》《雪桥诗话三集》《雪桥诗话余集》。该诗话堪称是一部记载有清一代的掌故书，当中有多处提及并称的地方，据陈凯玲统计，共有257次提及诗人并称①，兹以表格的形式统计如下：

书名	卷一	卷二	卷三	卷四	卷五	卷六	卷七	卷八	卷九	卷十	卷十一	卷十二	总次数
雪桥诗话	15	9	4	6	0	3	2	1	5	5	7	3	60
雪桥诗话续集	14	9	6	6	10	7	7	1	/	/	/	/	60
雪桥诗话三集	15	9	8	9	9	7	5	5	7	4	6	5	89
雪桥诗话余集	6	5	4	7	6	4	14	2	/	/	/	/	48
合计													257

① 陈凯玲．清代诗人并称群体研究［D］．杭州：浙江大学，2011：22.

不算遗漏的话，同时除去重复出现者，全书亦不下二百余次文人并称，若以全书总共四十卷来统计，文人并称在每卷的“曝光率”多达五次，可以看出在清人随笔中，文人并称确实是当时的一个热门话题。文人并称在笔记或诗话中频繁曝光，这是文人并称极度繁荣的一个有力证明。

三、文人作品的编选与传播

文人选集早已有之，如“唐宋八大家”这一并称也正是因为选集才得以广泛传播、家喻户晓。这个并称最早是由明初人朱右归纳总结提出的，并编选为《八先生文集》，可惜失传。所幸朱右另有《唐宋六家文衡》（所谓六家，乃以“三苏”为一家，实则仍为八家）之选，然而朱右名气不大，不彰于文坛，故而人微言轻，直至唐顺之和茅坤大力弘扬方得以彰显。唐顺之有《文编》之选，自周迄宋，于唐宋两代只取朱右所订之八家；茅坤在此基础编选了《唐宋八大家文钞》一百六十四卷，至此“唐宋八大家”正式定型。后人则多因袭之，如清道光二十五年（1845），李祖陶编选《金元明八大家文选》五十三卷，入选金代元好问，元代姚燧、吴澄、虞集，明代宋濂、王守仁、归有光、唐顺之八家；1915 年，王文濡编选《明清八大家文钞》，上海文明书局出版，入选了明代归有光，清代方苞、刘大櫆、姚鼐、梅曾亮、曾国藩、张裕钊、吴汝纶八家；1916 年，江苏武进人胡君复又有《当代八大家文钞》（今称《近代八大家文钞》）之选，入选八家为王闿运、康有为、严复、林纾、张謇、章炳麟、梁启超、马其昶，由中国图书公司印行；已故著名学者钱仲联教授曾于 2001 年主编《明清八大家文选丛书》，入选八家分别为明代刘基、归有光、王世贞三家，清代顾炎武、姚鼐、张惠言、龚自珍、曾国藩五家，并由苏州大学出版社出版。尽管人选的作家所形成的并称群体有一些并没有在文学史上叫响，当时知之者即不多，至今更是湮没无闻，但毫无疑问，这也是文人并称来源的一种重要方式。

在清人编撰的各类作品集中，其中就有一类专门收录若干名代表作家或者某一特定群体之作品，书名中常冠以“数词＋家”“数词＋子”“数词＋大家”“数词＋名家”或者“数词＋姓氏”之类的字样，且多以合刊或丛刊的形式出现。清代诸多文人并称的产生、流传直至定型，大多与此类作品集的编选有关。又如，清代文人并称常以地方为名标举齐名，其中一个非常重要的因素就是地方作品集编选之风的盛行。所谓的地方文学作品集，编选对象范围，大可包罗一个省区，小可覆盖一个乡镇，编选的目的多为总结、宣扬地方文学或文化传统。为了方便选录和刊刻，编选者往往只选取几名代表性的作家，冠以“地名＋数词＋尊称”或“地名＋数词＋姓氏”之类的字样，于是文人并称之目遂定。

笔者以王兵专著《清人选清诗与清代诗学》里的“清人选清诗著录简表”为底本进一步归纳整理，以此来说明清人选清诗集与文人并称的密切关系。

王兵根据《清史稿・艺文志》、《贩书偶记》及其续编、《中国古籍善本书目》、《中国科学院图书馆善本书目》、《中国人民大学图书馆善本书目》、《四库禁毁书目》等，共觅得630余部清人选清诗书目。其中具有并称之意的书目就有99部，占比为16%，即六部选集中就有一部并称选集，这个比例应当说还是相当高的。

王兵所辑清诗中含并称之书目99种一览

刊刻成书时代	序号	选集名称
顺治	1	《西陵十子诗选》，毛先舒辑，顺治七年还读斋印本
	2	《诗媛八名家集》，邹漪编，顺治十二年邹氏鹭宜斋刻本
	3	《太仓十子诗选》，吴伟业选，顺治刻本
	4	《燕台七子诗刻》，严津辑，顺治十八年序刻本
	5	《琅琊二子近诗合选》，周南等编，顺治刻本
康熙	1	《江左三大家诗钞》，顾有孝、赵沄辑，康熙七年绿荫堂刻本
	2	《八家诗选》，吴之振辑，康熙十一年吴氏鉴古堂刻本
	3	《江北七子诗选》，程封、李以笃辑，康熙十六年谢廷聘刻本
	4	《五大家诗钞》，邹漪辑，康熙间梁溪邹氏五车楼刻本
	5	《依园七子诗选》，徐行、曾灿编，康熙十九年刻本
	6	《岭南三大家诗选》，王隼选，康熙间刻本
康熙	7	《二家诗》，傅泽洪编，康熙三十四年畹堂刻本
	8	《二家诗钞》，邵长蘅辑，康熙间刻本
	9	《江左十五子诗选》，宋荦选， 康熙四十二年商丘宋氏宛委堂刻本
	10	《四明四友诗》，郑梁辑，康熙四十八年刻本
	11	《五大家诗》，汪观辑，康熙五十二年静远堂刻本
	12	《绥安二布衣诗钞》，何梅编，康熙刻本
	13	《绥安二布衣诗》，朱霞辑，康熙五十四年刻本
	14	《毗陵六逸诗钞》，庄令舆、徐永宣辑， 康熙五十六年敬义堂刻本
	15	《毗陵六逸诗钞》，孙谠编，康熙刻本

续　表

刊刻成书时代	序号	选集名称
康熙	16	《四家诗钞》，王企埥编，康熙刻本
	17	《五家诗钞》，王企埥辑，康熙六十年刻本
	18	《畿辅七名家诗钞》，王企靖编，康熙六十年雄山王氏刻本
雍正	1	《三盛诗钞》，盛研家辑，雍正十年刻本
乾隆	1	《黄冈二家诗钞》，陈师晋编，乾隆五年玉照亭刻本
	2	《四家诗钞》，佚名编，乾隆八年刻本 （朱昂、吴泰来、王昶、曹仁虎诗）
	3	《虞山四子集》，王材任编，乾隆间刻本
	4	《汉阳五家诗选》，吴仕潮辑，乾隆十八年刻本
	5	《七子诗选》，沈德潜选，乾隆十八年刻本
	6	《二家诗钞》，吴元润选，乾隆十九年刻本
	7	《文园六子诗》，范景颐辑，乾隆间金陵王氏刻本
	8	《越中三子诗》，郭毓辑，乾隆二十一年刻本
	9	《绵上四山人诗集》，董柴辑，乾隆二十四年半壁山房刻本
	10	《袁家三妹合稿》，袁枚辑，乾隆二十四年小仓山房刻本
	11	《嘉禾八子诗选》，沈德潜、钱陈群选，乾隆二十四年刻本
	12	《三家绝句选》，江昱辑，乾隆二十四年刻本
	13	《历城三子诗》，桑调元、沈廷方辑，乾隆二十六年柏香堂刻本
	14	《江左十子诗钞》，王鸣盛采录，乾隆二十九年幽兰苍寓居刻本
	15	《江浙十二家诗选》，王鸣盛录，乾隆三十年刻本
	16	《国朝四大家诗钞》，邵玘、屠德修辑，乾隆三十一年刻本

续 表

刊刻成书时代	序号	选集名称
乾隆	17	《国朝六家诗钞》，刘执玉辑，乾隆三十二年刻本
	18	《敦素园七子诗钞》（又名《宝应七子诗钞》），吴授凫编，乾隆三十四年刻本
	19	《六家七律诗选》，周曰沅辑，乾隆三十四年静观草庐刻本
	20	《八家诗钞》，彭启丰辑，乾隆三十五年有耀斋刻本
	21	《灵岩三家诗选》，章日照编，乾隆四十年采兰书屋刻本
	22	《三家长律诗钞》，陆费墀辑，乾隆间刻本
	23	《澉川二布衣诗》，吴宁辑，乾隆四十九年刻本
	24	《二余诗草》，李心耕辑，乾隆五十六年上海李氏刻本
嘉庆	1	《娄东五先生诗选》，毛济美辑，嘉庆五年刻本
	2	《国朝江右八大家诗选》，曾燠辑，嘉庆间邗上题襟馆刻本
道光	1	《粤东七子诗》，盛大士辑，道光二年刻本
	2	《京江七子诗钞》，张学仁辑，道光七年刻本
	3	《浙西六家诗钞》，吴应和、马洵辑，道光七年紫薇山馆刻本
	4	《清河五先生诗选》，朱为弼辑，道光八年清河张庆成刻本
	5	《同岑五家诗钞》，曾燠辑，道光九年刻本
	6	《国朝十大家诗钞》，王相编，道光十年刻本
	7	《三女史诗稿》，潘焕龙编，道光十三年刻本
	8	《龙溪二子诗钞》，郑开禧辑，道光十三年刻本
	9	《吴中两布衣集》，王之佐、蒋光煦辑，道光十八年刻本
	10	《京城九老会诗存》，周萼芳等辑，道光二十四年刻本
	11	《燕南二俊诗钞》，陶樑辑，道光间刻本

续　表

刊刻成书时代	序号	选集名称
咸丰	1	《范氏三女史同怀诗》，范士熊辑，咸丰三年刻本
	2	《二家诗钞笺略》，魏茂林等辑咸丰五年刻本（吴锡麒、王芑孙）
	3	《三子诗选》，蔡寿祺编，咸丰七年京师刻本
	4	《吴江三节妇集》，董兆熊辑，咸丰七年古铜里范氏刻本
同治	1	《二家律选》，李丰纶选，同治五年刻本（柯蘅、郭绥之诗）
	2	《杉湖十子诗钞》，张凯嵩辑，同治七年刻本
	3	《清河六先生诗选》，徐申锡补辑，同治八年清河张显周刻本（题曰《重镌清河五先生诗选》，此选即在清河五先生基础上加上张庆成之诗）
	4	《三布衣诗存》，金兰辑，同治十二年吴县金氏刻本（钮树玉、徐筠、张绍松诗）
	5	《虞山七家试律钞》，钱禄泰辑，同治十二年常熟钱氏刻本
	6	《寄南园二子诗钞》，许应铄辑，同治十三年刻本
	7	《皖江三家诗钞》，陈世镕辑，同治十三年刻本
光绪	1	《国朝五家咏史诗钞》，孙福清辑，光绪四年嘉善孙氏望云仙馆刻本
	2	《京江后七子诗钞》，周伯义辑，光绪八年刻本
	3	《京江鲍氏三女史诗钞》，戴燮元辑，光绪八年丹徒戴氏嘉禾刻本
	4	《合肥三家诗录》，谭献选，光绪十二年刻本
	5	《李氏三先生诗钞》，李怀民辑，光绪十二年李氏西安郡斋刻本
	6	《黔南六家诗选》，周鹤选，光绪十三年刻本

续 表

刊刻成书时代	序号	选集名称
光绪	7	《石城七子诗钞》，翁长森辑，光绪十六年刻本
	8	《湖南四先生诗钞》，吴慕亨选辑，光绪十八年刻本（欧阳络洛、魏源、曾国藩、毛贵铭诗）
	9	《西泠三闺秀诗》，西泠印社主人辑，光绪二十三年刻本
	10	《二冯诗集》，胡思敬辑，光绪二十四年间影楼刻本（冯班、冯廷櫆诗）
	11	《二家试帖》，樊增祥辑，光绪二十七年刻本
	12	《焦山四上人诗存》，附懒余吟草二卷，陈任旸选，光绪三十二年石肯堂刻本
	13	《四子诗录》，陶福祖辑，光绪间刻本（勒深之、陈炽、欧阳照、陶福祝诗）
	14	《二宋诗钞》，宋衍生校，光绪间铅印本（宋滋兰、宋滋蓍诗）
宣统	1	《湖州十家诗选》，蒋鸿辑，宣统元年刻本
编刻年代不祥	1	《明州八家选诗》，李文胤、徐凤垣辑，清刻本
	2	《晋四人诗》，戴廷栻编，清初刻本
	3	《江左三大家诗钞》，喟园辑，清抄本
	4	《国初虞山十六家诗》，佚名辑，清抄本
编刻年代不祥	5	《十家诗》，潘钟瑞辑，清抄本
	6	《本朝廿二家诗》，桂馥辑，清抄本
	7	《江左三大家诗选》，佚名辑，清抄本
	8	《硖川五家诗钞》，李榕编，清稿本
	9	《高邮四家诗钞》，佚名辑，碧虚斋抄本

续 表

刊刻成书时代	序号	选集名称
编刻年代不祥	10	《桐郑十二家诗稿》，钟贤禄等撰，清抄本
	11	《国朝四家诗集》，叶燮编（《清史稿·艺文志》著录）
	12	《女中七才子兰咳二集》，周之标辑，清抄本

需要说明的是以上仅仅是清人选清诗的刻本，而且并非全部，可以说由于见闻所限、搜罗困难的缘故，遗漏的刻本数量尚比较庞大，这还不包括民国时代所编选的清诗刻本。如果范围再扩大一些，不仅仅是清人选清诗，再包括清人选清词、清人选清文……可以说，并称的数量将会更多。但仅以此表也已足以说明问题。

总之，编选清代文人并称的作品集数量之多，足以反映当时文学领域并称现象的繁盛。当然，在历代产生的成千上万的文人并称中，能够有幸成为作品集编选对象的，毕竟还是占很少一部分，而且在这很少一部分中，更多的因没有成为经典化定义的文人并称，很快就被历史所遗忘了。

四、女子作家并称的大量涌现

在明清时期，不仅女诗人、女词人等人量涌现，甚至出现了一大批的女子作家并称，也标志着文人并称到了高度发达的阶段。关于女子作家并称将在后面的“扫眉才子的并称”中进行详细论述。

可以说，在历代文人并称的发展流变过程中，每个时代不仅有对当下文人并称的提出，而且还有对前代文人并称的品评和追加。就后一种现象而言，时代越靠后往往越有利于产生前代文人的并称。就并称模式而言，还是具有“因袭化”特点的，前代齐名并称者作为一种经典范式，为后人提供了可资借鉴的经验和模式；而后人出于仰慕、钦羡和渴望获得认同，也会有意效仿前贤，于是出现了因袭前代并称的现象。诸如“二难”“双丁”“二陆”“二苏”“赵管”“三凤”等，诸如此类的例子比比皆是，以清代为例，仅号称“二难”者就多达数十例，清代不愧是文人并称“集大成”的年代，下面以“古代二难（两难）并称文人知多少”来说明一下：

古代二难（两难）并称文人知多少

二难：东汉陈元方、陈季方兄弟。

二难：南北朝梁国夏侯亶、夏侯夔兄弟。

二难：宋代宋道、宋迪兄弟。

二难：宋代朱服、朱肱兄弟。

二难：元代王俩、王与兄弟。

高氏两难：元代高明、高诚兄弟。

二难：明代郑复言、郑雍言兄弟。

二难：明代陈符、陈尚德兄弟。

二难：明代王子言、王子谟兄弟。

二难：明代徐熥、徐𤊹兄弟。

二难：明代张缨、张绚兄弟。

东海两难：明代王世贞、王世懋兄弟。

二难：明代眭明永、眭思永兄弟。

闺阁二难：明末方孟式、方维仪姐妹。

唐氏二难：明末清初唐宇昭、唐宇量兄弟。

王氏二难：清初王连瑛、王连琨兄弟。

二难：清初宋璠、宋琬兄弟。

二难：清初曹贞吉、曹申吉兄弟。

二难：清初陆进、陆次云兄弟。

二难：清初徐士讷、徐景超兄弟。

二难：清初钱起隆、钱荣泮兄弟。

二难：清初萧企昭（一作启昭）、萧广昭兄弟。

钱氏二难：清代钱焗、钱烘兄弟。

二难：清代刘淇、刘汶兄弟。

二难：清代陈学洙、陈学泗兄弟。

二难：清代查慎行、查嗣瑮兄弟。

二难：清代顾廷桓、顾陈垿兄弟。

二难：清代姚炳、姚之骃兄弟。

二难：清代梁诗正、梁启心兄弟。

二难：清代金文淳、金焜兄弟。

陈氏二难：清代陈章、陈皋兄弟。

二难：清代陆艺、陆藻兄弟。

二难：清代洪榜、洪梧兄弟。

二难：清代梁玉绳、梁履绳兄弟。

二难：清代曹焕（一作涣）、曹焜兄弟。

二难：清代胡正基、胡昌基兄弟。

二难：清代李鼎元、李骥元兄弟。

二难：清代杨芳灿、杨揆兄弟。

二难：清代张问陶、张问安兄弟。

二难：清代钱枚、钱林（原名福林）兄弟。

闺阁二难：清代席佩兰、孙云凤。

闺阁二难：清代孙云凤、孙云鹤姊妹。

陈氏二难：清代陈嘉木、陈嘉澍兄弟。

二难：清代许梿、许楣兄弟。

二难：清代翁尊三、张本均。

二难：清代柳兴恩、柳荣宗兄弟。

二难：清代欧阳苏、欧阳周兄弟。

二难：清代郭沈华、郭沈彬兄弟。

二难：清代戴恒、戴怡兄弟。

二难：清末李宗言、李宗祎兄弟。

二难：清末骆照、骆文光。

二难：清末民初何振岱、龚乾义。

二难：清末民初陆炳章、陆泽永兄弟。

二难：清末民初李宣龚、李宣倜兄弟。

自清朝以后，进入民国以来，文人并称的发展进入了平缓期，相对于众多的人口基数而言，文人并称的数量还算比较多，新老文人齐上阵，文人并称又出现了一些新的提法，其中“双子星座”的称呼就是借鉴西方而提出的并称新词。例如，鲁迅和郭沫若就被称为“中国现代文坛双子星座”。两人都是留日的“洋学生”，都有弃医从文的经历，都兼具作家与学者的身份，并且都是新文坛上的“巨头”，是左翼文化战线的“旗帜”。这一并称也算名副其实。

至于新中国成立以来，文人并称明显进入衰落期，虽然说作家总数仍然不少，甚至说基于庞大的人口，作家总量比历史上任何一个朝代都多，但占人口的比例却下降了，虽然也出现了当代散文三大家（杨朔、秦牧、刘白羽）、新派武侠小说三大家（金庸、梁羽生、古龙）、当代小说四大天王（余华、莫言、王朔、苏童）、先锋小说“文坛射雕五虎”（南帝苏童，北丐洪峰，东邪余华，西毒马原，中神通格非）之类的文人作家并称，但古诗词、古文创作已经很难再出现一门风雅、兄弟姐妹并称的盛况了。当然偶尔还会有一些地域的并称，延续着古代的一点传统。如中国文联出版社2011年出版的《安隐击壤集》，副标题为“余杭七家诗钞”，为当代杭州七家诗词选集，收录了徐育宽的《赤舒诗钞》、陈国明的《九思堂诗钞》、虞铭的《曲营诗钞》、沈刚的《浮蚁诗钞》、张健的《燕垒生诗钞》、郁震宏的《承业堂诗钞》、陶学锋的《芦雪斋诗钞》。

七诗人之一的郁震宏在《安隐击壤集序》中介绍了七人并称的缘由：

> 吾友栖水昕鸿虞君集七人之诗既成，锡之以嘉名曰《安隐击壤集》。七人者，年齿不等，居处不一，亦不皆相识，惟虞君尽识之。今年春，虞君谓六人曰：取吾七人之诗都为一集，何如？佥曰：善。虞君乃佛时仔肩，复与燕垒张君、芦雪陶君任行人东里之责，六阅月始成，其用心之苦可知矣。然则安隐者何？志地也；击壤者何？志志也。七人居处不一，何独以安隐名也？曰：从众也，有四人居临平也；安隐者，临平古兰若之名也。或有疑之者焉，曰：“六人者皆今之余杭人也，命以安隐，既闻其说矣；子居麻溪，旧隶德清，今属桐乡，而冠以安隐，其义何居？”曰：“昔者临平之诗人，有东湖十子之目，而吾乡徐芳谷先生与焉，然则拙诗之以安隐名也宜矣，又奚疑焉？虽然，余不能诗，附骥而已。”书成，虞君不以余浅陋，俾题其首，辞不获，一月无以应，比来海宁，公家事了，操笔欲书，将下复止，累日不能得一字，而虞君书来，谓是集且付手民氏矣，乃撰数百字，用识颠末，且以解或人之疑，急就之章，言之无文，聊以塞责而已。浙西席羊居士郁震宏叙。

借助于现代传媒手段，如报纸、网络、电视、微信，等等。所谓河北的“三驾马车”（何申、谈歌和关仁山），宁夏的“三棵树”（陈继明、石舒清、金瓯）和“新三棵树”（季栋梁、漠月、张学东），山东高密书法界的“夷安五子”（王锡、葛光蓬、李强、齐斌、赵福堂），“甘肃小说八骏”（从2005年开始，三年重组一次，至2011年已更新了三届，第三届定格为叶舟、弋舟、王新军、马步升、严英秀、李学辉、雪漠、向春），“甘肃诗歌八骏”（娜夜、高凯、古马、第广龙、梁积林、离离、马萧萧、胡杨）等并称一个个被制造出来，不时地冒出一朵朵浪花。

但总的来说，当代的文人并称不再发达了，一方面是“科举选士”的时代一去不复返了，另一方面则是今日的文人并称尚需时间的沉淀和考验，尚有待时人和后人的品评，很难再现古代的盛况了。

第三章　文人并称的排序与评价

第一节　文人并称的排序

古语说得好，“文无第一、武无第二”，在说文人并称的次序之前，先通过一段大家都比较熟悉的武侠小说中的案例谈一谈。在当今，金庸、古龙、梁羽生被称为新派武侠小说三大家，又称为“金古梁”，尽管有人对梁羽生的入选还是有些不同的看法，但当前阶段大家比较公认的也还是这个排名：金庸第一、古龙第二、梁羽生第三，从文学成就上来讲这个异议并不是很大。其中“射雕三部曲”可谓金庸先生的代表作，在其《射雕英雄传》《神雕侠侣》中，通过华山论剑，排出了武功最高的五个人，即天下五绝，第一次华山论剑是东邪、西毒、南帝、北丐、中神通；第二次华山论剑没有敲定五绝名号；在第三次华山论剑也就是《神雕侠侣》结尾的时候，提出了新五绝：东邪、西狂、南僧、北侠、中顽童。这五人当中真要排出个一二三四五次序来，难度可谓甚大。

第一次华山论剑，郭靖尚未出世，那时为争一部《九阴真经》，东邪、西毒、南帝、北丐、中神通五人约定在华山绝顶比武较量，艺高者得，结果中神通王重阳独冠群雄，赢得了“武功天下第一”的尊号。二十五年后，第二次华山论剑，其时王重阳已去世，除东邪、西毒、南帝、北丐四人外，又有周伯通、裘千仞、郭靖三人参与。各人修为精湛，各有所长，真要说到“天下第一”四字，单以武功而论，似乎倒是发了疯的欧阳锋最强。至于到了第三次华山论剑，甚至连谁是真正的天下第一都排不出来了，五人之中似乎是西狂、北侠、中顽童具备问鼎第一的实力。

其实在金庸的武侠小说中最著名的一个并称应当属《天龙八部》里的“北乔峰南慕容”了，如果说上面的“五绝”例子还算名副其实的话，那么这个并称恐怕就名不副实了。第十四回中，王语嫣初次见到乔峰，立刻就能判出乔峰与其表哥慕容复的高下，“不料王语嫣一言不发，对乔峰这手奇功宛如视而不见，原来她正自出神：‘这位乔帮主武功如此了得，我表哥跟他齐名，江湖上有道是“北乔峰，南慕容”，可是……可是我表哥的武功，怎能……怎能……’”王语嫣虽然不会武功，但她对武功的见识在《天龙八部》里是极高的，其评价也该是比较权威的。当然，从文中的诸多表现来看，慕容复确实是远远不及乔峰的。一开始萧峰对慕容公子的武功以及人品是仰慕的，哪知道后来一打交道，发现他越来越不堪，第四十二回中，在天下英雄面前，当萧峰把慕容复像抓小鸡般一把抓起，狠狠摔在地上时，说出了这么一句话：“萧某大好男儿，竟和你这种人齐名！”可见其对此齐名并称极为不耻。

上面讲的是“武人”的例子，下面言归正传，讲一个“文人”的例子，明代的周晖在《金陵琐事》曾记录了一个很有意思的小故事：“杭州花纶、黄观榜，及第三人，初读卷官进卷，以花纶第一，练子宁第二，黄观第三。太祖改定，以黄第一，练第二，花第三。故南京谚有‘花练黄、黄练花’之语。”① 可见，谁先谁后，代表的名次是截然不同的。

如果说以上的例子讲的是小说中的故事或是历史上的故事，那么下面笔者再讲一个亲身经历的故事，尽管这不是文人并称的故事，但却涉及前后排序。2016 年春天，笔者一家人前往南方旅游，在去往苏州的途中，当地的导游故意问车上的乘客“上有天堂”的下一句是什么？我们车上的游客一致回答：“下有苏杭。”然后导游哈哈大笑，笑着对我们说：“一听你们的答案就知道你们不是浙江人，如果是浙江的游客来，他们的回答一定是下有杭苏。”我听了之后，亦是一乐。由此可见，齐名并称的旅游城市在某些人心中也是一定要分出高低、先后的。

其实无论是古代还是现代，现实还是虚幻，中国还是外国，对于排名和次序都是相当讲究的。排座次，谁前谁后，是一门十分微妙的学问。通过排座次，通常能够反映出或者折射出一个人在社会中的身份与地位的高低。例如，在召开会议时，经常需要排座次，根据一般的原则：左为上，右为下。当领导同志人数为单数时，1 号领导居中，2 号领导排在 1 号领导左边，3 号领导排在右边，其他依次排列；当领导同志人数为双数时，1 号领导、2 号领导同时居中，2 号领导依然在 1 号领导左手位置，其他依次排列。这种现象的根源就在于中国古代“尊卑有序”的礼教传统。但是以此来考察古代文人的并称，则恐怕未必准确，即未必是排名居左的成就一定就高过排名居右的。

中国古代史上的文人并称并不少，虽说是并称，但真正“称”起来却总得有个前后的顺序。在并称之中，文人之间存在相同或相似的

---

① 周晖．金陵琐事·续金陵琐事·二续金陵琐事［M］．南京：南京出版社，2007：160.

地方，但并不意味着他们在才学、地位、成就、素养等各个方面就是并驾齐驱、不分轩轾。明代胡应麟《诗薮·唐上》：“中间或品格差肩，以踪迹离而不能合；或才情迥绝，以声气合而不得离，难概论也。”从文学发展史上来看，人们总是喜欢对并称的文学人物进行比较，并乐衷于排出先后、高下。

那么文人并称的前后顺序到底有什么缘由呢？是不是谁地位高或者年龄大者就排前面呢？下面以二人并称的“李杜”为例进行剖析。

在文学史上，李白和杜甫双峰并峙，代表着中国古典诗歌的最高成就。扬李抑杜者有之，扬杜抑李者亦有之，“李杜优劣论”一直是一个争论不休的话题，如北宋末蔡绦《西清诗话》卷下：

> 诗至李杜，古今尽废。退之每叙诗书以来作者，必曰李白、杜甫。又曰：“李杜文章在，光焰万丈长。”至杨大年亿，国朝儒宗，目少陵村夫子。欧阳文忠公每教学者，先李不必杜。又曰：“甫于白得二节耳。天才高放，非甫所能到也。”王文公晚择四家诗以贻法，少陵居第一，欧阳公第二，韩文公次之，李太白又次之。然欧阳公祖述韩文而说异退之，王文公返先欧公，后退之，下李白，何哉？后东坡每述作，崇李、杜尊甚，独未尝优劣之。论说殊纷纠，不同满世。呜呼！李、杜着矣，一时之杰，立见如此，况屑屑余子乎！余谓：譬之百川九河，源流经营，所出虽殊，卒归于海也。

可是并称时为什么是“李”前“杜”后，而不是“杜”前“李”后呢？宋人范正敏的《遁斋闲览》[①]，其中一则杂记叫《编诗》，就记

---

① 《遁斋闲览》十四卷，原书久佚。《说郛》（涵芬楼本）卷三十二有节编本，四十四条，作范正敏撰。据《郡斋读书志》，书当成于崇观（1102—1110）间。书中所记多作者平昔见闻，分名贤、野逸、诗谈、证误、杂评、人事、谐噱、汛志、风土、动植十门。

录了王安石对于古代文人并称先后次序的理解。王安石是持推崇杜甫贬抑李白的态度的。有人便故意以“唐人呼何以李加杜先而语之‘李杜’”这个问题来非难王安石的观点。

或问王荆公云：“编四家诗以杜甫为第一，李白为第四，岂白之才格词致不逮甫耶？”公曰：“白之歌诗，豪放飘逸，人固莫及。然其格止于此而已，不知变也。至于甫则悲欢穷泰，发敛抑扬，疾徐纵横，无施不可。其诗有平淡简易者，有绵丽精确者，有严重威武若三军之帅者，有奋迅驰骤若泛驾之马者，有寂寞闲静若山谷隐士者，有风流蕴藉若贵介公子者。盖其诗绪密而思深，观者苟不能臻其阃奥，未易识其妙处，夫岂浅近者所能窥哉。此甫之所以光掩前人而后来无继也。元稹以语兼人人所独专，斯言信矣。”或者又曰：“唐人之呼，何以李加杜先而语之李杜？岂当时之论有所未当欤？”公笑曰：“名姓先后之呼，岂足以优劣人哉。盖汉之时有李固、杜乔者，世号‘李杜’。又有李膺、杜密，亦语之‘李杜’。当时甫、白，复以能诗齐名，因亦谓之‘李杜’，取其称呼之便耳。退之诗有曰‘李杜文章在’，又曰‘昔年尝读李白杜甫诗’，则李在杜先。若曰‘远追甫白感至诚’，又曰‘少陵无人谪仙死’，则李居杜后。如此则孰为优劣？如今人呼其姓则谓之班马，呼其名则谓之迁固。先而白居易与元稹同时唱和，人号‘元白’。后与刘禹锡唱和，则语之曰‘刘白’。居易之才，岂真下二子哉？若曰‘王杨卢骆’，杨炯固尝自言：‘余愧在卢前，耻居王后。’益知称呼前后，不足以优劣人也。晋王导尝戏诸葛恢云：‘人言王葛，不言葛王，何邪？’恢答曰：‘譬言驴马，岂驴能胜马耶？’君若泥称呼为优劣，将复有以此戏君者矣。”或者又曰：“评诗者谓甫期白太过，反为白所诮。”

公曰："不然。甫赠白诗云'清新庾开府，俊逸鲍参军。'但比之庾信、鲍照而已。又曰：'李侯有佳句，往往似阴铿。'铿之诗又在庾、鲍下矣。饭颗之嘲，虽一时戏剧之谈，然二人者名既相逼，亦不能无相忌也。"（引自《说郛》卷三十二）

王安石认为不能以古人并称次序为依据来评价各自的地位，所举的例子都十分有力，他所得出的"名姓先后之呼，岂足以优劣人哉"的结论亦十分正确。但是，王安石的解释却不十分明确。他认为李杜并称是"取其称呼之便"，因为汉代亦有"李杜"之称，所以叫起来上口。人们要问为什么"李固""杜乔"和"李膺""杜密"都把姓李的放在前头呢？为什么司马迁早于班固，而称姓时却叫"班马"呢？白居易年长于元稹，成就亦过之，尽管"白猿（元）"名字不太好听，可是称为"元白"到底是基于什么考虑的呢？

其实同样的疑问在文学史上俯拾皆是，文学批评史上这一类的断语也比比皆是。《旧唐书·杨炯传》："炯与王勃、卢照邻、骆宾王以文诗齐名，海内称为'王杨卢骆'，亦号为'四杰'。"查个人生卒年：卢照邻，约632？—695？；骆宾王，640—684；王勃，650—676；杨炯，650—692。其实《旧唐书·裴行俭》中还有另一种排序：杨王卢骆。总之不管怎么排，肯定绝非按年龄排，否则杨炯也不用酸溜溜地说什么"愧在卢前，耻居王后"。

再如"苏黄米蔡"。明初画家王绂《书画传习录》："世称宋人书，则举苏、黄、米、蔡。"明代张丑《清河书画舫》："宋人书例称苏、黄、米、蔡。"苏、黄、米自无什么疑问，可是蔡至少却有两种说法，一说为蔡襄，一说为蔡京，先抛开"蔡"到底为谁，先来看一下，为什么会是苏、黄、米、蔡这么一种排序。

几个人的生卒资料在网上很容易查得到：蔡襄（1012—1067）、

苏轼（1037—1101）、黄庭坚（1045—1105）、蔡京（1047—1126）、米芾（1051—1107）。

按照出生年月，蔡襄年纪最大，就算排在最后不合适吧；那么，蔡京也不是年龄最小的一个，他凭什么就该排在最后？莫非，这是按照去世的年份排的？恕笔者孤陋寡闻，还真没听说过有这么排法的。笔者倒是听说过按照笔画进行排列的，不过这个案例显然也不是按笔画排序的。

再看清代钮琇《觚剩续编·二潘》："潘力田尝戏谓吴愧庵曰：'世有潘、吴之目，岂不以潘胜吴耶？'吴曰：'世皆言蛟龙，未见龙逊蛟也。'"

为什么偏偏要这样排列呢？其中有什么规律呢？

其实，答案前人早已指出。明代诗论家许学夷（1563—1633）《诗源辩体》卷三："汉称苏李，李岂让苏？魏称嵇阮，嵇宁胜阮？以至晋之潘陆，宋之颜谢，陈之徐庾，唐之高岑、钱刘、元白，皆顺声而呼，非以先后为优劣也。"

余嘉锡先生在《世说新语笺疏》中也指出："凡以二名同言者，如其字平仄不同，而非有一定之先后如'夏商''孔颜'之类，则必以平声居先，仄声居后，此乃顺乎声音之自然。在未有四声之前，固已如此。故言'王葛''驴马'，不言'葛王''马驴'，本不以先后为胜负也。如《公》《谷》、苏李、嵇阮、潘陆、邢魏、徐庾、燕许、王孟、韩柳、元白、温李之属，皆然。"①

另有娄彦刚先生等亦撰文指出："作家并称名序排列的基本原则是——出于声韵学的考虑，顺口好读，当并称者的名姓有平仄不同的时候，则平声的放在前头，而仄声者居于后面。凡符合这一原则的，

① 余嘉锡．世说新语笺疏［M］．中华书局，1983：792.

就按成就和年龄为序排列，一旦违反这一前提，不论其成就多高，时间多早，名序往往逆排。在这种情况下，前后的次序是没有什么轩轾的含义的。”①

以上所谈的仅是两人并称，且主要是以名姓相称者，文人并称的先后顺序，之所以平仄错开，前平后仄，是因为读起来抑扬顿挫、好叫顺口。仄声殿后，显得短促有力，有收束之意。如果仄声姓氏在前，平声姓氏在后，读起来不仅拗口，而且还有未完之意，因此总是平仄错开，仄声在后。但若具体细分的话，又可分为三种：

第一种，文人并称的姓氏为同声字者，即平平或仄仄者，不论同为平声还是仄声，先后顺序一般是按照年龄大小或是成就高低来排列的。

第二种，凡并称文人的姓氏为异声字者，即一平一仄者，无论其年龄大小或成就高低，仄声姓氏文人总是排在后面。

第三种，单姓文人和复姓文人并称时，若复姓文人的第一个字和单姓文人的姓氏为同声者，一般情况是舍弃复姓中第一个字而取后面的第二个字，以同并称中单姓文人的姓氏组成异声并称，而不采用同声并称。如“枚马”“扬马”“班马”并称中的三个复姓均为“司马”，均是舍弃第一个字“司”，而取第二个字“马”。

周超在《中国古代作家并称排序现象研究》一文中对此现象还进行了数量研究：“以上海辞书出版社1997年出版的《中国文学大词典》为例，该书收录的中国古代作家二人并称共计65个，当中33个并称里有平声字也有仄声字。在这33个并称中有32个符合‘平前仄后’的音韵规律，这个比例高达97%。”②

---

① 娄彦刚．对古代作家并称名序排列问题的探讨——兼对元白并称先后一种解释的质疑［J］．宁波职业技术学院学报，2004，8（1）：54-55.

② 俞晓红．充满生机的沃土新芽［M］．合肥：安徽师范大学出版社，2012：261.

三人和四人及以上名姓并称者亦大致如此。除了大体遵照前平后仄并以仄字结尾的基本原则上，还考虑了双声叠韵的效果，如“王杨卢骆”“崔李苏杜”“尤杨范陆”，等等。

至于以数字表示的并称，则相对容易一些，并没有非常明确的序次，多为按惯例排列，成就大小和年龄大小相对比较优先。

先看一个依成就大小和年龄大小结合排序的例子，如“云间三子”，一般认为三人次序为陈子龙、李雯、宋征舆。为何如此排列，我们看看张文静对此的研究：

> 陈子龙为首是毫无疑义的，陈子龙既是云间派公认的领袖，也是三子中的领军人物，其诗词成就和文论影响也是最大的。但是李雯和宋征舆的序第却很少有人提及，一般把宋征舆放在李雯之后。李雯和宋征舆的文学成就和陈子龙无法相提并论，但是两人又旗鼓相当，故而难分伯仲。民国学者王植善在《重刻云间三子新诗合稿序》中提到：“三子齐名，或曰陈、李，或曰陈、宋，不敢有所轩轾。”虽王植善先生说“三子齐名”“不敢有所轩轾”，但实际上王植善先生还是为三子做了简单排序，即把陈子龙放在了首位，至于李、宋二人确实是“不敢有所轩轾”。但是我们要注意中国古代十分讲究“人伦”“长幼”，对于两个成就不分伯仲之人，最好的序第方式就是按照“依齿而定”的方式。李雯年长宋征舆十一岁，因此多数文献把李雯放在宋征舆之前很可能就是“依齿而定”。所以这就是为什么大部分书籍称李雯和宋征舆为“李子、宋子”，即把李雯放在宋征舆之前的原因。但云间三子却不完全是采取“依齿而定”的方式，因为陈子龙小李雯一岁但序第却先于李雯。陈子龙曾提到：“而雯长子龙一岁。”因此，三子序第采用的应是“依成就而定”和“依齿而定”两

种方式相结合。故而三子序第应是陈子龙、李雯、宋征舆。①

至于所谓依惯例排列而定实际上就是并无什么准则，只是按照称号提出而定或是习惯而定而已。

以“唐宋八大家”为例，“唐宋八大家”是指唐宋时期八大散文作家的合称，即唐代的韩愈、柳宗元和宋代的苏轼、苏洵、苏辙、欧阳修、王安石、曾巩。韩愈被今人一致公认为唐宋八大家之首，原因有二：一是后人称他为“文起八代之衰”，表明了其古文创作水平之高；二是韩愈生于公元768年，在八人中年龄最大。至于其他七人的次序只能说是按照惯例排列了，这个惯例指的就是在“八大家”形成之日的排列，明初朱右选八人的文章为《八先生文集》，后人也多沿袭下来。

这个案例中谈的不仅仅是并称人物“排序”的问题，还有并称人物中谁为首的问题。

下面看一个例子，元代虞集、杨载、揭傒斯、范梈并称“元诗四大家”，又被称为“虞范杨揭”“虞杨范揭”。例如明代何良俊《四友斋丛说》卷二十五：“元人诗，昔人独推虞、范、杨、揭，谓之‘四大家’，盖虞道园、范清江、杨仲弘、揭曼硕四人也。四人之诗，其格调具在，固不可不谓之大家。”清代宋荦《漫堂说诗》：“元初袭金源派，以好问为大宗，其后则称虞、杨、范、揭。”清代顾嗣立《寒厅诗话》：“延祐、天历之间，风气日开，赫然鸣其治平者，有虞、杨、范、揭，又称范、虞、赵、杨、揭，一以唐为宗，而趋于雅，推一代之极盛，时又称虞、揭、马、宋。”近来的文学史，多认可虞集“元诗四大家”之首的地位。

---

① 张文静．文人并称视阈下的“云间三子”研究［D］．抚州：东华理工大学，2013：11.

又如“元曲四大家”以关汉卿为首，“吴门四家”以沈周为首等，这些都是经过历史检验且为大家公认的，而其他杂音则在发展过程中并流或消亡了。

当然，并不是所有的文人并称人物都存在以谁为首的问题，多数是不谈谁为首问题的。

第二节　文人并称的评价

对于任何的排名现象，人们很自然地就会有一种“以先后为胜负”的心理。其实“高下”与“先后”都是文人并称评价的不同方式。“李杜”的争论不仅仅是谁先谁后的问题，同时也是谁高谁下的问题，然而，文人的成就高低如何，往往是个见仁见智的问题，古人云：“文无第一，武无第二。”尤其是对于那些实力相当的诗人来说，本来就很难有高下、先后之分，并不是所有的并称都存在“先后”“高下”的问题的。

清人方世举在《兰丛诗话》中感慨而言：“诗之有齐名者，幸也，亦不幸也。凡事与其同能，不如独胜。若元、白，若张、王，若温、李，若皮、陆，一见如伯喈、仲喈之不可辨，令子产（不同如面）之言或爽然；久对亦自有异，读者不可循名而不责实。张、王、皮、陆，其辨也微，在颦笑动静之间。元、白、温、李，则有显着，如元之《骓马歌》，白或未能；温之《苏武庙》，李恐不及。其无和，亦或不能和耶！”①

这里是从“幸”与“不幸”的角度来看待并称问题的，其实说

① 郭绍虞．清诗话续编［M］．上海：上海古籍出版社，1983：779－780.

的也是高低和评价的问题。其实，从成就大小的角度，文人并称可以分为“成就相称、成就不称”两种；从人物入选的角度，可以分为“名副其实、名不副实”两种。正如民国杨钟羲《雪桥诗话》卷二中所云：“夫古人以道义文章相合者，其游处与共，后人慕其风，辄见于图画，若香山、洛社、西园诸图记，流传最广，虽市儿贩妇皆知之。至于齐名比肩，连类以称，如厨顾俊及七于五君诸品目，大抵皆一时矜饰之词，而千载而下，亦遂以为不可易，或亦不仅以其名也与。”

文人成就高低不一致而齐名并称，多出自时人的评价，这在古代是个颇为普遍的现象。例如，历史上至少有两对“元白”，第一对“元白”是唐代的白居易和元稹，名望还算相当。但是第二对“元白”，即金代的元好问和白君举，从现代人的视角来看，齐名并称是极不相称的，白君举的成就完全不能同元好问相提并论。

作为当时朝代时人的评价，其标准往往游离于作家的创作实绩之外，且容易受当事人的社会地位、人情关系等因素影响，清代朱彝尊《近来二首》（之二）就有“近来论诗专序爵，不及归田七品官。直待书坊有陈起，江湖诸集庶齐刊”的嘲讽。这首诗的背后还有一个小故事：陈起是南宋时人，他曾刊刻《江湖集》，专门选录流落江湖、穷困无官的诗人的作品。清初有人选当时著名的诗人百家，刊刻其诗集。可是朱彝尊这个已经罢职回乡的小官却不在其中。其实凭朱彝尊的成就及其在当时诗坛的地位，即使选十家也是应当有他的，后来的《国朝六家诗抄》中就包括了他。所以朱彝尊对此很不满意，挥笔写下此诗，批评编选者只看官位，而不看其创作水平，并以此为手段，以结交达官贵人的目的。其实，所谓的官爵、人情毕竟都会随时间推移而淡化消失，作品才是评价作家的终极指标。正如清代牟愿相《小草堂杂论诗》中评价：“储王并称，王高；王孟并称，王厚；王韦并称，王真；裴王并称，王大。”①

实际上，自古以来，一直有一位最公正的评选家，这个选家就是时间。历来的文人，把他们认为有价值的并称，推荐给了时间。时间照着他们的推荐，使那些有价值的并称流传下来。我们看见古代流传下来的并称，大部分都是有价值或意义的，我们心里觉得奇怪，这些并称怎么都是有价值的？位次排序怎么也都符合我们的认知？其实这没有什么奇怪，那些没有价值的并称，没有被历代文人推荐，在时间的考验下落了选，被刷下去了。留下来的排名或次序也大多都是固化了的。当然随着时间的推移和历史的发展，这些并称之中有些还会消亡或被刷下去。

总之，从整体来看，笔者认为，文人并称的次序共分四种，一是依发音平仄而定；二是依成就高低而定；三是依年龄大小而定；四是依惯例排列而定。具体的案例在文中均已提及。

① 郭绍虞．清诗话续编［M］．上海：上海古籍出版社，1983：923.

第四章 文人并称的分类与命名

从文人并称发展的历史来看，其命名经历了一个由偶然到普遍、由简单到繁复的过程，这说明了人们对并称现象认识的不断深入以及对文人并称的命名经验的不断丰富。为什么采用这一命名方式，而不选用另一命名方式？为什么要这样组合变化？而不那样组合变化？其实都是有规律所循的。对于文人并称命名系统和分类方法的认识，可以在一定程度上揭示文人并称的产生、存在和发展的内在规律。

中国古代文学史上的文人并称并不少，但是系统研究文人命名方式和分类方法的成果却不多。可以说文人并称的分类方法也比较丰富，命名方式也极具多样性。本章就重点谈一谈文人并称的命名与分类，在谈具体的命名法则之前，先简单说一下文人并称的分类方法，掌握了文人并称的分类方法，就能够更好地理解文人并称的命名方式。

第一节 文人并称的分类方法

一、按文人并称的提出或出处分类

张珊在《中国古代作家并称研究》中即指出了五种形式：人物品题、时人评议、民谣时谚、自封自比自称、追加与修订①。关于人物

① 张珊．中国古代作家并称研究［D］．南京：南京大学，2006：24－25.

品题、时人评议、民谣时谚、自封自比自称，前面的章节已经介绍过了，不再多说。关于追加与修订，张珊没有再进行细分，实际上前四种可以归纳为一个大类，追加与修订又是一个大类。鉴于此，笔者继续补充完善一下。

一是史书。

史书又可分正史与野史，先看正史，正史主要指官修的史书，以纪传体的二十六史为代表，即《史记》《汉书》《后汉书》《三国志》《晋书》《宋书》《南齐书》《梁书》《陈书》《魏书》《北齐书》《周书》《隋书》《南史》《北史》《旧唐书》《新唐书》《旧五代史》《新五代史》《宋史》《辽史》《金史》《元史》《新元史》《明史》《清史稿》。以编年体形式存在的官修的《资治通鉴》一类的史书也是正史。古人编写史书有多种体裁，“二十六史”是采用纪传体。这种史学体裁创始于司马迁的《史记》。纪传体以“本纪”和“列传”为主体。“本纪”的内容是围绕帝王，按时间顺序记载重大事件，排列在全书最前面。“列传”主要是人物传记。“列传”中对历代的人物并称均有记载，兹举一例：

《明史》卷二百八十五《文苑一·宋克传》：“宋克，字仲温，长洲人。伟躯干，博涉书史。少任侠，好学剑走马，家素饶，结客饮博。迨壮，谢酒徒，学兵法，周流无所遇，益以气自豪。张士诚欲罗致之，不就。性抗直，与人议论期必胜，援古切今，人莫能难也。杜门染翰，日费十纸，遂以善书名天下。时有宋广，字昌裔，亦善草书，称‘二宋’。”

再看野史，野史一般认为是指古代私家编撰的史书，是与官修史书不同的另一种史书，与“正史”相对而言。野史中所写的人物和事件大多是实有其人、实有其事的。刘鹗《老残游记》云：“野史者，补正史之缺也。名可托诸子虚，事虚证诸实在。”相比较而言，正史的史料更可靠，更权威，也更可信，但由于封建的正统观念及其他各种原因，也删去了一些本该记入正史的事情或人物。这些事情或人物，野史中常有保存。在野史中，也有诸多并称人物的记载，兹举一例：清代徐鼒《小腆纪传》卷五十八："刘应期字瑞当，慈溪贡生；刘宗周弟子也。有声复社中。初与姜思睿齐名，称姜、刘；继与冯文伟齐名，称刘、冯。"这里的"姜刘"指的是姜思睿、刘应期两人的并称，"刘冯"指的是刘应期、冯文伟两人的并称。

二是类书或辞典。

古代的类书中有不少文人并称的记载，今存的主要有《群辅录》《小学绀珠》《群书拾唾》《齐名纪数》《读书纪数略》《广群辅录》等，在后面的章节中将会详细介绍。

在现当代，各类辞典中也常见文人并称条目，如《辞源》《中国文学家大辞典》《中国文学大辞典》《中国古代诗词曲词典》《中国古代文学词典》《中外誉称大辞典》《中国美术家人名辞典》《江西历代人物辞典》《浙江古今人物大辞典》《安徽历史名人辞典》《镇江人物辞典》《太仓历史人物辞典》等，关于文人并称记录最全的辞典有两部，即《中国并称名人辞典》《历代名人并称辞典》，在后面的章节中将会详细介绍。

三是文学作品。

文学作品题材众多，从古至今，在诗、词、曲、赋、小说、戏剧、散文等各种题材中均有文人并称的案例出现，当然最常见的还是诗词。兹举几例：

先看看赋，晋张协《洛禊赋》："于是搢绅先生，啸俦命友，携朋接党，冠童八九，主希孔孟，宾慕颜柳。临涯咏唫，濯足挥手。"在这首赋中就出现了"孔孟"这一并称。

再看看诗，唐杜牧《冬至日寄小侄阿宜诗》："高摘屈宋艳，浓熏班马香。李杜泛浩浩，韩柳摩苍苍，近者四君子，与古争强梁。”在这首诗中就出现了“屈宋”“班马”“李杜”“韩柳”“四君子”五个并称。

然后看词，清曹贞吉《沁园春·读子厚新词却寄》：“凭藉飞鸿，贻我一编，花间草堂。喜风流旖旎，小山珠玉，惊心动魄，西蜀南唐。更爱长篇，嵚崎历落，辛陆遥遥一瓣香。吟哦久，妒金荃佳句，遂满奚囊。休论小弟行藏，叹笔砚、年来已尽荒。纵劳他精卫，难填闷海；倾来米汁，莫润愁肠。鸟亦伤心，花能溅泪，独对东风舞一场。如何是，羡扁舟渔父，芦荻苍苍。”在这首词中出现了“辛陆”这一并称。

接着看小说，明施耐庵《水浒传》第三十九回《浔阳楼宋江吟反诗·梁山泊戴宗传假信》：“晁盖道：‘好却是好，只是没人会写蔡京笔迹。’吴学究道：‘吴用已思量心里了。如今天下盛行四家字体——苏东坡，黄鲁直，米元章，蔡京四家字体。苏黄米蔡，宋朝四绝。’”

当然，在各类文学选集或总集的序中也常有“文人并称”的案例出现，当然诗集序中的案例太多了，就不列举了。举一个词集序的例子。清代周济《宋四家词选·目录序论》：“清真，集大成者也。稼轩敛雄心，抗高调，变温婉，成悲凉。碧山餍心切理，言近指远，声容调度，一一可循。梦窗奇思壮采，腾天潜渊，返南宋之清泚，为北宋之秾挚。是为‘四家’，领袖一代。”

又如文集序。清代李钧简《邈云楼文集序》：“关中称诗者莫不推‘二安’之目，则与狄道吴士安齐名，海内皆企慕焉。”杨鸾字子安，吴镇字士安，诗名满关陇，故并称。

四是文学评论。

文学评论的对象是文学作品（小说、诗歌、散文、戏剧、绘画、影视等），也是产生文人并称最重要的一个渠道，具体又可分为诗歌评论、小说评论、散文评论、戏剧评论、影视评论等。当然，在古代最常见的还是诗歌评论和散文评论。古代著名的文学评论作品有曹丕《典论·论文》、陆机《文赋》、钟嵘《诗品》、刘勰《文心雕龙》、司空图《二十四诗品》、欧阳修《六一诗话》、严羽《沧浪诗话》、叶燮《原诗》、袁枚《随园诗话》、王国维《人间词话》等。

下面兹举几个具体的案例：

明祝允明《书述》："詹解鸣于朝，卢周著于野，朝者乃当让野。"

明代王骥德《曲律》卷四《杂论》第三十九下："李中麓序刻元乔梦符、张小山二家小令，以方唐之李、杜。夫李则实甫，杜则东篱，始当；乔、张，盖长吉、义山之流。然乔多凡语，似又不如小山更胜也。"

清代毛奇龄《西河词话》卷二："张鹤门词以草堂为归，其长调绝近周柳，虽不绝辛蒋，然亦不习辛蒋，此正宗也。"

另外，近代以来，各类文学史、艺术史中也不乏文人并称的案例：

近代梁乙真《清代妇女文学史》："阳湖左锡璇字芙江，其女弟锡嘉字小云，均以诗名，即吾书所谓'二左'者也。"

1932年，刘麟生在《中国文学史》中说："杂剧的作者，最著名的，要推关汉卿、马致远、白朴、王实甫、郑光祖、乔吉符（甫），世所称为'六大家'，就是他们。"

当代王伯敏《中国美术通史》第八编："沈周、文徵明、唐寅、仇英并称为'吴门四大家'或'明代四大画家'。"

当代陈传席《中国山水画史》第七卷："文徵明和沈周、唐寅、仇英四人被称为'吴门四家'，又称'明四家'。"

近现代的各类学术专著中，也常有"文人并称"条目的提出。现代学者王永健在《中国戏剧文学的瑰宝》中将张坚与蒋士铨并提，称："在'南洪北孔'之后，'东张西蒋'也应该成为中国戏曲史上的又一个掷地有声的专用术语。"又见吴新雷为林叶青《清中叶戏曲家散论》所作的序："例如'东张西蒋'虽为主流社会所冷落，但仍然恪守儒家的正统规范，极力追求戏曲艺术的思想教化功能。"①

五是各类笔记。

笔记是中国古代记录史学的一种文体，意谓随笔记录之言，属野史类史学体裁，在此将之单列。笔记有随笔、笔谈、杂识、日记、札记等异名。笔记形式随意，也无确定格式，诸如见闻杂录、考订辩证之类，皆可归入。其起源颇早，早期的笔记常被归纳为小说一类，笔记作为一种专门体裁的书籍，起始于魏晋，经过唐宋时期的充实和发展，到了明清两代，更加风靡兴盛。在笔记中有一大类为历史掌故类笔记，主要记录掌故遗事、民情风俗、人物轶闻和山川景物，等等，对文人并称记载尤详。著名的有唐刘㑺《隋唐嘉话》、李肇《唐国史补》、赵璘《因话录》，宋司马光《涑水记闻》、欧阳修《归田录》、吴自牧《梦粱录》，元王恽《玉堂嘉话》、陶宗仪《辍耕录》，明陆容《菽园杂记》、郎瑛《七修类稿》、朱国桢《涌幢小品》、沈德符《万历野获编》和清刘献廷《广阳杂记》、王士禛《池北偶谈》、李斗《扬州画舫录》、戴璐《藤阴杂记》、昭梿《啸亭杂录》等。

清代李斗《扬州画舫录》卷十《虹桥录上》："金兆燕，字钟樾，号棕亭，全椒人。父榘，字絜斋，工诗，有《泰然斋集》。兆燕幼称神童，与张南华詹事齐名。工诗词，尤精元人散曲，公延之使署十年，凡园亭集联及大戏词曲，皆出其手，中年以举人为扬州校官，后

① 林叶青．清中叶戏曲家散论［M］．南京：江苏古籍出版社，2002：1.

成进士，选博士，入京供职。三年归扬州，遂馆于康山草堂。着有《赠云轩诗文集》。子台骏，字条村，名诸生。孙琎，字退谷，十二称神童，十五为附生，十六为廪膳生，十七而死。自椝至现，称为‘金氏四才子’。”[①] 这里的“金氏四才子”指的即是金椝、金兆燕、金台骏、金琎四人的并称。

考据辩证类笔记亦多有文人并称案例。如宋代沈括的《梦溪笔谈》、洪迈的《容斋随笔》、王应麟的《困学纪闻》，清代顾炎武的《日知录》、赵翼的《陔余丛考》、王鸣盛的《蛾术篇》、钱大昕的《十驾斋养新录》、俞正燮的《癸巳类稿》和《癸巳存稿》，等等，有兴趣的读者可自行翻阅。

六是宗谱或墓志铭。

元汪泽民拜撰、宋淳佑中福州观察使万文胜修《万氏旧谱序》：“自陕迁故鄣者曰万齐，开元中谓进士，则有乌程包融、故鄣万齐、会稽贺朝、江南荆臣才名振世，号‘包万荆贺’，皆以文称。”

宋代王安石《司封员外郎秘阁校理丁君墓志铭》：“朝奉郎、尚书司封员外郎、充秘阁校理、新差通判永州军州兼管内劝农事、上轻车都尉、赐绯鱼袋晋陵丁君卒。王某曰：‘噫，吾僚也，方吾少时，辅我以仁义者。’乃哭吊其孤，祭焉而许以铭。越三月，君婿以状至，乃叙铭赴其葬。叙曰：君讳宝臣，字符珍，少与其兄宗臣皆以文行称乡里，号为‘二丁’。景祐中，皆以进士起家。”

清代朱春生《顾蔚云先生墓志铭》（载《研渔庄诗文集》卷首，清道光七年刻本）：“其间能诗者尤众，顾青庵（虬）、袁湘湄（棠）、篴生（鸿）、蕉庵（元勋）、郭丹叔（凤）、周愚谷（霁）、丁西亭（绶）等并称高足，人谓‘竹溪七子’，才望相等而门墙之盛，莫先生若也。”

---

① 李斗．扬州画舫录［M］．北京：中华书局，1997：234－235.

七是书画。

元代赵孟頫《题陆柬之文赋卷》："右唐陆柬之行书文赋真迹，唐初善书者称'欧虞褚薛'，以书法论之，岂在四子下耶。然世罕有其迹，故知之者希耳。大德二年十二月六日，吴兴赵孟頫跋。""欧虞褚薛"指的就是唐代书法家欧阳询、虞世南、褚遂良、薛稷四人的并称。

元代倪瓒作《师子林图》，自题："予此画真得荆关遗意，非王蒙辈所能梦见也。"这一取法"荆关"的偶一为之之举，其后被明末董其昌等人鼓吹，引发了后人对"荆关"的普遍关切和广泛讨论，从而形成了"荆关"并称的共识。

八是其他。如各类方志、演讲致辞等。

方志是记述地方情况的史志。有全国性的总志和地方性的州郡府县志两类。总志如《山海经》《大清一统志》等。以省为单位的方志称"通志"，如《山东通志》《山西通志》等。元以后著名的乡镇、寺观、山川也多有志，如《黄河志》《泰山志》《昆嵛山志》《蓬莱阁志》等。到了现代，包括各类学校、企业单位等也都有志。

《嘉庆松江府志》卷五十《古今人传》："姚汝嘉，号愚默，华亭人，学行朴实，为乡里师，年八十余犹读书不倦，与天台杨仁寿、冀北李璋、无锡华文瑾结社，卒并葬陶溪之纯阳庵，时称'陶溪四隐'。"《嘉庆松江府志》卷六二《寓贤传》："杨仁寿，号渔隐，天台人，元季挟衍易术来居松之陶溪。能诗文，精草书，……同时有冀北李暲、无锡华文瑾、邑人姚汝嘉结社终老，没后俱葬陶溪之纯阳庵，人号'陶溪四隐'。"

二、按文人并称的参与人数进行分类

这种分类可以划分为二人并称、三人并称、四人并称、五人并称、六人并称、七人并称、八人并称、九人并称、十人并称、十人以上并称等。在汉语言长期发展过程中，每个数字都具有了自己独特的象征和含义，但从文人并称的发展史上来看，还是二人并称的数量最多，这也是最常见的并称。三人并称、四人并称、七人并称次之。数量较为夸张的古代文人并称如春秋的“孔门七十二弟子”、明代的“四十子”等。

三、按文人并称的参与数量进行分类

这种分类可以划分为一人一称和一人多称两大类。一人一称指一个人在整个古代史上仅有一个并称称号。一人多称者，是指一个人在历史上拥有多个并称称号。如唐代大诗人李白，与他人组合有多种并称称号，与杜甫并称“李杜”“大李杜”“中国诗坛双子星座”，又与杜甫、白居易并称“唐朝三大诗人”，与李贺、李商隐并称“诗家三李”，与李煜、李清照并称“词家三李”等。

可以说中国古代基本上所有的著名文人都有并称的称号，少则一个并称称号，多则数十个，只有极少数没有。只要略知中国古代文史的人都知道这么一个现象：越是知名的文人越是有着某种并称关系，甚至兼有多种并称关系。综观中国古代文学史，一人拥有多个并称称号，多是对作家水平的肯定性评价。可以说，在很大程度上反映了古代作家（小说家除外）知名度的大小，文学成就的高低以及在历史上的影响深广。一般而言，一个作家所属的并称群体越多，其文学地位也往往较高。就整个古代文学史而言，著名作家身兼数个并称群体的现象，可谓屡见不鲜，最多的一个文人，如苏轼甚至拥有五十多个并称称号。现将一人兼属十个及以上并称称号的重要代表以表格形式罗列如下。

古代著名文人被列入并称举例

序列	姓名	数量	所属并称
1	李白	29	李谢、李杜、甫白、高李、大李杜、二老、二李、两谪仙、蜀中二杰、诗家二老、中国古代诗坛双子星座；三李、诗家三李、词家三李、蜀中三杰、蜀中三仙、盛唐三大诗人、唐代三大诗人；李杜韩白、李杜韩柳、李杜韩苏、四李、四君子、唐诗四大家；竹溪六逸；唐八家、饮八仙、饮中八仙；仙宗十友……
2	杜甫	22	陈杜、李杜、甫白、卢杜、韦杜、韩杜、大李杜、大小杜、老杜小杜、大杜小杜、杜诗韩笔、中国古代诗坛双子星座；盛唐三大诗人、唐代三大诗人；李杜韩白、李杜韩柳、李杜韩苏、四君子、一祖三宗、唐诗四大家、四壬子；唐八家……
3	白居易	19	元白、刘白、白苏、元轻白俗、二老、诗家二老；刘元白、三山、唐代三大诗人；李杜韩白、韩孟元白、元白张王、唐诗四大家、四壬子；七老、香山七老；元和八大诗人；九老、香山九老……
4	韩愈	33	孟韩、韩马、韩杜、韩孟、韩柳、张韩（韩张）、杜诗韩笔、韩李、韩欧、韩苏、韩潮苏海（苏海韩潮）、韩海苏潮、二文公、两贤、二昌；李杜韩白、韩孟元白、温李韩韦、李杜韩苏、韩柳欧苏（欧苏韩柳）、韩柳欧曾、四君子、千古文章“四大家”；五贤；七大家、唐宋七大家、石鼓七贤；唐八家、八先生、八大家、唐宋八大家、元和八大诗人；唐宋十大家……
5	柳宗元	21	陶柳、韦柳、韩柳、刘柳（柳刘）；陶谢韦柳、王孟韦柳、李杜韩柳、韩柳欧苏（欧苏韩柳）、韩柳欧曾、唐四家、四君子、千古文章“四大家”；七大家、唐宋七大家；唐八家、八先生、八大家、唐宋八大家、元和八大诗人；唐宋十大家……

续表

序列	姓名	数量	所属并称
6	欧阳修	36	韩欧、欧晏（晏欧）、欧曾、欧梅（梅欧）、欧秦、欧刘、欧苏、二贤（与王禹偁）、二贤（与苏轼）；三豪、三杰、三忠、三贤、北宋三豪、庐陵三宝；韩柳欧苏（欧苏韩柳）、韩柳欧曾、欧王苏黄、欧晏秦黄、欧苏秦黄、欧苏曾王、四谏、宋词四大开祖、北宋诗人四大家、北宋文坛四大家、千古文章“四大家”、北宋江西词坛四大家；四贤一不肖、五贤；七友、七大家、唐宋七大家；八先生、唐宋八大家；唐宋十大家；宋十五家……
7	苏轼	54	白苏、韩苏、欧苏、坡谷、轼辙、苏黄、苏辛、苏吴、大小苏、韩潮苏海（苏海韩潮）、韩海苏潮、大坡小坡、豪苏腻柳、二豪、二贤、二苏（与苏舜钦）、二苏（与苏辙）、两苏、两谪仙；三苏、蜀中三杰、蜀中三仙、眉山三苏、北宋诗人三大家；李杜韩苏、韩柳欧苏（欧苏韩柳）、欧王苏黄、欧晏秦黄、欧苏秦黄、秦柳苏黄、苏黄米蔡（蔡苏黄米）、苏黄米薛、周柳苏辛、苏辛秦柳、苏陆辛刘、苏辛刘蒋、苏黄陆元、苏张周秦（周秦苏张）、四家、宋四家、宋四名家、宋词四大家、北宋四大书家、北宋诗人四大家、北宋文坛四大家、千古文章“四大家”、宋代书法四大家；五贤；七大家、唐宋七大家；八先生、唐宋八大家；唐宋十大家；宋十五家……

续　表

序列	姓名	数量	所属并称
8	黄庭坚	30	苏黄、坡谷、黄秦（秦黄）、黄陈、秦七黄九、柳七黄九（黄九柳七）；北宋诗人三大家；欧王苏黄、欧晏秦黄、欧苏秦黄、秦柳苏黄、苏黄米蔡（蔡苏黄米）、苏黄米薛、苏黄陆元、四家、四学士、宋四家、一祖三宗、宋四名家、苏门四友、苏门四子、苏门四学士、北宋四大书家、北宋诗人四大家、北宋文坛四大家、宋代书法四大家、北宋江西词坛四大家；苏门六君子、苏门六学士；宋十五家……
9	辛弃疾	22	苏辛（辛苏）、辛柳、辛陆、辛陈、辛姜、辛王、辛刘、辛蒋、辛党、辛吴、二安、济南二安；宋词三家；周柳苏辛、苏陆辛刘、苏辛秦柳、苏辛刘蒋、周辛王吴、苏辛周姜、宋四家、词家四宗、宋词四大家……
10	王士禛	32	王宋、朱王、彭王、南朱北王（北王南朱）、二王（与王士禄）、二王（与王朗）、二家、琅琊二子、琅琊二王、济南二王、新城二王、两王先生、齐鲁二贤、南北二大家、南北二大宗、推官都转两诗人；三王、济南三王、瑯琊三王、山左三大家、孝妇河畔三文人；吴王朱陈；五客；六大家、国朝六家、清初六大家；清词前七家；海内八家、海内八大家；清词前十家；十六家；诗中二十四友……

续 表

序列	姓名	数量	所属并称
11	朱彝尊	25	朱王、朱沈、朱李、陈朱、南朱北王、二老（与徐虹亭）、二老（与郑梁）、南北二大家；清初三家、词家三绝、浙派三家、海内三布衣、江浙三布衣、清初三大词人、清代嘉兴三大词人；吴王朱陈、四布衣、四大布衣、国朝四大家；古今五家；六大家、国朝六家、清初六大家、浙西六家；国朝二十四家……

四、按文人并称的人物性别进行分类

这种分类可以划分为男性人物并称、女性人物并称、男女人物混合并称。从数量上来看，毫无疑问，男性并称占绝对优势，女性并称则较少，关于女性文人并称，笔者将另分文述之。

另外，笔者注意到一个现象，在古代还是有男女混合并称的，当然，在中国古代除了“济南二安”（宋代辛弃疾、李清照）、“词家三李”（唐代李白、南唐李煜、宋代李清照）、“空谷三隐”（明末夏淑吉、夏惠吉、夏完淳）① 等寥寥几十个并称案例外，男女混合并称数量占比并不高。详见下表：

① 夏淑吉，夏完淳之姐，号龙隐（一说荆隐）；夏惠吉，夏完淳之妹，号兰隐；夏完淳号小隐，姐、弟、妹三人被称为“空谷三隐”。

中国古代文人之男女混合并称表

<table>
<tr><th>序号</th><th>混合并称</th><th>并称之人物</th></tr>
<tr><td rowspan="15">二人</td><td>二蔡</td><td>东汉蔡邕、蔡琰（女）</td></tr>
<tr><td>二李</td><td>五代李煜，南宋李清照（女）</td></tr>
<tr><td>二安/济南二安</td><td>南宋词人辛弃疾、李清照（女）</td></tr>
<tr><td>赵管</td><td>元代赵孟頫、管道升（女）</td></tr>
<tr><td>双璧</td><td>明代韩邦靖、屈淑（女）</td></tr>
<tr><td>夫妇两词人</td><td>明代杨慎、黄峨（女）</td></tr>
<tr><td>双璧</td><td>明末清初王朗（女）、清代王士禛</td></tr>
<tr><td>双璧/词人双璧</td><td>清代彭孙遹、彭孙倩（女）</td></tr>
<tr><td>二江</td><td>清代江藩、江珠（女）</td></tr>
<tr><td>赵管</td><td>清代周天麟、萧恒贞（女）</td></tr>
<tr><td>赵管</td><td>清代左晨、陈蕴莲（女）</td></tr>
<tr><td>清代二大词人</td><td>清代纳兰容若（纳兰性德）、吴藻（女）</td></tr>
<tr><td>潘江陆海</td><td>清代潘曾莹、陆韵梅（女）</td></tr>
<tr><td>二妙双璧</td><td>清代奕绘、顾太清（女）</td></tr>
<tr><td>双绝</td><td>清代沈伯莹、汤坤（女）</td></tr>
<tr><td rowspan="3">三人</td><td>三家</td><td>唐代王建，五代前蜀花蕊夫人（女），宋代王珪</td></tr>
<tr><td>词家三李</td><td>唐代李白，五代李煜，南宋李清照（女）</td></tr>
<tr><td>秀门三绝</td><td>明末清初陆卿子（女）、赵灵均、文淑（女）</td></tr>
</table>

续 表

序号	混合并称	并称之人物
三人	空谷三隐/夏氏三隐	明末夏淑吉（女）、夏完淳、夏惠吉（女）
	镡（坛）津三苏	清代苏时学、苏念礼、苏念淑（女）
四人	吴门三秀	明末清初赵宧光、陆卿子（女）、赵灵均、文淑（女）
	郝氏四子	清代郝允哲、郝允秀、郝秋岩（女）、郝箬
七人	七隐/七子/南中七隐/南中七子/点苍七贤/南中七贤/点苍山七贤	元末明初无依（即大云禅师）、无极、达果、杨安道、杨黼（字桂楼）、段宝姬（女）、张继白

五、按文人并称所在的年代进行分类

这种分类可以划分为同时代并称和跨时代并称两大类，其中同时代并称的占大部分。如“文章西汉两司马”（西汉司马迁、司马相如）、“初唐四杰”（唐初诗人王勃、杨炯、卢照邻、骆宾王）、“元诗四大家”（元代虞集、杨载、揭傒斯、范梈）、“元六家”（元代书画家赵孟頫、高克恭、黄公望、吴镇、倪瓒、王蒙），等等就属于同时代并称。而“词家三李”（唐代李白，五代南唐李煜，宋代李清照）、“韩柳欧苏”（唐代韩愈、柳宗元，宋代欧阳修、苏轼）、“唐宋八大家”（唐代韩愈、柳宗元，宋代欧阳修、苏洵、苏轼、苏辙、王安石、曾巩）等则属于跨时代并称。

六、按文人并称被称呼的时间进行分类

这种分类可以划分为其时并称和其后并称两大类，或生前并称和身后并称。很多文人在身前即享有盛名，被同里、长辈、朋友等予以

并称。也有相当一部分为后人推崇或后世学者在研习时总结归纳而成。一些生前并未齐名并称的文人，后人在研习时逐渐发现了他们之间的某种关联而将他们相提并论。他们或对后世产生了相同或相近的影响，或风格有某种程度的相似或相反的现象，等等，因而后人将其并称。关于这一现象，前人也已注意到。如明代胡震亨《唐音癸签·谈丛四》："李杜、王孟、高岑、韦孟、王韦、韦柳诸合称，则出自后人，非当日所定。"①

七、按文人并称被称呼的声韵进行分类

这种分类可以划分为同声相称者和异声相称者两大类。如"高岑""苏辛"等即为同声相称，"屈宋""李杜"等即为异声相称者。至于数词类的并称则不存在这类划分方式。

八、按文人并称的结构进行分类

在《历代名人并称辞典》的前言中，龙潜庵、李小松、黄昏等即从并称形式上对文人并称进行了划分，将古代文人并称分为称姓、称名、非姓名称三大类、十一小类。

称姓的有五类：纯姓氏（如"韦孟""李杜""颜柳"），数字加姓氏（如"二陆"　"二曹"），地名加数字加姓氏（如"宁都三魏""浙东三黄"），大小加姓氏（如"大小杜"　"大小宋"），方位加姓氏（如"南施北宋""南洪北孔"）等。

称名的有四类：纯名（如"机云"　"羲献"），数字加名号（如"四堂"），地名加数字加名号（如"会稽二肃"　"永嘉四灵"），方位加名号（如"南能北秀"）等。

---

① 胡震亨．唐音癸签［M］．上海：上海古籍出版社，1981：288.

非姓名称，大致有两种，一是尊称，如子、君、圣、公、贤、哲（“二子”“三君”“四圣”“五公”“七贤”“十哲”）之类；一是品评，有褒义和贬义，以褒义为多，如称绝、妙、俊、杰（“一台二绝”“二妙”“三俊”“四杰”）之类，还有以龙、凤（“五龙”“五凤”）相喻的，贬义如称狗、凶、贼（“三狗”“四凶”“六贼”）等。

陈凯玲在《清代诗人并称群体研究》第三章《清代诗人并称群体的命名》中的第二节《命名的形式布置》中将其基本模式分为并列式、拆补式、偏正式三种：

1. 关于并列式，是以多个不同姓氏相连缀的命名方式，并列的姓氏数量，一般不超出四个。

2. 关于拆补式，是将并列式分拆后，在相应位置补充修饰语说明对象。

3. 关于偏正式，偏正式结构由前后两个模块组成，通常是数字或修饰语在前，人名（姓名字号）或尊称词在后，前一个模块修饰或限制后一个模块。根据数词、修饰语分别和人名、尊称词搭配的不同，偏正式并称具体又有四种组合方式：

（1）数词＋人名：如“二李”（唐代李白、李贺）、“三王”（元代王构、王旭、王磐）、“四洪”（宋代洪朋、洪刍、洪炎、洪羽）、“六窦”（唐代窦叔向、窦庠、窦牟、窦常、窦巩、窦群）、“八王”（晋代王导、王劭、王珉、王羲之、王献之、王廞、王蒙、王述）等。

（2）数词＋尊称词：如“二豪”（宋代王禹偁、苏轼）、“三凤”（明代黎民表、黎民衷、黎民襄）、“四先生”（北宋陈襄、陈烈、周希孟、郑穆）、“五桂”（五代宋初窦仪、窦俨、窦偁、窦侃、窦僖）、“六君子”（明末周起元、缪昌期、黄尊素、周顺昌、李应升、周宗建）、“七贤”（魏晋嵇康、山涛、阮籍、向秀、阮咸、王戎、刘伶）、“八大家”（唐代韩愈、柳宗元，宋代欧阳修、苏洵、苏轼、苏辙、王安石、曾巩）等。

（3）修饰语＋数词＋人名：如“宋世二陈”（宋代陈师道、陈与义）、“清江三孔”（宋代孔文仲、孔武仲、孔平仲）、“海上四任”（清代任伯年、任熊、任薰、任预）、“杜氏五高”（南宋杜旟、杜旃、杜斿、杜旞、杜旝）、“中州六刘”（清代刘青芝、刘青莲、刘青骏、刘青藜、刘青震、刘青霞）、“七女张”（清代张学雅、张学鲁、张学仪、张学典、张学象、张学圣、张学贤）、“万氏八龙”（明末清初万斯年、万斯程、万斯祯、万斯昌、万斯选、万斯大、万斯备、万斯同）等。

（4）修饰语＋数词＋尊称词：如“金陵二主”（五代南唐李璟、李煜）、“孙氏三龙”（南宋孙逢吉、孙逢年、孙逢辰）、“儒林四杰”（元代虞集、揭傒斯、黄溍、柳贯）、“元剧五大家”（元代关汉卿、马致远、王实甫、白朴、郑光祖）、“竹溪六逸”（唐代李白、孔巢父、韩准、裴政、张叔明、陶沔）、“后七子”（明代李攀龙、王世贞、谢榛、宗臣、梁有誉、吴国伦、徐中行）、“竟陵八友”（南朝萧衍、沈约、谢朓、王融、萧琛、范云、任昉、陆倕）等。

张珊在《中国古代作家并称研究》中亦有类似探讨，不再阐述。这类划分方法是从结构上划分的，具有一定的科学性和合理性。

九、按文人并称的领域进行分类

1912年，王国维在《宋元戏曲考》自序中曾提出一个著名的论断：“凡一代有一代之文学：楚之骚，汉之赋，六代之骈语，唐之诗，宋之词，元之曲，皆所谓一代之文学，而后世莫能继焉者也。”但“一代有一代之文学”之命题并非王国维创见。纵观中国历史上评价概括历代之学的人，大有人在。最早提出历代之学的人或是元人虞集，元代孔齐《至正直记》卷三《虞邵庵论》：“虞翰林邵庵尝论一代之兴，必有一代之绝艺，足称于后世者。汉之文章，唐之律诗，宋之道学，国朝（元）之今乐府（元曲），亦开于气数音律之盛。”又明代茅一相《题词：评〈曲藻〉后》：“夫一代之兴，必生妙才；一代之才，必有绝艺：春秋之辞命，战国之纵横，以至汉之文，晋之字，唐之诗，宋之词，元之曲，是皆独擅其美而不得相兼，垂之千古而不可泯灭者。”故从文人擅长的艺术体裁来分，又可分为以文并称者，以诗并称者，以词并称者，以曲并称者，以赋并称者、以书法并称者、以绘画并称者，等等。

下面，分别举例予以说明：

以文并称者，如“元代散文两大家”（元代姚燧、虞集）、“方刘姚”（清代散文家方苞、刘大櫆、姚鼐）、“清初古文三大家”（清初魏禧、侯方域、汪琬）、“千古文章四大家”（唐代韩愈、柳宗元，宋代欧阳修、苏轼）、“唐宋八大家”（唐代韩愈、柳宗元，宋代欧阳修、苏洵、苏轼、苏辙、王安石、曾巩）、“骈文八大家”（清代袁枚、邵齐焘、刘星炜、吴锡麒、曾燠、洪亮吉、孙星衍、孔广森）等。

以诗并称者，如“陶谢”（东晋陶渊明，南朝宋谢灵运）、“二皇甫”（唐代皇甫冉、皇甫曾）、“袁赵蒋”（清代袁枚、赵翼、蒋士铨）、“盛唐三大诗人”（唐代王维、李白、杜甫）、“王孟韦柳”（唐代王维、孟浩然、韦应物、柳宗元）、“中兴四大诗人”（南宋尤袤、杨万里、范成大、陆游）、“国朝六家”（清代王士禛、朱彝尊、施闰章、宋琬、赵执信、查慎行）、“吴中七子”（清代曹仁虎、王鸣盛、王昶、钱大昕、赵文哲、吴泰来、黄文莲）等。

以词并称者，如“姜史”（宋代史达祖、姜夔）、“二窗”（南宋吴文英、周密）、“词坛三绝”（南宋周邦彦、姜夔、王沂孙）、“清季四大词人”（清末词人况周颐、王鹏运、朱祖谋、郑文焯）、“浙西六家”（清初朱彝尊、李良年、李符、沈皞日、沈岸登、龚翔麟）、“清词前七家”（清代宋徵舆、钱芳标、顾贞观、王士禛、沈丰垣、彭孙遹、纳兰性德）、“清词后十家”（清代张惠言、周济、龚自珍、项鸿祚、许宗衡、蒋春霖、蒋敦复、张琦、姚燮、王拯）等。

以曲并称者，如“元代散曲两大家”（元代乔吉、张可久）、“关马郑白”（元代关汉卿、白朴、马致远、郑光祖）、“元曲六大家”（元代关汉卿、王实甫、马致远、郑光祖、白朴、乔吉）等。

以赋并称者，如“枚马”（汉代枚乘、司马相如）、“张蔡”（汉代张衡、蔡邕）、“汉赋四大家”（汉代司马相如、扬雄、班固、张衡）等。

以小说并称者，如“清初三大小说家”（清初陈忱、丁耀亢、李渔）、“明清小说四大家”（明代罗贯中、施耐庵、吴承恩，清代曹雪芹）、“清末四大谴责小说作家”（清末李伯元、吴趼人、刘鹗、曾朴）、“清末五小说家”（清末民初林纾、李宝嘉、吴沃尧、刘鹗、曾朴）等。

以书法并称者，如“钟张”（东汉张芝，三国魏钟繇）、“二王”（东晋王羲之、王献之）、“国初三宋”（明初宋克、宋广、宋璲）、“苏黄米蔡”（宋代苏轼、黄庭坚、米芾、蔡襄）、“楷书四大家”（唐代欧阳询、颜真卿、柳公权，元代赵孟頫）等。

以绘画并称者，如“顾陆”（晋代顾恺之，南朝宋陆探微）、“二阎”（唐代阎立德、阎立本）、“画师三靄”（五代李靄之，北宋王靄、释元靄）、“边黄徐赵”（唐代边鸾，五代黄荃、徐熙，北宋赵昌）、“明代四大画家”（明代沈周、文徵明、唐寅、仇英）、“清六家”（清初王时敏、王鉴、王翚、王原祁、吴历、恽格）等。

需要指出的是，中国古代的文人并称自然是以诗人或词人并称为最多，而小说家并称的数量则最少，甚至可以说是凤毛麟角。这一方面说明了小说这种文体在古代尚不够发达，另一方面也表明了小说在古代的地位还不高，未登大雅之堂，甚至不少操刀小说的文人墨客，多托名写之，怕被世人耻笑，更不敢大力标榜，故并称量极少，特别是在其生活的年代就并称的小说家目前笔者尚未发现。关于古代小说家的并称基本上也都是后人所封的，但也只有“明清小说四大家”“晚清四大谴责小说家”等寥寥几例。当然，这种情况到了20世纪后，随着西学东渐，国人观念转变，现当代小说家的并称才逐渐多了起来。古代著名的小说家如兰陵笑笑生、陈仲琳、凌蒙初等则没有小说家并称的称号。蒲松龄在现代被誉为“世界短篇小说之王”，极具名气，所著《聊斋志异》是中国古代文学史上最光辉的短篇小说集，但其本人在生前地位却并不显赫，笔者仅仅搜集得到两例并称。一是“郢中三友”（李尧臣、蒲松龄、张笃庆），二是“孝妇河畔三名人”（王士禛、赵执信、蒲松龄），两者均非小说家并称。明代著名的小说家冯梦龙，其兄弟三人倒有“三冯”之称，其兄冯梦桂是著名画家，其弟冯梦熊是著名诗人。三兄弟中，以冯梦龙的成就为最大，又有“吴下三冯，仲者为最”之说，但“三冯”亦非小说家并称。

十、按文人并称的具体身份进行分类

关于此类划分方式其实是有异议的，文人本身就是一种身份。但是每一个人的身份并非是唯一的、一成不变的，至少在人生的不同阶段也是可以相互转变的。例如在战争时代，文人可以变为武人，至于在和平年代，其他的转变就更正常了，况且有些人本来就身兼多种身份。因此在文人的总框架下又可以划分为许多小类，如诗人、词人、散文家、剧作家、小说家、文学评论家、书法家、画家、篆刻家等等，甚至部分不属于纯粹文人的因为创作的缘故也参与到了并称行列，如帝王、官员、学者、遗民、布衣、僧道等。如“三曹”（魏武帝曹操、陈思王曹植、魏文帝曹丕）、“三萧”（南朝梁武帝萧衍、简文帝萧纲、元帝萧绎）均为帝王诗人。当然，关于文人并称在古代还是以作家特别是诗人、词人居多。

十一、按文人并称的是否可扩展性进行分类

这种分类可以划分为可扩展性文人并称和不可扩展性文人并称。

如“大小杜”“大小宋”之类即为不可扩展性文人并称，前面已不可以再添加修饰语了。当然有的读者会说，前面还可以加朝代、地点。称“大小宋”者，前有宋代宋庠、宋祁；中有元代宋知柔、宋子贞，宋本、宋褧（絅）；后有清初宋徵璧、宋徵舆，但是在文人并称史上还没有细分宋代大小宋、元代大小宋、清代大小宋。

以“李杜”并称为例，前面加一“大”字，即为“大李杜”并称，此为可扩展性文人并称。再以“四杰”为例，前加“初唐”二字，即成“初唐四杰”并称，指的是王勃、杨炯、卢照邻、骆宾王四人；前加“吴中”二字，即成“吴中四杰”并称，指的是高启、杨基、张羽、徐贲四人。这一类都属于可扩展性文人并称。

具有可扩展性在文人并称发展史上是具有积极意义的，由于古代文人并称数量太多，并呈现高度繁荣态势，相对于二人并称、三人并称或是四人并称而言，很容易发生重名。例如两姓并列的命名方式，在各个时代均普遍使用，可以说是历代文人并称命名中最常见的模式。其最大的弊端，就是很容易发生“撞车”，起不到识别不同其他并称者的作用。例如历代并称“李杜”者，远不止李白、杜甫二人。而“李杜”在今天之所以没有别的歧义，是因为李白、杜甫的名气实在太大，远远超过其他的“李杜”并称，但对于那些普通大姓来说，当人们将其相提并论而径称两姓时，其命名只能在有限的时空范围内传播，否则有可能与他人发生混淆。例如称“大小宋”者，历史上至少有三对；然而，

类似于宋知柔、宋子贞恐怕只有在元朝或能被人所知，若把他们置于整个古代文学史上，恐怕极少有人知道他们的名字和地位。

又如扩展性的文人并称还有“前、后、续、末、广、新”等之分，这也是文人并称具有可扩展性的典型特征之一，最典型的案例如“前七子（明代李梦阳、何景明、徐祯卿、康海、王九思、边贡、王廷相）”“后七子（明代李攀龙、王世贞、谢榛、宗臣、梁有誉、吴国伦、徐中行）”。具体而言，这一类的并称至少又可划分为以下三种类型：

一是不标前却标后型。

下面以苏门“四学士”和“后四学士”为例。苏门四学士指的是北宋黄庭坚、秦观、晁补之、张耒四人的并称。宋代无名氏《豫章先生传》：“元祐中，眉山苏公号文章伯，当是时，公与高邮秦少游、宛丘张文潜、济源晁无咎皆游其门，以文相高，号‘四学士’。”苏门后四学士指的是宋代李格非、廖正一、李禧、董荣四人的并称。宋韩淲《涧泉日记》卷上：“廖正一明略、李格非文叔、李禧膺仲、董荣武子，时号‘后四学士’。明略有《竹林集》，文叔有《济北集》，膺仲、武子文集未之见也。”

诸如此类的案例还有西湖两女士（清代汪逸珠、陈妙云）、西湖后两女士（清代吴苹香、顾螺峰）；三高（汉梁鸿、唐陆鸿渐、宋苏子美）、后三高（明末清初彭行先、郑士敬、金俊明）；嘉定四先生（明代程嘉燧、唐时升、娄坚、李流芳）、嘉定后四先生（清初侯开国、张云章、孙致弥、陆元辅）；毗陵七子（清代洪亮吉、孙星衍、赵怀玉、黄景仁、杨伦、吕星垣、徐书受）、毗陵后七子（清代吴颉鸿、庄缙度、赵申嘉、陆容、徐廷华、汪士进、周仪颢）；竹溪七子（清代袁景辂、陈毓升、陈毓咸、顾汝敬、顾我鲁、王元文、袁益之）、竹溪后七子（清代袁棠、袁鸿、朱春生、郭麐、顾虬、马元勋、任潮）；柳洲八子（明末清初钱继振、郁之章、魏学濂、吴亮中、魏学洙、魏学渠、曹尔堪、蒋玉立）、后柳洲八子（清初陈增新、毛蕃、李炜、李炳、蒋璟、曹鉴平、魏允枏、魏允枚）；南华九老（清代庄清度、庄令翼、庄祖诒、庄枟、庄歆、庄学愈、庄柏承、庄大椿、庄柱）、后南华九老（清代庄绳祖、庄日荣、庄汝明、庄学和、庄一虬、庄熊芝、庄槦、庄暎、庄兆钥）等案例。

二是既标前又标后型。

以“岭南三大家”为例，这个并称大家相对都比较熟悉一些，但“岭南前三大家”和“岭南后三家”估计大家都相对生疏一些。

岭南前三大家指的是明末黎遂球、邝露、陈邦彦三人的并称。清嘉庆间温汝能《粤东诗海·例言》第二十七款：

> 余与友人尝论：黎美周为吾粤之太白，陈岩野为吾粤之少陵，邝湛若为吾粤之灵均，三公俱凛然大节，意欲合为一编，名《岭南前三大家集》，卒卒未能。

岭南后三家指的是清代黎简、冯敏昌、宋湘三人的并称。清张际亮《思伯子堂诗文集·文集》卷二《岭南后三家诗序》：

> 岭南自昔多诗人。国初屈翁山、陈元孝、梁药亭三先生以诗名一时。其友王蒲衣尝合为《岭南三家诗选》，其书盛行于世。自三先生后。岭南诗人益多，而乾隆、嘉庆间黎二樵、冯鱼山、宋芷湾三先生又最有名于时。三先生之没，近者且七八年矣。其诗虽各有专集行于其乡，而外间少传本。于是嘉应吴石华学博欲选为《岭南后三家集》，属余襄其别择，且各言其诗大略。……归，遂书此为后三家集序。①

① 张际亮．思伯子堂诗文集［M］．上海：上海古籍出版社，2007：1302.

诸如此类的案例还有西泠前四家（清代奚冈、丁敬、黄易、蒋仁）、西泠后四家（清代陈豫钟、陈鸿寿、赵之琛、钱松）；南园前五子（南园前五先生：明代孙蕡、王佐、赵介、黄哲、李德）、南园后五子（南园后五先生：明代梁有誉、黎民表、吴旦、李时行、欧大任）；滇南前六家（明代杨一清、张含、李元阳、杨士云、担当、苍雪）、滇南后六家（清代张汉、钱沣、刘大绅、朱艭、黄琮、师范）；清词前七家（清代宋徵舆、钱芳标、顾贞观、王士禛、沈丰垣、彭孙遹、纳兰性德）、清词后七家（清代张惠言、周济、龚自珍、项鸿祚、许宗衡、蒋春霖、蒋敦复）；清词前十家（清代宋徵舆、钱芳标、顾贞观、王士禛、沈丰垣、彭孙遹、纳兰性德、李雯、沈谦、陈维崧）、清词后十家（清代张惠言、周济、龚自珍、项鸿祚、许宗衡、蒋春霖、蒋敦复、张琦、姚燮、王拯）等。

三是前后之外再续型。

先以画中九友、续画中九友、后画中九友为例。

画中九友指的是明末书画家董其昌、王时敏、王鉴、李流芳、杨文骢、张学曾、程嘉燧、卞文瑜、邵弥九人的并称。“画中九友”因清代诗人吴伟业《画中九友歌》而得名，其诗全文如下：

华亭尚书天人流，墨花五色风云浮。至尊含笑黄金投，残膏剩馥鸡林求。【董其昌】太常妙迹兼银钩，乐效拥卷高堂秋。真宰欲诉穷雕锼，解衣般礴堪忘忧。【王时敏】谁其匹者王廉州，神姿玉树三山头。摆落万象烟霞收，尊彝斑剥探商周，得意换却千金裘。【王鉴】檀园著述夸前修，丹青余事追营丘。平生书画置两舟，湖山胜处供淹留。【李流芳】阿龙北固持双矛，披图赤壁思曹刘。酒醉洒墨横江楼，算山月落空悠悠。【杨文骢】姑苏太守今僧繇，问事不肖张两眸。振笔忽起风飕飕，连纸十丈神明道。【张学曾】松园诗志通清讴，墨庄自画归田游。一犁黄河鸣春鸠，长笛倒骑乌悖牛。【程嘉燧】花龛巨幅千峰稠，小景点出林塘幽。晚年笔力凌沧州，幅巾鹤发轻五侯。【卞文瑜】风流已矣吾瓜畴，一生迂癖为人尤。僮仆窃骂妻孥愁，瘦如黄鹄闲如鸥，烟驱墨染何曾休。【邵弥】

续画中九友指的是清代戴熙、王玉璋、吴云、程庭鹭、王礼、秦炳文、汪方、张熊、赵荣九人的并称。清末徐珂《清稗类钞·艺术类·续画中九友》：

吴梅村有《画中九友歌》，评泊丹青，扬扢风雅，洵足为绘林增色。丹徒赵季梅中翰彦修用其韵，作《续九友歌》云："剡溪侍郎荆关流，淋漓墨障烟云浮。放笔天外乌纱投，西溪高隐夫何求。【醇士】雷州鉴赏珊瑚钩，游心艺苑春复秋。上官白简穷镜锼，金貂换酒百不忧。【鹤舟】髯翁三十游皇州，宣南画史居上头，驱染子墨万象收。冷斋低首岁几周，未寒先补山羊裘。【少甫】松圆后起追前修，疏篁古木摹丹邱。一僮一鹤随扁舟，虞山茂苑长句留。【序伯】秋言大笔如戈矛，苍松巨壑师马刘，酒人八九来深楼，传觞作画心悠悠。【秋言】谊亭细楷如钟繇，酒酣捉笔指双眸。烟霞落纸松风飕，元气灏灏精神遒。【谊亭】叔明汪子工吟讴，收拾烟墨赋宦游。劝耕原隰闻啼鸠，长官稳跨折角牛。【叔明】鸳湖下笔烟景稠，花鸟更比林良幽。辇金索画来瀛洲，脱巾笑傲东诸侯。【子祥】阿弟生计无田畴，迂疏隐僻动见尤，抚印作画驱穷愁。浮家江上闲于鸥，放头烂醉万虑休【弟荣】。"此外尚有《松陵画友》诗二十四首，续八首。江浙画手固多，而季梅搜罗不遗余力，以视朱竹垞之《论画绝句》，郑板桥之《画人诗》，其赅博不啻倍蓰矣。

民国叶恭绰又撰《后画中九友歌》，赞咏清末民初齐白石、黄宾虹、夏鉴尘、吴湖帆、冯超然、溥心畬、余越园、张大千、邓诵先九位画家，诗云：

湘潭布衣白石仙，艺得于天人不传，落笔便欲垂千年。【齐白石】
新安的派心通玄，驱使水石凌云烟，老来万选同青钱。【黄宾虹】
须庵长须时自妍，胶山绢海纷游畋，已吐糟粕忘归筌。【夏剑丞】
名公之孙今郑虔，闭关封笔时高眠，望门求者空流涎。【吴湖帆】
更有嵩隐冯超然。俾夜作画耘砚田，画佛涌现心头莲。【冯超然】
王孙萃锦甘寒毡，子固大涤相后先，上与马夏同周旋。【溥心畬】
越园避兵穷益坚，有如空谷馨兰荃，妙技静似珠藏渊。【余越园】
三生好梦迷大千，息影高踞青城巅，不数襄阳虹月船。【张大千】
昙殊风致疑松圆，日视纸墨宵管弦，世人欲杀谁相怜。【邓诵先】

叶恭绰当初在写此诗时曾向吴湖帆请教说：“意中人物本不止此，然扩充名额则又不足动人，故去取极费斟酌，梅村同时画家亦本不止此，当时亦仁兴之作耳。在今日作此诗，人将疑为含有评骘之意，易生是非。弟意或再作一首，名为《续画中九友歌》，而将日前所作称为《今画中九友歌》，亦一法也，但再觅七人（连萧、陈而九），亦颇不易。鄙意汤定之可人，如连已故者，则尚有三数人也。君意中尚有何人乎?”萧即萧厔泉，陈即陈定山。但可惜后来叶恭绰并未再作《续画中九友歌》。否则的话，“续画中九友”则至少也有两对了。

再看一个例子，是关于明朝“五子”的。《明史》卷二百八十七《文苑三·王世贞传》：“世贞自号凤洲，又号弇州山人。其所与游者，大抵见其集中，各为标目。曰前五子者，攀龙、中行、有誉、国伦、臣也。后五子则南昌余曰德、蒲圻魏裳、歙汪道昆、铜梁张佳胤、新蔡张九一也。广五子则昆山俞允文、浚卢柟、濮州李先芳、孝丰吴维岳、顺德欧大任也。续五子则阳曲王道行、东明石星、从化黎民表、南昌朱多煃、常熟赵用贤也。末五子则京山李维桢、鄞屠隆、南乐魏允中、兰溪胡应麟，而用贤复与焉。其所去取，颇以好恶为高下。”

从这段史料中，我们可以得出五对文人并称：前五子（李攀龙、宗臣、梁有誉、吴国伦、徐中行）、后五子（余曰德、魏裳、汪道昆、张佳胤、张九一）、广五子（俞允文、卢柟、李先芳、吴维岳、欧大任）、续五子（王道行、石星、黎民表、朱多煃、赵用贤）、末五子［明代赵用贤、李维桢（一说为利瓦伊桢）、屠隆、魏允中、胡应麟］。二十五人属于一个时代的，却分别用了“前、后、广、续、末”五个字来区分。

与此案例相似的还有吴中七子（清代王嘉禄、朱绶、沈传桂、潘曾沂、彭蕴章、吴嘉洤、韦光黻）、吴中后七子［清代孙义钧（一名义鋆）、蒋志凝、曹楙坚、陆煃、曹堉、戈载、褚逢椿］、吴中续七子［清代王嘉福、叶廷琯、沈秉钰、沈彦曾、陈彬华、乔重禧（一作徐尚之）、刘福畴］、吴中广七子［清代毕华珍（一作乔重禧）、顾登衍、顾晞元、程庭鹭、毕石卿、黄景镰、萧师度］、吴中新七子（清代仲湘、石鹤笙、黄美镐、潘遵祁、潘曾玮、潘曾莹、潘曾绶）。

“前、中、后”的例子，如京江前七子（清代吴朴、应让、鲍文逵、张学仁、顾鹤庆、钱之鼎、王豫）、京江中七子（清代杨铸、张学钟、张崇兰、张世清、朱士龙、施峻、赵元益）、京口后七子（清代杨履泰、刘炳勋、刘炳奎、张正廉、解为干、夏铭、严允升），“前、中、后”都有了。

其他的案例不再过多讲述了。

十二、按文人并称的缘由上进行分类

郭绍虞在《明代的文人集团》① 一文中将文人并称大致分为地域、社所、时代、官职、师们、家庭关系、品题、齐名八类。文乐曾从并称的缘由入手，将其分为六类：同名并称、同派并称、同门并称、同期并称、同姓并称、同字号并称。李书皓在《中国文化中独特的“齐名”现象》一文中将并称分为十类：地域、时间、风格、血缘、姓名、聚会、师门、体裁、政治、实力。笔者进一步将之拓展延伸，下面将详细进行阐述。

第二节　文人并称的命名方式

笔者从文人并称的缘由入手，进一步将文人并称划分为以下十八类命名方式：因名望（成就）并称、因流派（风格）并称、因师门（门第）并称、因时代（年号）并称、因宗族（血缘）并称、因字号并称、因社团并称、因地域并称、因仕宦（科举）并称、因姓氏并称、因排行并称、因志趣（品行）并称、因选集并称、因发音（谐音）并称、因身份（职业）并称、因特长事物并称、因长相容貌并称和其他不便分类的并称。

需要说明的是某些命名方式既可以归属到这一类并称中，亦可归属到另一类并称中，这其中并没有绝对的界限，例如“山阴二朗”“壬午三长”（清初王苹、朱书、李栋）、“扬州八怪”之类的并称。“山阴二朗”既属于因字号并称，也属于因地域并称；“壬午三长”

① 文初发表于1948年的《文艺复兴·中国文学研究号》，后收入《照隅室古典文学论集》，上海古籍出版社1983年出版。

既属于因时代（年号）并称，也属于因仕宦（科举）并称；“扬州八怪”既属于因志趣（品行）并称，也属于因地域并称。在划分此类并称时主要根据其核心词语而定。

一、因名望或成就相当而并称

因名望或成就相当而并称指因在当时或其后具有可相比拟的名气、声誉或成就而被人并称，这种划分方式之下，并称的人物是否属于同一时代不论，亦不要求作品和为人的风格接近，但要求成就和历史评价大致相当。例如“李杜”（唐代李白、杜甫）、“韩柳”（唐代韩愈、柳宗元）、“苏辛”（宋代苏轼、辛弃疾）、“北宋三大家”（北宋画家董源、李成、范宽）、“国初三家”（清初魏禧、侯方域、汪琬）、“元曲四大家”（元代剧作家关汉卿、白朴、马致远、郑光祖）等。

唐代诗仙李白和诗圣杜甫，其作品各自代表了浪漫主义和现实主义创作的最高成就，因而并称“李杜”。韩愈尝云：“李杜文章在，光焰万丈长。”王维和孟浩然都擅长描山绘水，风格也有相似之处，是盛唐山水田园诗的代表作家，故并称“王孟”。高适、岑参两人善写边塞诗，是盛唐边塞诗的代表作家，故称“高岑”。

这里需要特别指出的是一类独特的并称类别，即按照方位词并称。最典型的一类就是南北并称者，这类并称应属于同名望并称。中国的历史上“南×北×”的并称不少，但是“东×西×”却极为罕见，目前笔者仅见“东洪西赵”（清代洪亮吉和赵怀玉）等寥寥几例并称，这是因为中国的南、北方自古以来在各方面就存在着不小的差异，特别是从魏晋南北朝时期形成文学、文化的南北气质分野之后，南北对比的意识就变成了中国文人心中一个挥之不去的情结。如《世说新语·文学》第四：“褚季野语孙安国云：‘北人学问，渊综广博。’孙答曰：‘南人学问，清通简要。’支道林闻之，曰：‘圣贤故所忘言。自中人以还，北人看书，如显处视月，南人学问，如牖中窥日。’”①

清初孔尚任在《古铁斋诗序》中云：“画家分南北派，诗亦如之。北人诗隽而永，其失在夸；南人诗婉而风，其失在靡。虽有善学者，不能尽山川风土之气。盖山川风土者，诗人性情之根柢也。得其云霞则灵，得其泉脉则秀，得其冈陵则厚，得其林莽烟火则健。凡人不为诗则已，若为之，必有一得焉。为之而亦有不得者，乃不以己之意为诗，而假人之意为诗，久假而不归，虽山川风土，亦不能效其功，所谓失在夸与靡者也。……古者鲁卫秦郑，各有其风，各不相袭，而各传于后。……考三代以来，江以东无诗，所谓楚风者，乃在方城汉水之间。汉魏之言诗者，南弱而北盛，至唐宋始相均。近则吴越七闽，家弦户诵，可谓南盛于北矣。然夸多斗靡，假人之意以为诗，虽盛犹弱耳。”②

梁启超在《中国地理大势论》中亦有言：“自唐以前，于诗于文于赋，皆南北为家数，长城饮马，河梁携手，北人之气概也；江南草长，洞庭始波，南人之情怀也。散文之长江大河一泻千里者，北人为优；骈文之镂云刻膳移我情者，南人为优。盖文章根于性灵，其受四面社会影响特甚焉。”比梁启超略早一些的陈康祺也注意到了这一现象，并将“南北齐名者”予以归纳，其《郎潜纪闻初笔》卷七“文章名世南北齐名者”条：“本朝儒臣以文章名世者，天台齐侍郎与诸城窦侍郎齐名，曰南齐北窦；河间纪文达公与嘉定钱詹事齐名，曰北纪南钱。又曹倦圃溶评诗，以南潘北李并举，盖指天生、次耕两先生。大兴朱竹君学士与青浦王述庵少司寇，皆喜提唱风雅，人称北朱南王。嘉庆中，歙鲍宫詹桂星与吾师童通副槐，亦有南童北鲍之目，

① 徐震堮．世说新语校笺［M］．北京：中华书局，1984：117.

② 孔尚任．孔尚任全集［M］．济南：齐鲁书社，2004：1181.

则以应制词赋见称也（按：鲍南人，而云北鲍，俟考）。”①

根据笔者统计，中国历代的“南×北×”并称者数量极多，不下百例，清代这种称谓可谓极其繁荣，直到现代这种并称者仍然经久不衰。在文学领域比较常见的有“南洪北孔”“南朱北王”“南施北宋”等等，但需要说明的是“南×北×”齐名并称，仍有相当一部分是很牵强的，往往并称中的两者并不在一个重量级上，其文学成就还是有较大差距的。

在这里还要说一段题外话，不仅仅作家有南北并称，就连作品也有南北并称者。如清代杰出女作家陈端生创作的、梁德绳续写的长篇弹词小说《再生缘》与清代伟大小说家曹雪芹创作的、高鹗续写的长篇爱情小说《红楼梦》就被郭沫若评之为“南缘北梦”。

除了南北并称，还有东西并称，如“西王东王”（明代王直、王英）、“东洪西赵”（清代洪亮吉、赵怀玉）、“东西二才子”（清末民初姚鹏图、陆增炜）等。实际上这个“东”和“西”相较于“南”和“北”而言，范围要小得多，更多的是指一个城内的“东”和“西”，而非中国地域上的“东”和“西”，这与南北并称有本质的区别。

以“西王东王”为例，《明史》卷一百六十九《王直传》：“王直，字行俭，泰和人。……直为人方面修髯，仪观甚伟。性严重，不苟言笑。及与人交，恂恂如也。在翰林二十余年，稽古代言编纂纪注之事，多出其手。与金溪王英齐名，人称‘二王’，以居地目直曰‘东王’，英曰‘西王’。”

此外，还有前后并称，“前后七子”即为典型代表。在此要说的是“前秦后李”这样独特的案例。清代书法家秦瀛（1743—1821）、李銮宣（1758—1817），均工行楷，名于当时，秦居官于前，李居官

① 陈康祺．郎潜纪闻初笔二笔三笔四笔［M］．北京：中华书局，1997：142.

于后，因以称之。

当然，还有更特殊的，如“东刘北刘”，指的就是明代的刘珝、刘吉并称。清王士禛《古夫于亭杂录》卷二《同官同姓》：“古同官同姓者，率以所居之地别之。如西杨、东杨、南杨，东王、西王（直、英），皆君子也。刘文和（珝）、刘文穆（吉）同居内阁，称东刘、北刘，而邪正判然。”

二、因流派或风格相近而并称

因流派或风格相近而并称指因处于同一流派而被人并称，这种划分方式之下，并称的人物是否同一时代均可，但要求作品和为人的风格比较接近，而且都是同一流派的公认代表人物。例如“元轻白俗”（唐代元稹、白居易）、“一祖三宗”（唐代杜甫、宋代黄庭坚、陈师道、陈与义）、“辛派词人三刘”（宋代刘克庄、刘过、刘辰翁）、“桐城三祖”（方苞、刘大櫆、姚鼐）等。

以“元轻白俗”为例，这是对唐代诗人元稹和白居易诗风的一种评语，谓前者轻佻，后者俚俗。宋苏轼《祭柳子玉文》：“元轻白俗，郊寒岛瘦。嘹然一吟，众作卑陋。”

再以“一祖三宗”为例，宋代江西诗派的鼻祖黄庭坚就以杜甫的传人自诩，其后，江西诗派诗人则多以杜甫和黄庭坚为远祖近宗。宋末元初，方回在《瀛奎律髓》中，对江西诗派的渊源关系又做了进一步的补充，提出：“古今诗人当以老杜、山谷、后山、简斋为一祖三宗，余可预配飨者有数焉”，表达出了强烈的流派意识。

三、因师门或门第相同而并称

因师门或门第相同而并称指因同出身于一个师门而被人并称，这种划分方式要求并称的人物一般是生活于同一时代，并且都是同一师门公认的代表人物。古人求学、获取功名等活动，常有投拜师门的习惯。于是，来自同一师门的文人并称在命名上，多被称为“某门”，以示师承、同门关系。例如“苏门四学士”（宋代黄庭坚、秦观、晁补之、张耒)、“姚门四杰”［清代刘开（一作姚莹)、管同、方东树、梅曾亮］、“曾门四大弟子”（清代后期张裕钊、吴汝纶、黎庶昌、薛福成)、“苏门六君子”（宋代黄庭坚、秦观、晁补之、张耒、陈师道、李廌）等。

以“苏门四学士”为例，北宋文学家黄庭坚、秦观、晁补之、张耒都出自苏轼门下，受到苏轼的培养和提携。而苏轼在众多的门生中，也最欣赏这四个人。最早将四人并提的，是苏轼本人。他在《答李昭玘书》中说：“如黄庭坚鲁直、晁补之无咎、秦观太虚、张耒文潜之流，皆世未之知，而轼独先知之”，世人称之为“苏门四学士”。

又如“曾门四大弟子”，四人均为晚清重臣曾国藩的门徒，张裕钊因会试得主考官曾国藩赞赏而结成师生之谊，成为“军中秘书”，张作文作诗皆受曾影响；吴汝纶也因科举而得曾国藩赏识，留用曾府，起草奏疏，受到的影响最大；科场不利的黎庶昌得曾国藩提拔，“教以作文之法”，成为桐城派一流作家；薛福成因《上曾侯相书》而得曾氏重用。

四、因年号或年代相同并称

这种并称的方式是指同处于一个年代或时期而被人并称，这种划分方式要求并称的人物必须生活于同一时代，并且成就大致相当。例如“乾隆三大家”（清代乾隆年间袁枚、蒋士铨、赵翼)、“弘正四杰”(一说为弘治四杰，明代弘治、正德年间何景明、李梦阳、边贡、徐祯卿)、“建安七子”(汉末建安年间孔融、陈琳、王粲、徐干、阮瑀、应瑒、刘桢)、“大历十才子”［唐代大历年间卢纶、吉中孚、韩翃、钱起、司空曙、苗发、崔峒、耿沣、夏侯审、李端（常见说法）]、“咸通十哲”［唐代咸通年间许裳、张乔、俞坦之、剧燕、任涛、吴罕、张蠙、周繇、郑谷、李栖远、温宪、李昌符；一说郑谷、许棠、任涛、张蠙、李栖远、张乔、喻坦之、周繇、温宪、李昌符（待考）]、“弘正十才子”（明代弘治、正德年间李梦阳、何景明、徐祯卿、边贡、朱应登、顾璘、陈沂、郑善夫、康海、王九思）等。

以“弘治四杰”为例，指的是明代弘治年间四位著名的作家。清代鲁九皋《诗学源流考》（载《清诗话续编》）：

> 明代诗家，最为总杂。……永乐以还，崇尚台阁，迄化、治之间，茶陵李东阳出而振之，俗尚一变。但其新乐府，于铁崖之外，又出一格，虽若奇创，终非正轨。嗣是空同李氏、大复何氏大声一呼，海内响应，又得徐昌谷祯卿、边华泉贡为之辅翼，称“弘治四杰”。①

五、因宗族或血缘相同而并称

因宗族或血缘相同而并称指因具有血缘关系而被人并称，常见的有父子、兄弟、姐妹、叔侄并称，这种划分方式要求并称的人物一般情况处于同一时代，但不要求作品和为人的风格比较接近，只是相互之间必须要有血缘关系。比较常见的有“父子并称”“兄弟并称”“姐妹并称”“跨辈并称”“叔侄”并称等，比较罕见的有“母女并称”“姐弟并称”“夫妻并称”“兄妹并称”等。

1. 父子并称

这类并称在文学史上频繁出现。如：汉魏时的曹操与其子曹丕、

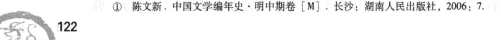

① 陈文新．中国文学编年史·明中期卷［M］．长沙：湖南人民出版社，2006：7.

曹植并称“三曹”；北宋的苏洵与其子苏轼、苏辙并称“三苏”。宋仁宗嘉祐元年（1056），苏洵带其子苏轼、苏辙到汴京，谒见翰林学士欧阳修。欧阳修非常赏识他们的文章和才学。由于欧阳修的推誉，他们的文章一时为士大夫们争相传诵。宋人王辟之在《渑水燕谈录》中说：“苏氏文章擅天下，目其文曰三苏。”“三苏”之称由此而来。

后人也多以“三苏”喻父子并称。如南宋李焘、李壁、李埴。《宋史》卷三百九十八《李壁传》：“李壁字季章，眉之丹棱人。父焘，典国史。壁少英悟，日诵万余言，属辞精博，周必大见其文，异之曰：‘此谪仙才也。’……壁父与弟埴（李焘、李埴）蜀人比之三苏。”

又如元代牟巘、牟应龙、牟应复父子，亦被比之“三苏”。再如清代钱养浩、钱济世、钱名世父子。钱养浩，初名珉，改有为，字源远，一字子贱。以奏销案改今名，字学圣，号朴斋。清武进人。子济世、名世皆入学，并有文名，人有“三苏”之誉。又如“坛津三苏”，即清末苏时学、儿子苏念礼、女儿苏念淑的并称。

2. 母女并称

此类并称在文学史中并不多见。

清代乾隆年间，台州府出了“吴门三才女”。才女叶素娘，临海叶珂女，随父求学。其时，父叶珂，执教丁三门吴岙东山书屋，因爱弟子吴应鳌才华横溢，以素娘许配。吴应鳌（1689—1759）字药圃、跃甫，号蒿斋。宁海唐峰吴岙（今属三门）人，乾隆元年（1736）岁贡生，晚年选宜平训导，未任而卒，平生与天台齐召南、临海侯嘉缙友善。《台州府志》称其才与齐召南、侯嘉缙相敌，著述诗文甚富，有《寒香集》《爱日堂稿》数十卷。妻叶素娘，女吴蕙芳、吴茜云，皆能诗善画，为当时台州知名才女，母女三人故有“吴门三才女”之誉。

3. 兄弟并称

这类并称在文学史上极为常见，基本上可以分为胞兄弟和堂表兄弟等两类。常见的并称有：西晋文学家陆机与其弟陆云并称“二陆”；西晋诗人张载与其弟张协、张亢并称“三张”；宋代苏轼和苏辙并称为“大小苏”或“二苏”；明代文学家袁宗道、袁宏道、袁中道兄弟三人并称“三袁”；等等。

这里还有一种特殊的并称，例如后人常以“双丁/二陆/二难/两难/二苏/两苏”并称同一家族之内的两名男子。最初的“双丁”是指三国魏丁仪、丁廙兄弟两人。《梁书·到溉传》：“时以溉洽兄弟比之二陆，故世祖赠诗曰：‘魏世重双丁，晋朝称二陆，何如今两到，复似凌寒竹。’”“二难”“两难”之说出典于刘义庆《世说新语·德行》中的“难兄难弟”一词。说的是东汉陈元方、陈季方兄弟贤德不相上下，因“元方难为兄，季方难为弟”，故称“二难”。《世说新语·德行》：“陈元方子长文有英才，与季方子孝先，各论其父功德，争之不能决。咨于太丘，太丘曰：‘元方难为兄，季方难为弟。’”宋代许月卿《先天集·赠黄藻诗》：“难兄难弟夸京邑，莫负当年梦惠连。”原意是指兄弟两人才德俱佳，难分高下，后用来指有贤德的兄弟（也用来称有贤德的朋友）。故后世兄弟有才华者多以“双丁/二陆/二难”等称之。

此外，后人也常以“三凤”“三珠树”并称同一家族的三兄弟。以“王氏三珠树”（唐代王勃、王勮、王勔兄弟）为例，《旧唐书》卷一百九十上《文苑上·王勃传》：“勃六岁解属文，构思无滞，词情英迈，与兄勔，勮，才藻相类。父友杜易简常称之曰：‘此王氏三珠树也。’”

4. 姐弟并称

此类并称在文学史比较罕见。如空谷三隐（夏氏三隐）：明末夏淑吉（号荆隐，一说龙隐）、夏完淳（号小隐）、夏惠吉（号兰隐）。夏完淳姐姐夏淑吉，字美南，号荆隐，又号龙隐、义融，极富文才，出家后法号神一，主要作品收录在其弟子盛蕴贞整理的《龙隐斋诗集》中。完淳的妹妹惠吉，字昭南，号兰隐，和他同为陆氏夫人所生。惠吉的字为“昭南”，和字“美南”的姐姐淑吉同称“二南”，再加上夏完淳，姐、弟、妹三人又同时被称为“空谷三隐”。

双璧（词人双璧）：清代彭孙遹、彭孙倩姐弟。均有才名，尤工词，时人称之为“双璧”。

5. 姐妹并称

这一类并称在女子并称中算是比例较高的。常见的如丹徒三鲍（京江鲍氏三女、京江鲍氏三女史）：清代鲍之兰（1751—1812）、鲍之蕙（1757—1810）、鲍之芬（1761—1808）。均工诗，为名士推许，名重一时，因以称之。戴燮元辑有《京江鲍氏三女史诗钞合刻》。

又如孙氏三妹。在清代乾隆年间，江南有大诗人袁枚，性情风雅，独辟蹊径地教出了一大批女弟子，其中佼佼者十三人，个个都是名噪一时的才女。这十三个袁门得意女弟子中，有三个人同出一家，就是杭州的孙氏三姐妹，即：孙云凤、孙云鹤、孙云鹇。

赵氏三女，指的是清代道光、咸丰年间赵粹媛、赵慧媛、赵英媛。清末徐珂《清稗类钞·文学类》“毘陵赵氏三女能诗”条：

> 道、咸间，毘陵赵氏有三女，皆能诗。长粹媛，次慧媛，次英媛。英媛诗古体宗汉魏，近体法少陵，古体古“欲望天无涯，欲行地无角，心伤不能言，肠中车辘辘”等句，颇类“建安七子”。近体如“繁花经乱萎，蔓草引愁长”“扫径薄寒春寒无后，卷帘斜月梦醒时”等句，亦名隽可喜。

6. 叔侄并称

叔侄并称最典型的一个案例就是二阮（大小阮），指的是三国魏后期诗人阮籍与侄子阮咸。唐代皎然《送德守二叔侄上人还国清寺觐师》诗："道贤齐二阮，俱向竹林归。"两人都是"竹林七贤"中的人物，世称阮籍为大阮，阮咸为小阮，后人便以"大小阮"作为叔侄关系的代称。如明末清初的周尔兴（号机高）、周抚辰（字其凝）叔侄就有"大小阮"之称，清代袁景辂《国朝松陵诗征》卷七（乾隆三十三年丁亥爱吟堂刻本，第16页）"周抚辰"条："其凝与族父机高同在惊隐社中，有大小阮之目。其凝诗清老雅健，一祛尘翳。机高诗柔情丽语，瓣香温八叉（温庭筠），其志趣又各别也。"清代叶燮（1627—1703）、叶舒崇（1640—1678）叔侄亦有"大小阮"之目。

7. 夫妻并称

妇人从夫姓，即以己姓为名，后世犹然。晋代李恒妻卫铄，称名曰"李卫"。元代赵孟頫妻管道升，后人称名曰"赵管"，也常用来代指夫妻并称，以示夫妻俱有文采。试举几例：

陈蕴莲，字慕青，号蓉江女史。清代江阴人，阳湖左晨妻。能诗，善画花鸟。同晨至天津为官，以诗画相切磋，一时有"赵管"之称。

萧恒贞，字月楼，高安人。清代山西泽州知府丹徒周天麟室，天麟亦工词。闺中唱和人以"赵管"（赵孟頫、管道升）比之。

夫妻之间除了"赵管"之称外，尚有别称，如双璧，指的是明代韩邦靖及其妻屈淑并称。《四库全书·史部·地理类·都会郡县之属·陕西通志卷六十六》："屈氏，朝邑韩邦靖汝庆之妻，华阴都御史屈直之女也，生十余岁，其父课诸儿读经史，安人刺绣其旁窃听背诵通晓意义。汝庆髫年以神童名，弱冠举进士，与安人称'双璧'。诗文倡和，如良友焉。”夫妇两词人指的是明代杨慎（1488—1559）、黄峨（1498—1569）夫妇，均长于文词、散曲，因以称之。

8. 跨辈并称

例如“四世诗人”，即指清代李震、李必恒、李基简、李贡四人并称。清代阮元《广陵诗事》卷三：“高邮李震之子必恒、必恒之子基简、基简之子贡，皆工于诗，时有‘四世诗人’之目。”

此外，还有一些特例。如吴门三秀：指明末清初赵宧光、陆卿子（女）、赵灵均、文淑（女）并称。明末清初赵宧光、赵灵均父子以篆学显，陆卿子以诗词名，而媳妇文淑则以画独领风骚，所谓“父子篆学，姑诗妇画”，被人称为“吴门三秀”。三秀原本指事物，但后来逐渐演变为四人并称之意。

六、因归属同一社团而并称

因归属同一社团而并称指因同在一个文学社团而被人并称，这种划分方式要求并称的人物一般处于同一时代，但不要求作品和为人的风格比较接近，只是必须为同一社团成员。社团是文人们为吟诗作文而结成的文学组织。社团大多数是定期聚会，聚会地点比较固定，拥有相对稳定的成员，活动时间比较持久，在特定的地域内产生过一定影响。如杜登春《社事始末》（《昭代丛书》戊集续编，清道光本）所言：“社之始，始于一乡，继而一国，继而暨于天下。各立一名以自相标榜，或数十人，或数百人；或携笔砚而课艺于一堂，或征诗文而命驾于千里。齐年者砥节砺行，后起者观型取法。”

这一类型中比较典型的例子有“月湖三子”（清代董名、徐锡光、范渠）、“复社四公子”（明末清初方以智、冒襄、陈贞慧、侯方域）、“蕉园五子”（清初柴静仪、林以宁、顾姒、钱凤纶、冯娴）、“几社六子”（明末杜麟征、夏允彝、周立勋、徐孚远、彭宾、陈子龙）、

“南湖九子”（明末清初高宇泰、钱光绣、李文胤、徐振奇、王玉书、邱子章、林时跃、高斗权、徐凤垣）、“林屋十子”（清代张云滋、张芬、陆瑛、李嫩、席惠文、朱宗淑、江珠、沈纕、尤澹仙、沈持玉）、“徵社十二子”（明代高世泰、潘汝麟、朱琏、成梁、诸景濂、秦镛、黄钟谐、龚廷祥、顾泰、周梦华、乐韶、严珏）等。具体又可分为以下几类：

一是直接取自社团称号，这类比较常见。以“几社六子”为例，明末，松江陈子龙、夏允彝、杜麟征、周立勋、徐孚远、彭宾发起创立几社，故称之。清初杜登春《社事始末》：“先君子与彝仲有‘几社六子’会义之刻，几者，绝学有再兴之几，而得几其神之义也。……六子者子何？先君子与彝仲两孝廉主其事，其四人则周勒卣先生立勋、徐暗公先生孚远、彭燕又先生宾、陈卧子先生子龙是也。”① 一说“几社六子”为周立勋、宋存标、徐孚远、彭宾、顾开雍、宋微舆。清初李雯《几社六子诗序》称：“六子诗者，勒卣、子建、暗公、燕又、伟南、辕文之所作也。余与宗远、让木、卧子不与，有私刻也；彝仲又不与，不作诗也。”②

二是依据聚会地点取名。如“明湖七子”，指的是清代金洙、李肇庆、翟凝、周奕黉、周乐、余正酉和纪淦七人并称。清代司马鹏《范墅诗钞小引》曰：“同邑金文波、李霨云、翟林江、周二南、余秋门及前莱芜令北直纪秋水结社于明湖，当时以有明七子拟之。”其中金洙、李肇庆、翟凝、周奕黉、周乐、余正酉均为济南人，纪淦为文安（今河北廊坊）人，七人结社于大明湖畔，吟诗论道，世称“明湖七子”。

---

① 台湾新文丰出版公司编辑部．丛书集成新编（第26册）［M］．台北：台湾新文丰出版公司，1985：458－459.

② 周立勋．符胜堂集［M］．乾隆十二年丁一卯刻本，1747：卷首 la－b.

这里还有一个比较独特的例子，如“南华九老”，这是清代民间组织的一个耆老会，由江苏常州的庄清度、庄令翼、庄祖诒、庄柡、庄歆、庄学愈、庄柏承、庄大椿、庄柱九人组成，但取名“南华九老会”还是有其深层次含义的。“南华九老会”的成员均出自常州庄氏。历史上的庄子，在唐代被追封为“南华真人”；其《庄子》一书，也被称为《南华真经》或《南华经》。常州庄氏，自认为是庄子后裔。因此，“南华九老会”的所谓“南华”，意思即“庄氏”。

七、因所属地域相同而并称

因所属地域相同而并称指因同处于一个地域而被人并称，这种划分方式要求并称的人物一般生活的时代基本接近，不要求作品和为人的风格比较接近，但要求籍贯或者生活地点相近。例如“江右三大家”“吴中四士”“闽中十子”“岭南三大家”“岭南七子”“越中七子”等，前面都要带一个地名。地域，是广义上的乡土、家园，自古以来就是一种具有归属感的文化象征，明代以来以地名开头命名文人并称更是成为一种普遍的风尚。关于地域与文学之间相互的关系，前人早已注意。李淦《燕翼篇·气性》谓：“地气风土异宜，人性亦因而迥异。以大概论之，天下分三道焉：北直、山东、山西、河南、陕西为一道，通谓之北人；江南、浙江、江西、福建、湖广为一道，谓之东南人；四川、广东、广西、云南、贵州为一道，谓之西南人。北地多陆少水，人性质直，气强壮，习于骑射，惮于乘舟，其俗俭朴而近于好义，其失也鄙，或愚蠢而暴悍。东南多水少陆，人性敏，气弱，工于为文，狎波涛，苦鞍马，其俗繁华而近于好礼，其失也浮，抑轻薄而侈靡。”（张潮辑《檀几丛书》二集，康熙刊本）在古代，从地域上来看，文人并称比较集中的区域有吴中、越中、闽南、岭南、山左等地。

按并称文人的籍贯划分，具体又可分为生长于同一地域并称者和共同活动于同一地域并称者。

按并称文人活动地域的大小和范围又可划分为泛地域类、同省区类、同州府类、同县城类、同乡镇类和其他类。

1. 泛地域类

泛地域类并称按照现在的地域划分，可能为同一省内，也可能不在同一省，它们最显著的特点是具有同一的地理特征，而不是同一的行政区划。

以“江左三大家”（明末清初钱谦益、吴伟业、龚鼎孳）为例。“江左”即江东，长江以东，它既可指江苏一带，也可指安徽芜湖以下的长江下游南岸地区，即今苏南、浙江及皖南部分地区称作江东。龚鼎孳，合肥人，钱谦益、吴伟业，江苏人，三人皆由明臣仕清，籍贯因都属旧江左地区，诗名并著，故时人称为“江左三大家”，顾有孝、赵沄选其诗为《江左三大家诗钞》。

2. 同省区类

同省区类如“河南二先生”（宋代程颢、程颐）、“江西三魏”（明代魏良弼、魏良政、魏良器）、“四川三才子”（清代李调元、彭端淑、张问陶）、“浙江四子”（明代鄞张琦、海盐张宁、余姚魏瀚、嘉善姚绶）、“湖南四杰”（清代魏源、汤鹏、陈起诗、左宗植）、“江西五大家”（明末杨以任、章世纯、罗万藻、陈际泰、艾南英）、“湖南六名士”（清代何绍基、魏源、杨彝珍、邹汉勋、杨季鸾、刘蓉）等。

以“山东二李”（清代李慎修、李元直）为例，《清史稿·列传九十三·李慎修传》：“李慎修字思永，山东章丘人。康熙五十一年进士。……特除江西道监察御史。……高密李元直为御史在其前，以刚直著。慎修与齐名，为‘山东二李’。京师称元直‘憨李’，慎修‘短李’。”

当然，类似于“闽中二子”（明代林叔度、吴元翰）、“浙西四子”（清初吴陈琰、柴升、柴世堂、吴朝鼎）、“蜀中四大家”（明代杨慎、熊过、任翰、赵贞吉）、“浙西六家”（清初朱彝尊、李良年、李符、沈皞日、沈岸登、龚翔麟）、“浙东十四子”（明代邵景尧、杨守勤等人）之类的也都属于同省区类并称。

3. 同州府类

同州府类如“扬州二堂”（清代焦循、江藩）、“嘉兴三李”（清代李绳远、李良年、李符）、“常州四子”（清代黄景仁、洪亮吉、杨芳灿、杨揆）、“京口五诗人”（清代程梦湘、余京、鲍皋、张曾、李御）、“云间六子”（明末陈子龙、夏允彝、彭宾、徐孚远、李雯、周立勋）、“毗陵七子”（清代洪亮吉、孙星衍、赵怀玉、黄景仁、杨伦、吕星垣、徐书受）等。

以“济南三王”（清初王士禛、王士禄、王士祜兄弟）为例，清代陈康祺《郎潜纪闻三笔》卷四《诗家三王画家三王》：“自昌黎以名次三王为荣幸，而三王二字，遂为雅典。国朝亦有两三王。渔洋尚书与其兄司勋士禄、进士士祜，连床唱和，人各有集，世称‘济南三王’，此诗家之‘三王’也。”

4. 同县城类

同县城类例如“莱阳二姜”（明末清初姜埰、姜垓）、“昆山三徐”（清初文学家徐乾学、徐秉义、徐元文）、“东平四杰”（元代孟祺、阎复、李谦、徐琰）、“永嘉五子”（明末清初梅调元、林占春、李元发、王尔椒、林健）、“桐川六子”（清初沈槎、张超、张方起、孔自洙、朱万锜、钱人诩）等。

以“贵池二妙”（明末吴应箕、刘城）为例，清代朱彝尊《静志居诗话》卷二十一《刘城》：“刘城，字伯宗，贵池人。有《峄桐集》。伯宗、次尾，足称‘贵池二妙’，才气亦相敌也。”

5. 同乡镇类

同乡镇类如江苏松江府青浦县凤溪镇的“凤溪二王”，浙江嘉兴府平湖县芦川镇的“芦川三异人”等。

以“魏塘七子”（明末卞洪勋、支如玉、冯盛世、孙茂芝、盛楙中、卞元枢、陆钟瑞）为例，魏塘镇又名武塘，位于浙江省嘉兴市嘉善县境中部偏南，“相传宋大姓魏、武居此，聚商成市”故名。宋时设巡检司，元代设有魏塘务，并升为镇。明洪武三年（1370）政税务官署为税课局。明宣德五年（1430）建嘉善县，县治在魏塘镇，清循明制。《重修嘉善县志》卷三五《杂志中・外纪》：“我邑文社之盛称‘柳洲八子’，而不知前有‘魏塘七子’也。七子者卞理正洪勋、支秋曹如玉、冯教谕盛世、孙州佐茂芝、盛茂才楙中、卞茂才元枢、陆茂才钟瑞，见冯盛世所做《七子诗传》。”

6. 其他类

其他类指的是不带国、省、州、府、县、乡、镇等行政地名（含古称和今称）起头的但以其他地名起头的同属一个地域的并称称号。例如“西门二王”（清初王琛、王肇）、“湖中二诗人”（清代范秋帆、沈德中）、“城东四先生”（清代马槐、赵秋舲、何星桥、吴渔亭）、“城西六子”（清代黄模、舒绍言、吴锡麟、姚思勤、项朝棻、吴锡麒）等。

以“城东三叶”（清代叶藩、叶茭、叶庄兄弟）为例，叶藩、叶茭、叶庄三兄弟并居东城，后各自为官。先后告归，与老友时为湖山之游，极山水诗画之乐，人称“城东三叶”①。

当然，还有一些并称，明明属于一个小区域的并称，但却常冠以大区域的名字，如“吴中二张”（明末张溥、张采），清黄宗羲《徵君沈耕岩先生墓志铭》：“一时声名之盛，‘吴中二张’与‘江上二沈’相配，二张谓天如、受先，二沈谓昆铜、耕岩，不以名位相甲乙也。”吴中二张实为江苏太仓人，但吴中的范畴明显比太仓要大一些，此“吴中二张”则视为同县城类并称。又如“吴中四士”（张若虚、贺知章、张旭和包融），其中：贺知章，会稽永兴（今浙江萧山）人；张旭，苏州吴（今江苏苏州）人；张若虚，扬州（今江苏扬州）人；包融，润州延陵（今江苏丹阳）人，此并称则被视为泛地域类并称。

八、因同姓而并称

因同姓而并称指因具有相同的姓氏而被人并称，这种划分方式对并称的人物不要求处于同一时代，也不要求作品和为人的风格比较接近，也不要求一定有血缘关系，只是同姓即可。

中国人口众多，姓氏更是不少，《中国姓氏大辞典》一书就收录了23813个姓氏，但是同中国庞大的人口基数相比，同姓之人实在是太多了，甚至就是同名之人也不少。而在姓氏相同的人之中，有时候会出现一些巧合，例如不同时代或是同一时代的文人，不但同姓，而且同样在文学创作上具有很高的水平，有好事者或者是后人出于景仰之心将他们并列而称，这个时候就不再限于时间和空间了，只要是同姓就可放在一起进行揄扬。当然，这种分类方式与同宗族或血缘并称有交叉和重合。一般而言，同宗族或血缘并称是同姓的人物并称，而同姓的人物并称却不都是宗族或血缘关系。例如“文章西汉两司马”

① 吴颢，吴振棫．国朝杭郡诗辑［M］．同治十三年甲戌钱塘丁氏刻本，1874：4a.

(汉代司马相如、司马迁)、“诗家三李”(唐代李白、李贺、李商隐)、“词家三李”(唐代李白,五代南唐李煜,宋代李清照)、“宋世二陈”(宋代陈师道、陈与义)、“南北曹”(清代曹贞吉、曹禾或曹贞吉、曹尔堪)等。

以“南北曹”为例,在诗坛上曹贞吉与曹禾称为“南北曹”,在词坛则与曹尔堪称“南北曹”,曹尔堪与曹贞吉也被称为“南北二曹”,“南北曹”之称始于陶季,后遂遍布友朋间。田雯《古欢堂诗集》卷五《长句送峨眉南归》云:“眼中之人南北曹,飞扬跋扈文章豪。酒后耳热各大叫,脱衫据地风萧萧。阿大乐府谱新曲,眉峰一寸嶙峋高。小谢偏师出劲敌,衙官屈宋穷搜雕。旌旗壁垒非一色,藩篱阑入狂且骄。坐客闻之掀髯笑,夺席攘臂丛讥嘲。幽燕老将刁斗壮,伧夫绛灌甘遁逃。海内非此二子者,千秋无乃太寂寥。”这首诗里的“南北曹”则是指曹贞吉与曹禾了。

在古代历史上,常见的大姓,如“李”“张”“王”“刘”等,均涌现出了诸多的文人并称,下面仅以“李”姓二人并称为例,看看其繁盛程度。

1. 二李:汉代李固、李膺并称。清陈梦雷《古今图书集成·明伦汇编·氏族典卷·氏族总部汇考》:“二李:汉李固、李膺。又,李逊、李建。”李固、李膺均为当世名贤。

2. 二李:唐代画家李思训、李昭道父子并称。二人均工山水。唐代张彦远《历代名画记》卷一:“由是山水之变,始于吴(道子),成于‘二李’(李思训、李昭道父子)。”李思训之画风为后代金碧青绿山水者所取,传世作品有《山居四皓图》《江山渔乐图》《群峰茂林图》等;子李昭道亦擅山水,兼善鸟兽、楼台、人物,并创海景,传世作品有《春山行旅图》轴。因李思训曾任过武卫大将军,世称“大李将军”,李昭道虽未当过将军,但因其画技上师承父道,故被称为“小李将军”，后人又称他们父子为“大、小李将军”。

3. 二李：秦代书法家李斯、唐代李阳冰并称。二人均为篆书（小篆）名家。明代陶宗仪《书史会要》卷七：“赵雍，字仲穆，魏国公子，官至集贤待制、同知湖州路总管府事，姿貌雄伟，豪爽有风概，工真、行、草、篆，篆法‘二李’，而清劲有余。”李斯为秦始皇重臣，但在书法上很有成就，传说《泰山刻石》和《峄山刻石》即为他所书。李阳冰是唐代人，为李白族叔。自谓其篆书是“斯翁（李斯）之后，直至小生，曹喜、蔡邕不足道也。”可见其颇为自得，另有“篆圣”“笔虎”之美誉，传世的书迹主要有《缙云城隍庙碑》《怡亭铭》《三坟记》和《般若台记》等。后人把他与李斯并称为“小篆二李”“篆师二李”。

4. 开元二李：唐代李颀、李白并称。明代顾起纶《国雅品·士品四》“梁比部公实、宗学宪子相”条：“嘉中，海内崛然奋有七隽，即梁宗暨李吴徐三宪副，张中丞王廉访七公也。……宗之五言云：‘路迷频勒马，尘起一弹冠。’‘羊裘宁负汉，龙剑不游秦。’七言云：‘昨夜羁縻胡市马，西风萧瑟汉臣缨。’‘潇湘天阔春归楚，震泽风高晓入吴。’‘鹦鹉昔悲湘客赋，鹔鹴初典汉臣裘。’‘锦水即从巫峡去，青山定向剑门开。’‘骤雷似有蛟龙怒，落日愁闻虎豹喧。’推是句也，才情竞秀，已入‘开元二李’妙乘。”李颀，唐代东川人，少年时曾寓居河南登封。开元年间进士，做过新乡县尉的小官，诗以写边塞题材为主，风格豪放，慷慨悲凉，七言歌行尤具特色。

5. 二李：唐代诗人李白、李贺的并称。二人均为浪漫主义诗歌的杰出代表。元代杨维祯《赵氏诗录序》：“《风》《雅》而降为《骚》，而降为《十九首》，《十九首》而降为陶、杜，为二李，其情性不野，神气不群，故其骨骼不庳，面目不鄙。”

6. 二李：唐代诗人李益、李贺并称。均为唐代诗人，明代王世贞

《艺苑卮言》卷八："李贺乐府数十首，流传管弦。又李益与贺齐名，每一篇出，辄以重赂购之入乐府，称为'二李'。"李贺少年时作诗便崭露头角，人们把他同老一辈著名诗人李益并称为"二李"。

7. 二李：唐代诗人李贺、李商隐并称。均为唐代著名诗人，清代钱谦益《初学集》卷三十二《曾房中诗叙》云："若郊、若岛，若二李，若卢仝、马戴之流，盘空排奡，纵横谲诡，非得杜之一枝乎？""二李"即指李贺与李商隐。

8. 二李：唐代李逊、李建兄弟并称。均举进士，以学行著称。《旧唐书》卷一百五十九《李逊传赞》："穆之赞、质，窦之常、群，迹参时杰，气爽人文。二李英英，四崔济济。薛氏三门，难兄难弟。"

9. 梓州二李：唐代著名边塞诗人李颀和五代重要词人李珣并称。二人均为梓州人。当代李长空《三台赋》："俊哉三台，人才辈出。怆然一陈，'前不见古人，后不见来者'；梓州二李，诗词闻名天下；潼川三苏，一状元两进士。"

10. 二李：宋初文学家李昉、李至并称。"白体"代表诗人李昉、李至，常以诗歌唱和赠答，刻有《二李唱和集》，收录两人自端拱元年（988）春二月至淳化二年（991）九月期间互相唱和的诗，所收诗包括两首残诗在内共计一百五十八首。李昉序曰："昔乐天、梦得有《刘白唱和集》，流布海内，为不朽盛事。今之此诗，安知异日不为人之传写乎？"开宗明义地宣布以"刘白"自况，为诗集取名《二李唱和集》。

11. 二李：宋代李莘、李常兄弟并称。李莘，字野夫，李东长子，官至转运使；李常，字公择，李东次子，官至尚书；两人少时均聪颖异常，并擅才名，因以并称。宋代朱虙《二李亭记》："二李亭者，识其人也。初尚书李公择与兄野夫随其亲尉溧水，而读书于尉厅之后圃，后人榜其堂曰'二李'，盖以识其人也。虙少时登是堂，有故老能道其事者，虡不能记其详也。宣和七年，承乏尉事，求所谓二李堂者，不复见矣！……是岁二月朔，从事郎和州乌江县丞权县尉朱虡谨记。”

12. 二李：宋代李杞、李稷并称。宋代洪迈《容斋三笔》“蜀茶法”条：“蜀道诸司，惟茶马一台，最为富盛，茶之课利多寡，与夫民间利疚，他邦无由可知。予记东坡集有送周朝议守汉州诗云：‘茶为西南病，甿俗记二李。何人折其锋，矫矫六君子。’注：二李，杞与稷也。六君子，谓思道与侄正孺、张永徽、吴醇翁、吕元钧、宋文辅也。”

13. 词中二李：五代南唐词人李煜、宋代词人李清照并称。两者均属于婉约派，以工词著称。清代沈谦《填词杂说》“二李当行本色”条：“男中李后主，女中李易安，极是当行本色。”所以又有“词家二李”、词国“男女二皇帝”之称。政治上毫无建树的李煜在南唐灭亡后被北宋俘虏，但是却成为中国历史上第一流的词人，李清照则为我国文学史上最杰出的女词人，“二李”的词都明显分为前后两个时期，特别是二李后期，李煜由安逸小朝廷的风流皇帝转为屈膝称臣的宋朝俘虏，李清照则由诗礼簪缨之族的名媛闺秀沦为与风霜为伴的流浪寡妇，遭遇均较凄惨，相似的经历使他们的词作亦有共同的感情基调。

14. 二李：宋代李柬之、李受并称。致仕时均礼遇甚渥，因以并称。《宋史·李柬之传》：“柬之字公明。……有李受者，字益之，……拜刑部侍郎致仕，赐宴赋诗及序，如柬之礼。相去数月，故时称‘二李’。”

15. 二李：宋代李柟、李樗兄弟并称。李柟、李樗均为李葵之子。宋代王应麟《小学绀珠·氏族类》“二李”条：“二李：李柟、樗。”又《四库全书总目提要》卷一百五十八：“祖谦祭之奇文云：‘昔我伯父西垣公，躬受中原文献之传，载而之南。先生与二李伯仲实来定师生之分。’二李谓李蓥之子李柟、李樗。西垣公者亦谓本中也。”

16. 南宋史学二李：南宋史学家李焘、李心传并称。李心传为四川井研人，李焘则为临近的眉山人。《四库提要辩证》卷五：“有宋一代史学之精，自司马光外，无如‘二李’者。”李焘著《续资治通鉴长编》，李心传著《建炎以来系年要录》，流传至今且影响深远。李心传与父李舜臣及兄弟李道传、李性传四人，皆为宋代名臣硕儒，在蜀内又有“井研四李”之号。

17. 龙泉二李：宋代李宗儒、李师儒兄弟并称。宋代杨万里《寄题龙泉李宗儒、师儒槐阴书院》诗：“龙泉二李继谪仙，朝议朝散相后先。风雏二妙继乃祖，宗儒师儒贤弟昆。手种兔目今几年，日茹叶淘呻断编。阴似王家三树绿，异时官职追前躅。花作唐人八月黄，来岁能书催趣装。”

18. 二李：南宋文学家李壁、李埴兄弟并称。宋周密《齐东野语·卷八》“二李省诗”条：“蜀中类试，相传主司多私意与士人相约为暗号，中朝亦或有之，而蜀以为常。李壁季章、埴季永，同登庚戌科，己酉赴类省试。二公皆以文名一时，而律赋非所长。乡人侯某者以能赋称，因资之以润色。既书卷，不以诗示侯，侯疑其必有谓。将出门，侯故少留，李遂先出，而侯踵其后。至纳卷所，扣吏以二李卷子，欲借一观，以小金牌与之。吏取以示，则诗之景联皆曰：‘日射红鸾扇，风清白兽樽。’侯即于己卷改用之。既而皆中选。二李谢主司，主司问：‘此二句，惟以授于昆仲，何为又以与人？’李恍然不知所以。他日，微有所闻，终身与侯不协。”

19. 二李：南宋文学家李景文、李景傅兄弟并称。宋理宗时，李景文与弟景傅同预乡荐，俱能文，号“二李”。

20. 墨竹二李：元代画家李衎、李士行父子并称，均擅画山水竹木。元代王冕《柯博士画竹》：“湖州老丈久已矣，近来墨竹夸二李。纷纷后学争夺真，画竹岂能知竹意？奎章学士丹丘生，力能与丈相抗衡。长缣大楮纵挥扫，高堂六月惊秋声。人传学士手有竹，我知学士琅玕腹。去年长歌下溪谷，见我忘形笑淇澳。我为爱竹足不闲，十年走遍江南山。今日披图见新画，乃知爱龙亦如我。何当置我于其下？竹冠草衣相对坐。坐啸清风过长夏。”

21. 二李：明代李龄、李若林并称。万历《通志》：“又李若林举宣德庚戌进士，授刑部主事，详于法律。病免家居，后辈多师事之。晚年益工诗文，人称‘二李’云。”

22. 嘉鱼二李：明代文学家李承芳、李承箕兄弟并称。《明史》卷二百八十三《儒林二·陈献章传》：“门人李承箕，字世卿，嘉鱼人，成化二十二年举乡试。往师献章，献章日与登涉山水，投壶赋诗，纵论古今事，独无一语及道。久之，承箕有所悟，辞归，隐居黄公山，不复仕。与兄进士承芳，皆好学，称‘嘉鱼二李’。”

23. 二李：明代李舜臣、李开先并称。两人皆为鲁中人，同工诗文，并同由吏部被严嵩所罢，罢后皆不起，故文坛并称“二李”。明末清初钱谦益《列朝诗集小传·丁集上》：“懋钦与章丘李伯华才名相颉颃，并由吏部左迁，并以京堂罢免，……两人学业不同，而志趣䜣和。今三齐之士，屈指先辈有名人，必称‘二李’。”

24. 二李：明代文学家李东阳、李梦阳并称。近代叶楚伧《说诗》：“永宣以后，二李竞作（东阳、梦阳），上绍汉唐。……东林诸彦，郁然华发，矩矱汉唐，以召学者。”

25. 二李：明代李梦阳、李日华并称。明代周晖《二续金陵琐事》卷上“二李一律”条：“杨升庵先生云：‘南京一士人谓，李空同翻杜诗，李日华翻西厢，坏了好诗好曲，二李一律。’”

26. 二李：明代李梦阳、李攀龙并称。清初吴乔《围炉诗话》卷六："少陵气岸以压人，遂开弘、嘉恶习。李于鳞之才远下献吉，踵而和之，浅夫又极推重，遂使二李并称，瞎盛唐之流毒深入人心。不求诗意，惟求好句，不学二李，无非二李。"

27. 山东二李：明代李攀龙、李先芳并称。明代于慎行《谷城山馆文集》卷二十一《明故奉直大夫尚宝司少卿北山先生李公墓志铭》："北山先生姓李氏，讳先芳，字伯承……国朝之称诗赋，盛于嘉、隆之际，吾里有两李先生。两李先生者同时同官，名相比也。"李攀龙为历城（今山东济南）人，李先芳祖籍湖北监利，迁居濮州李庄。明朝的濮州，大致为今天山东省鄄城、范县一带，因此两人称之为"山东二李"。

28. 二李：明代文学家李奇玉、李奇珍兄弟的并称。李奇玉，幼擅文名，偕兄奇珍，有"二李"之称。

29. 侯山二李：明代文学家李文察、明末清初诗人李赞元并称。侯山在今福建漳州市平和县小溪镇西林村，因出了两位李姓文学艺术方面的人物因以并称。

30. 关中二李：清初思想家李颙、李因笃的并称。均以学行著称。清末陈康祺《郎潜纪闻初笔》卷八："郃阳康处士乃心，潜心理学，进退辞让，一以圣贤为准则。时秦人为之语曰：'关中二李，不如一康'。二李，谓二曲、天生也。"

31. 临川二李：清代文学家李茹旻、李绂的并称。李茹旻与李绂皆以文名显，京师称"临川二李"，临川称"南北李"（绂居南乡，茹旻居北乡），又称"南北二李"。

32. 二李：清代文学家李良年、李符并称，又称"嘉兴二李"，俱有词名。清代陈廷焯《白雨斋词话》卷三"二李词皆规模南宋"条："二李词绝相类，大约皆规模南宋，羽翼竹垞者。符曾较雅正，而才气则分虎为胜。"

33. 山东二李：清代李慎修、李元直并称。《清史稿・李慎修传》：“李慎修字思永，山东章丘人。康熙五十一年进士。……特除江西道监察御史。……高密李元直为御史在其前，以刚直著。慎修与齐名，为‘山东二李’。京师称元直‘憨李’，慎修‘短李’。”

34. 二李：清代画家李鱓、李葂并称。李葂以诗画擅名，与李鱓同时居扬州，称“二李”。

35. 高密二李：清代文学家李宪噩、李宪乔并称。近代汪辟疆先生《论高密诗派》：“若叔白，则自负其经世之学，诗似为其余事。故体格孤峭，上不及乃兄；骨格开张，下不及阿弟。且涉猎较广，独不喜规抚形似，无以定其专主，然意兴固自超也。以故二百年中，言高密诗派者，必首‘二李’，而鲜及叔白焉。”又云：“春湖先生宗瀚，守其家法，并及‘高密二李’绪论。……逮于清季，临川李梅庵瑞清侨居金陵，尝称其家学，曾举其家藏钞本《中晚唐诗主客图》，授和州胡俊。而胡氏《自怡斋诗》亦远宗张、贾，近法石桐，并以身丁世变，枨触万端，辞旨诡谲而不失于正。至其穿天心出地肺之语，见之者罔不惊走却步，目之为怪，惟陈伯严、王冬饮知之，盖胡氏正从高密出也，然则‘高密二李’之诗派垂二百年犹未绝也。”

36. 画苑二李：明代画家李之长、清代李跃门并称。《艺林丛录・曹马・李跃门和百蝶图》：“广东有两位突出的画家，一个是明代的李之长，顺德人，以画猫等见长；另一个是现在要说的清代的李跃门，南海人，以画蝴蝶著名，人们称为‘画苑二李’。”

37. 扬州二李：清末民初李涵秋、李伯通并称。李伯通即李豫曾，又作李伯樵。李涵秋曾写过一部风行海内的长篇小说《广陵潮》，李伯通也曾写过一部饮誉大江南北的长篇小说《丛菊泪》（一名《邗水春秋》），又因两人均为扬州人，故并称。

九、因名或字、号有相同者而并称

因名或字、号有相同者而并称指因其名、字、号中含有相同的部分而被人并称，这个划分方式不要求并称的人物必须同一时代，也不要求作品和为人的风格比较接近，只要求其名、字、号至少有一个相同即可。在古代，姓、名、字、号几乎是每个人都拥有的称谓符号，也是人们日常交流的基本语言工具。同姓并称前面已经讲过了，现在接着说一下名、字、号的并称。

古人的名和字，分别是成年（二十岁）前、后所用的称谓，即古有“幼名、冠字”的说法（《礼记·檀弓上》）。综观古代文人并称的命名情况，名的使用相对姓、字、号而言能少一些。这是由于古人对名的用法颇多讲究，向有“讳名称字”的习俗，所以在命名并称时，名不如姓、字、号的使用普遍。

1. 取“名”并称的例子

如“丘轲”（春秋末期孔子、战国孟子）、“甫白”（唐代李白、杜甫）、“轼辙”（宋代苏轼、苏辙）、“二鸿”（清代宫鸿历、团鸿）、“二枚”（清代袁枚、许惟枚）、“会稽二肃”（明代唐肃、谢肃）、“湖州三炳”（清代沈炳震、沈炳巽、沈炳谦）等。

以“轼辙”为例，指的是宋代苏轼、苏辙兄弟并称。宋陈鹄《耆旧续闻》卷二：“后又言昔仁宗策贤良归，喜甚，曰‘吾今日又为子孙得太平宰相两人’，盖轼辙也。”又清王士禛《感旧集》卷十一叶方霭名下收有一组《自题独赏集》，凡七绝十一首，其五曰：“机云昔日皆工赋，轼辙当年并擅文。今见二王诗律峻，始知鼎足是三分。”

又如“二枚”，指的是清代袁枚、许惟枚。袁枚《随园诗话》卷十《五一》：“海宁许铁山惟枚，与余同官金陵，一时有‘二枚’之称。余已荐牧高邮，而许犹有待，意有所感，和余《河房宴集》诗云：‘朱帘斜卷晚风前，杨柳萧疏隔岸烟。一样楼台都近水，向南明月得来先。’《园梅》云：‘腊尽还微雪，春来尚薄寒。迎风飞片易，背日拆苞难。疏蕊明高阁，低枝韵小栏。莫教吹短笛，我正倚阑干。’许性严重，秦淮小集，坐有歌郎，君义形于色，将责其无礼而笞之。余急挥郎去，而调以诗云：‘恼煞隔帘纱帽客，排衙花底打鸳鸯。’”

2. 取“字”并称的例子

如“龟溪二隐”（南宋末李彭老、李莱老）、“二吉”（明代沈贞、沈恒）、“山阴二朗”（明末清初朱士稚、张宗观）等。

以“山阴二朗”为例，张宗观字朗屋、朱士稚字朗诣，因以并称。清代朱彝尊《曝书亭集》卷七十二《贞毅先生墓表》：“先生少好游侠，蓄声伎食客百数，最善者一人曰张生宗观。宗观字朗屋，善乐府歌诗，以王伯之略自许，时号‘山阴二朗’。”

3. 取“号”并称的例子

如“双白石”（南宋黄景说、姜夔）、“二窗”（宋代吴文英、周密）、“两鹤”（明代钱福、王良佐）、“南北两随园”（清代袁枚、边连宝）、“两北溪”（清代王元文、沈刚中）等。

以“南北两随园”为例，袁枚，钱塘（今浙江杭州）人，晚年自号随园主人、随园老人；边连宝，任丘（今属河北）人，号随园；两人一居南、一居北，又同号随园，因以并称。清代张维屏《国朝诗人征略》引《听松庐诗话》：“石农《题任丘边征君连宝诗集》云：‘一时南北两随园，各有澜从舌本翻。瀛海诗人工乐府，仓山仙吏富词源。’边随园固不为袁随园所掩也。”

4. 取“字”“号”并称的例子

这类的案例比较多，如“济南二安”“永嘉四灵”等。

南宋词人辛弃疾（字幼安）、李清照（号易安居士）两人字、号中都有一“安”字，故并称“济南二安”。清王士禛曾论二人词：“仆谓婉约以易安为宗，豪放唯幼安为首，皆吾济南人。难乎为继矣。”又如南宋永嘉诗人徐照（字灵晖）、徐熙（号灵渊）、翁卷（字灵舒）、赵师秀（字灵秀），四人字、号中皆有一“灵”字，故并称“永嘉四灵”。

5. 取“字”“号”且与姓有关而并称的例子

这里有两组比较有趣的例子：

一是“平艮仄艮”，指的是清代赵函、曹楙坚并称。赵函号（一说字）艮甫、曹楙坚号（一说字）艮甫，又有“江南两艮”之称。清末徐珂《清稗类钞·姓名类》“平艮仄艮”条：“道光中，苏郡有二人，皆字艮甫，以词鸣于江南。一曹楙坚，吴县人，官至湖北按察使，有《昙云阁词钞》。一赵函，震泽人，有《飞鸿阁琴意》。一时有‘平艮、仄艮’之称，盖以其姓之平声仄声别之也。”

二是“红茗绿茗”，指的是清代道光年间的朱条生、叶调生。清代光绪九年潘钟瑞《二茗诗刻序》：“道光中，吾吴以清才鸿学提倡风雅者，有朱条生、叶调生两先生焉。两先生夙以姻戚订文字交，诗文酬赠以为常，学者以两先生皆自书其字作‘茗’，于是有‘红茗’‘绿茗’之目，盖以姓别之。同时曹艮甫、赵艮甫称‘平艮’‘仄艮’，亦犹是也。”盖因“朱”，红色也，“叶”，绿色也，故称之为“红茗绿茗”。

十、因仕宦或科举而并称

因仕宦或科举而并称指因求取功名或有仕宦经历而产生的并称。主要分为三类：

一是同一官职或职务，如“两司马”（明代汪道昆、王世贞）、“三舍人”（唐代王涯、令狐楚、张仲素）、“吴门三太史”（明代文震孟、姚希孟、陈仁锡)、“三翰林”(明末杨廷麟、倪元璐、黄道周)等。

以“三舍人”为例。舍人始于先秦，本为国君、太子亲近属官，魏晋时于中书省内置中书通事舍人，掌传宣诏命。南朝沿置，至梁，除通事二字，称中书舍人，任起草诏令之职，参与机密，权力日重，甚至专断朝政。隋唐时，中书舍人在中书省掌制诰(拟草诏旨)，多以有文学资望者充任。因王涯、张仲素、令狐楚三人皆曾任中书舍人，故称之。明胡应麟《诗薮·内编》卷六：“王涯、张仲素、令狐楚三舍人合诗一卷，五言绝多可观，在中、晚自为一格。”

再以“一榜七相”为例，七相指的是明代王家屏、赵志皋、张位、陈于陛、沈一贯、朱赓、于慎行。此七人均为隆庆戊辰(1568)进士，于万历一朝先后拜相，因以并称。明代沈德符《万历野获编》卷十《戊辰词林大拜》：“今上二十二年甲午，首揆王太仓(指王锡爵)请告，赵兰溪(指赵志皋)代为政，时张新建(指张位)为次辅，而陈南充(指陈于陛)、沈四明(指沈一贯)继之，同事凡四人，皆戊辰词馆中人也。本朝至今从无此盛。四公在阁凡三年，而南充卒于位。又二年而新建得罪谴归，赵、沈二公并列。又四年赵卒，至三十年壬寅，而沈归德(指沈鲤)始入，仍为乙丑科。盖戊辰诸公，在政地者几十年，更无别籍中人，尤称盛事。况前此则王山阴(指王家屏)，后此则朱山阴(指朱赓)、于东阿，俱登揆席。一榜七相，亦从来未有。”①

说起来，因官职或职务而并称的最常见的当属“×翰林”了。翰林是皇帝的文学侍从官，翰林院从唐朝起开始设立，始为供职具有艺能人士的机构，但自唐玄宗后演变成了专门起草机密诏制的重要机

① 沈德符．万历野获编［M］．北京：中华书局，1959：269－270.

构，院里任职的人称为翰林学士。明、清改从进士中选拔。杨廷麟、倪元璐、黄道周均曾被授予翰林编修，故称之为“三翰林”。实际上，从明代以后，称之为“×翰林”的并称日益增多，前面不断加以修饰语，如“公孙三翰林”（清代李象元、李端、李逢亨父子）、“一腹三翰林”（清代杨缵绪、杨黼时、杨演时）、“丹阳吉氏一门三翰林”（清代吉梦熊、吉梦兰、吉士瑛）、“诸城一科三翰林”（清代李肇锡、苑棻池、徐会沣）、“同胞三翰林”（清末唐景崧、唐景崇、唐景崶）等。

二是同一衙门地点任职，如清代峻德、保禄（雨村）、胡星阿（紫峰）等人同在户部任官，遂名“农曹七子”；清代蔡世远、陈德华、程景伊、张泰开、观保、周长发、周玉章、梁锡屿等八人同当值上书房澄怀堂，故名“澄怀八友”。清戴璐《藤阴杂记》卷十二《郊坰下》：“澄怀园为上书房内直诸臣寓斋。大学士漳浦蔡公，绘《澄怀八友图》，谓同时陈尚书德华、程文恭景伊、张文恪泰开、观总宪保、二周学士长发、玉章、梁少詹锡屿也。”

三是取得同一功名，如“双桂”（元代许有壬、许有孚）、“三桂王氏”（金代王璹、王珙、王琦）、“一门三秀才”（隋末唐初杜正玄、杜正藏、杜正伦）、“陈氏昆季三举人”（清代陈纯士、陈元士、陈良士）、“一门三进士”（清代丁守存、丁凤年、丁麟年）、“四桂”（金代李献能、李献卿、李献诚、李献甫）、“五桂”（五代宋初窦仪、窦俨、窦偁、窦侃、窦僖）等。

以“双桂”为例，“双桂”一次常用来比喻兄弟二人俱获功名，后多加“联芳”二字。元代施惠《幽闺记·衣锦还乡》：“且喜双桂联芳，已遂凌云之志。”元代许有壬、许有孚兄弟相继登第，故称之。《明一统志·彰德府·宫室》：“元时，熙载仲子有壬、季子有孚相继登进士，其长子有恒树双桂堂以显其亲之教。”“三桂”“四桂”“五桂”则分别比喻兄弟三人、四人、五人均登第。笔者目前所见到的案例中，最多到了“八桂”，如清代归庄《归庄集》卷三《王怿民诗序》：“怿民以文肃为之曾祖，太史为之祖，太常为之父，渊源既远，于是诸昆弟竞爽争鸣，有八桂、五桂之目。”

当然，也有特例，如“浓墨宰相淡墨探花”（清代刘墉、王文治），《清史稿·列传二百九十·王文治传》：“王文治，字禹卿，江苏丹徒人。生有夙慧，十二岁能诗，即工书。长游京师，从翰林院侍读全魁使琉球，文字播于海外。乾隆三十五年，成一甲三名进士，授翰林院编修。……文治书名并时与刘墉相埒，人称之曰‘浓墨宰相，淡墨探花’。”但毫无疑问，这也应归入此类并称。

十一、因排行而并称

因排行而并称指因在兄弟姐妹中的排行而被人并称，宋杨伯岩《臆乘·行第》：“前辈以行第称，多见之诗……少游称后山为陈三，山谷为黄九。”这个划分方式要求并称的人物一般生活的时代比较接近，不要求作品和为人的风格比较接近，但排行要求相同或并行。例如“武原二仲”（明末清初文学家彭孙贻、吴蕃昌）、“乾隆二仲”（清代黄景仁、王昙）等。

以“武原二仲”为例，彭孙贻字仲谋，吴蕃昌字仲木，故称之。清吴修《昭代名人尺牍小传》：“仲谋天性孝友，与同邑吴蕃昌仲木创瞻社，为名流所重，时称‘武原二仲’。”

再如“乾隆二仲”，黄景仁字仲则，王昙字仲瞿，故称之。清末徐珂《清稗类钞·文学类》“黄诗王文”条：“张维屏尝曰：汉有建安七子，唐有王、杨、卢、骆四家，余欲选黄仲则诗、王仲瞿文合刻之，题曰‘乾隆二仲’。”

此外，还有一类特殊的例子，例如“秦七黄九”（宋代秦观、黄庭坚)、"柳七黄九"(宋代柳永、黄庭坚)等。以"秦七黄九"为例，秦观排行第七，黄庭坚排行第九，两个人都受到苏东坡的赏识，是苏门四学士之一，在写词方面很有名气，因此并称。宋代陈师道《后山诗话》："退之以文为诗，子瞻以诗为词，如教坊雷大使之舞，虽极天下之工，要非本色。今代词手，惟秦七、黄九耳，唐诸人不逮也。"

十二、因志趣或品行而并称

因志趣或品行而并称指因兴趣爱好和品行习惯而被人并称，这个划分方式要求并称的人物一般生活的时代接近，其作品和为人的风格比较接近、相似或具有同一特征。在古代，但凡特立独行的文人，大都喜欢以癖、以痴、以癫、以狂等为形式，表达某种执着的精神追求。士人中形成的那种蔑视礼教、强调个性、以狂为美的性格，自古以来一直在延续着，这从文人并称的命名上可见一斑。例如"归奇顾怪"(清初归庄、顾炎武)、"三怪"(清代陈法、孙嘉淦、李元直)、"四愚"(清初林霞起、童玉铉、李森、董若水)、"竹林七贤"(魏晋嵇康、山涛、阮籍、向秀、阮咸、王戎、刘伶)、"饮中八仙"(唐代李白、贺知章、李适之、李琎、崔宗之、苏晋、张旭、焦遂)、"扬州八怪"(常见说法是清代郑燮、汪士慎、李方膺、罗聘、黄慎、金农、高翔、李鳝)等。

以"饮中八仙"为例，指的是唐朝嗜酒的八位学者名人，亦称"酒中八仙"或"醉八仙"。杜甫有《饮中八仙歌》："知章骑马似乘船，眼花落井水底眠。汝阳三斗始朝天，道逢麴车口流涎，恨不移封向酒泉。左相日兴费万钱，饮如长鲸吸百川，衔杯乐圣称世贤。宗之潇洒美少年，举觞白眼望青天，皎如玉树临风前。苏晋长斋绣佛前，醉中往往爱逃禅。李白一斗诗百篇，长安市上酒家眠。天子呼来不上船，自称臣是酒中仙。张旭三杯草圣传，脱帽露顶王公前，挥毫落纸如云烟。焦遂五斗方卓然，高谈雄辩惊四筵。”这是一首别具一格、富有特色的“肖像诗”。八个酒仙是同时代的人，又都在长安生活过，在嗜酒、豪放、旷达等方面彼此相似。诗人以洗练的语言，人物速写的笔法，将他们写进一首诗里，构成了一幅栩栩如生的群像图。在这八个人中，贺知章与张旭又有“贺狂张颠”之号，《旧唐书·贺知章传》：“贺知章，会稽永兴人，太子洗马德仁之族孙也。少以文词知名，举进士。……知章晚年尤加纵诞，无复规检，自号‘四明狂客’，又称‘秘书外监’，遨游里巷。醉后属词，动成卷轴，文不加点，咸有可观。又善草隶书，好事者供其笺翰，每纸不过数十字，共传宝之。时有吴郡张旭，亦与知章相善。旭善草书，而好酒，每醉后号呼狂走，索笔挥洒，变化无穷，若有神助，时人号为‘张颠’，故世每称其二人曰‘贺狂张颠’。”

古人的这种雅号，现代人亦有继承者，在青岛大学时期，著名教育家、文学家杨振声校长以北京大学为榜样，效法蔡元培先生在北京大学当校长时倡行的“兼容并包、学术自由”“科学与民主”的办学方针，积极延聘专家学者到校任教，为了活跃学校的气氛，在教书育人之余，在杨振声校长带领下，这些文士频频外出聚饮，常聚饮者有：校长杨振声、教务长赵太侔、文学院院长闻一多、外文系主任梁实秋、会计主任刘本钊、理学院院长黄际遇、秘书长陈季超和诗人方令豫。在一次饮宴上，闻一多趁着酒兴环顾座上共有八人——七个“酒徒”加一个“女史”方令豫，一时兴起，遂曰：“我们是酒中八仙!”，因此在现代文学史上也留下了一段佳话。

又如“狂朱懒蔡”（朱求俟、蔡耀），清许灿、沈爱莲辑《梅里诗辑》卷十七（浙江图书馆藏嘉兴县斋本）：“（蔡耀）性疏懒，同学朱求俟以狂自喜，时称狂朱懒蔡。李秋锦诗：‘怪他懒蔡耽棋局，不与狂朱话宛陵。'查声山诗：'狂朱懒蔡流传久。'求俟亦曰：'懒蔡怪朱愧并传，我于懒蔡更加颠。'远士与求俟诗：'我獭君狂俱是病，莫矜长处误生平。'"

十三、因发音或谐音而并称

最典型的例子是"鱼肚白"（清代余怀、杜浚、白仲调）。清陈康祺《郎潜纪闻初笔》卷三《余杜白齐名》："国初，莆田余怀流寓金陵，文词凄丽，撰《板桥杂记》三卷，感均顽艳，与杜浚、白仲调齐名，时号'余杜白'。卒后，长洲尤侗吊之曰：'赢得人呼鱼肚白，夜台同哭党人碑。'鱼肚白，金陵市语染名也。"①

明末清初的张永祚（子长）、杨彝（子常）并称为"虞山两子长"。民国杨钟羲《雪桥诗话余集》卷一："常熟张永祚子长，崇祯间以选贡授推官，遭国变，隐居教授。杨彝子常以岁贡训导松江，擢知都昌县，入本朝杜门不出。时有'虞山两子长'之目，常与长同音故也。"

清末徐珂《清稗类钞·艺术类》"四书家薛白杨唐"条："康熙时，毘陵有四书家，薛瑨、白某、杨大鹤、唐某是也。时有'薛白杨唐'之目，可与'苏黄米蔡'作的对，又可以谐音呼之曰'雪白洋糖'。"

十四、因身份职业而并称

除了以正统的文人、诗人、词人、散文家、书画家等身份并称之外，还有以另类身份并称的，如同为"遗民""山人""高士""隐士""僧道""名士"等而并称。此类案例较多的是遗民或布衣并称。

同为遗民的，如"徐州二遗民"（明末万寿祺、阎而梅）、"清初

① 陈康祺．郎潜纪闻初笔二笔三笔四笔［M］．北京：中华书局，1997：57.

遗民诗界双子星座”（明末清初顾炎武、吴嘉纪）、“台湾两遗民”（丘逢甲、郑霁光）、“海内三遗民”（明末清初徐枋、沈寿民、巢鸣盛）、“湖南四遗民”（明末清初郭都贤、陶汝鼐、黄周星、严首升）、“东莞宋八遗民”（宋末赵必瑑、李春叟、翟龛、赵东山、何文季、陈庚、陈纪、邵绩）等。遗民或称旧民，指原来的民人，一般是指某个地域的原住民。引申为改朝换代后，上一个时期或者朝代的人民，或指沦陷区之百姓、不事异朝之百姓。又可依年龄称为遗少、遗老。在中国历史上有两个历史阶段，遗民具有典型性和代表性，一是宋末，二是明末。宋朝养士最厚，南宋灭亡后，许多读书人不仕，以侍奉蒙古人为耻。明代知识分子阶层亦是以重气节为人格标准，也是历代史书中最为著名的一辈遗民，许多明代老学者亦以侍奉清朝为奇耻大辱，又因他们视清朝的剃发易服为古今未见之残酷弊政，使得晚明知识分子深恶痛疾。

以“徐州二遗民”为例，二人属于同郡，其中阎尔梅沛县人，万寿祺铜山县人，二人同年生、同科考中举人，明亡后又同以抗节逃禅、举兵拒清称誉一时，他们以相同的忠贞气节致力于抗清复明，被后人称为“徐州二遗民”。《清史稿·列传二百八十七·遗逸一·阎尔梅传》：“阎尔梅，字用卿，号古古，沛县人。……初，尔梅、寿祺同谋举事，一起江北，一起江南，先后相呼应。及事败，尔梅出走，思得一当。寿祺留江、淮观世变，不幸先死。尔梅独奔走三十余年，亦终无所就。后世称‘徐州二遗民’，常为之太息云。”

同为布衣的，如“吴中二布衣”（清代沙维杓、张冈）、“唐墅三布衣”（清代苏孙瞻、许淳、倪赐）、“四大布衣”（明代史鉴、尹宽、曹孚、凌震）、“西泠五布衣”（清代金农、丁敬、吴颖芳、魏之绣、奚冈）、“七布衣”（清代浙江永嘉人季碧山、黄巢松、祝圣源、梅方通、计化龙、周士华、张丙光）、“燕山十布衣”（清代石永宁、李锴、马长海、王兰谷、陈石间、王长住等人）等等。所谓布衣者，即无功名和官职之人。以布衣称诗者，历朝历代并不乏见。

以“七布衣”为例，清代乾隆、嘉庆年间，温州平民中出了几位颇有名气的诗人，诗风刚健清新，自然本色，富有生活气息。外地人经常慕名来访，即使考取功名者对他们也刮目相看，一时传为美谈。比较著名者共有七人，分别是菜贩季碧山、营卒黄巢松、茶馆跑堂祝圣源、鱼贩梅方通、理发师计化龙、铁匠周士华、银匠张丙光，又号称“市井七子”。当然，这七人已经不属于传统意义上的文人了，但是这个称号属于并称确实毫无异议了。

同为道士的。如“南七真”（宋代张伯端、石泰、薛道光、陈楠、白玉蟾、刘永年、彭耜）、“北七真”（金代马钰、谭处端、刘处玄、丘处机、王处一、郝大通、孙不二）等。

以“北七真”（即“全真七子”）为例，七人为道教全真道创始人王重阳的七位嫡传弟子，即马钰（丹阳子）、丘处机（长春子）、谭处端（长真子）、王处一（玉阳子）、郝大通（广宁子）、刘处玄（长生子）和马钰之妻孙不二（清静散人）。这个案例大家相对熟悉一点，更多的人知道这个名称还是来自于金庸的《射雕英雄传》，其实在书中还有一个七人组合，即“江南七怪”，只是“江南七怪”在历史上是查不到其人的，但“全真七子”却是真实的历史人物。全真七子虽为道士，但文化素养都比较高，并留下了丰富的著作，丘处机即为其代表。丘处机著有《磻溪集》《鸣道集》，从其保留下来的470多首诗和150首词看，丘处机继承了唐诗宋词之长，不追求辞藻之华丽，自有朴实、流畅、明快之风格。他把写诗填词作为宣传道教理论、谈机锋、唱玄的一种方式，许多与文人学士唱和的诗词中都表现出共同研讨中国传统文化的内容，还有部分诗词直接反映社会状况和人民生活，也具有强烈的现实主义精神。

同为和尚的，如“京江三上人”（清代达瑛、悟霈、巨超）、“焦山六上人”（清代释巨超、释觉灯、释觉诠、释了禅、释大须、释圣教）等。上人，指持戒严格并精于佛学的僧侣，在古文中的上人一般是对长老和尚的尊称。

以“浮石三和尚”（明末清初颠和尚周昌会、醉和尚周元懋、野和尚周齐曾）为例，清代全祖望《甬上族望表》卷下“浮石周氏”条：“自福建运使保始。今列礼部尚书谥文穆应宾，殉难知江都县志畏，知通城县昌会，知思南府元懋，知顺德县齐曾，诸生昌时，监军元初，监军元越，诸生志文，为九望。”九望中“披缁者三：通城佯狂以死，此谓颠和尚者也；思南沉湎以死，所谓醉和尚者也。顺德苦身持力不入市城以死，谓野和尚者也”，是为浮石三和尚。

当然，也有特殊情况，还有儒、道、释三家混合并称的，如“九峰三逸”，指的是清代康熙、雍正间诗人杜诏与道士荣涟、僧天钧三人的并称。清顾光旭《梁溪诗钞》卷五十八：“妙复，字天均，住锡山石林庵，与荣道士洞泉、杜太史云川结诗社，号‘九峰三逸’。”

还有同为人家女婿的而并称的，如“陆氏二坦”，指的就是清初沈季友、张培源，俱为陆棻的女婿。清代康熙年间，东湖以陆棻为中心，形成了一个诗酒流连、扬风扢雅的诗社组织，其成员包括陆竞烈、陆棻伯兄世楷，还有“陆氏二坦”沈季友与张培源二快婿，又有陆氏“苏门四学士”之称的孙眉光、叶之淇等①。

十五、因刻集或选集并称

因刻集或选集并称是指因同刻于一部集中而被人并称。

以“宋四家”（周邦彦、辛弃疾、王沂孙、吴文英）为例，清代

① 孙植，罗时进．清代浙西平湖文学社群考述——以“东湖”“洛如”“艺舫”为中心［J］．河北学刊，2013（4）：81－85.

周济编选《宋四家词选》，序曰："清真，集大成者也。稼轩敛雄心，抗高调，变温婉，成悲凉。碧山餍心切理，言近旨远，声容调度，一一可循。梦窗奇思壮采，腾天潜渊，返南宋之清泚，为北宋之秾挚。是为四家，领袖一代。"

这类并称较为零散，或为同朝代，或为同流派，或为同地域，等等，只因为同为刻集而并称，大多属于广义的文人并称范畴，只有极少数被经典化，成为狭义的文人并称范畴。实际上，有相当一部分仅具有符号的价值和意义，如下面这个例子中的"宋四家"。

《四库全书总目提要》卷一百九十一集部四十四《总集类存目一·〈宋四家诗〉四卷（两江总督采进本）》："不着编辑者名氏。一为施枢《渔隐横舟稿》，一为徐集孙《竹所吟稿》，一为林希逸《竹溪十一稿》诗选，一为敖陶孙《臞翁诗集》。不解何以取此四家，配为一集之意。殆偶得《宋名贤小集》之残本，装为一册也。"

此外，还有部分特殊的例子，如"双白"，姜夔有词集《白石道人歌曲》，张炎有词集《山中白云词》，因刻集中俱有一个"白"字，因以得名。又如"二余"，清代乾隆年间浙江布政使归朝煦之妻李心敬、女归懋仪，母女皆有诗名，分别著有《蠹余草》《绣余小草》，后人以之并称"二余"，辑《二余诗草》行世。

十六、因特长事物而并称

因特长事物而并称是指因特长于某一事物而被并称。如"沈诗任笔"（南朝沈约、任昉）、"崔黄叶王黄叶"（清初崔华、王苹）、"洛中二绝"（唐代画家吴道子，五代梁书法家杨凝式）、"河东三绝"（唐初韦曷善判、李亘工书、徐彦伯属辞）、"三绝"（明代徐祯卿善诗、祝枝山工书、沈周擅画）等。

以"崔黄叶王黄叶"为例，清陈康祺《郎潜纪闻二笔》卷十六

《崔黄叶王黄叶》："国初诗人崔不雕，渔洋房考门人也。居太仓之直塘，性孤洁寡合，吴梅村祭酒目为直塘一崔。《居易录》称崔华诗清异出尘，有句云：'丹枫江冷人初去，黄叶声多酒不辞。'人目为'崔黄叶'。又历城王进士苹，能诗，尝有句云：'乱泉声里才通屐，黄叶林间自着书。'又云：'黄叶下时牛背晚，青山缺处酒人行。'渔洋亦目之为'王黄叶'。"崔黄叶、王黄叶均为诗人因擅写诗而得的雅号，因以并称。

再以"三绝"为例，分别代指明代徐祯卿、祝枝山、沈周。清代朱彝尊《静志居诗话》卷十《徐祯卿》："徐祯卿，字昌縠，一字昌国，吴县人。……又云：'吴中如徐昌縠诗，祝希哲书，沈启南画，足称三绝。'"

这类并称比较典型的就是书画家的并称，大部分都是因其善画的事物而并称，如"韩马戴牛"，是指唐代画家韩滉、戴嵩分别以善画马、牛而并称；又如"二绝"，指的是宋代画家张象外、陈容。陈容所作《云龙图》自序有云："余善画龙，友人张象外善画龙水，时称'二绝'。"

十七、因长相容貌而并称

因长相容貌而并称是指并称之人物因长相容貌具有显著的特点而并称。以"沈腰潘鬓"（南朝梁沈约、西晋潘岳）为例，"沈腰"是指南朝梁沈约的腰很细；"潘鬓"是指西晋潘岳的鬓发很美。南唐李煜《破阵子》词中有"一旦归为臣虏，沈腰潘鬓消磨"之句，形容美貌的男子。

以"海内三髯"（清代陈维崧、姜宸英、康乃心）为例，清代钮琇《觚賸》卷二《吴觚·赋梅释云》："余所交海内三髯，一为慈溪姜西溟，一为郃阳康孟谋，其一则阳羡生陈其年也。其年未遇时，游于广陵，冒巢民爱其才，延致梅花别墅。”

又如“髯金瘦厉”（清代金农、厉鹗），清朝乾隆年间，浙江钱塘（今杭州）金农以书画著称，厉鹗以诗词出名，二人一髯一瘦，时称“髯金瘦厉”。清代陈康祺《郎潜纪闻二笔》卷九“髯金瘦厉”条：“樊榭先生之诗词，与金农冬心之书画，乡里齐名，人称‘髯金瘦厉’。”

再如“四皓”（南朝齐徐伯珍兄弟四人），明代张岱《夜航船》卷五《伦类部·时称四皓》：“徐伯珍少孤贫，以箬叶学书，杜门十九年，淹贯经史，累召不出。兄弟四人俱白首，时称‘四皓’。”

这类并称虽非是直接以文学因素命名，但人们在谈论这类并称群体时，往往是因为其文人的身份，甚至是文人自我标榜的手段，因此，此类非文学因素导致的文人并称，不仅不会让人忽视他们的文学业绩，有时反而会为其名声增添几分乐趣。

十八、其他并称

这里指不便分类的或数量较少的其他并称。

因沿袭已有并称而并称，如前面已经提及的“双丁/二陆/二难/两难/二苏/两苏”，前人已有之，后人多沿袭这个词语而称呼，这是非常普遍的。在这里笔者还是要举两个案例说明一下：

一是“曲中李杜”（元代乔吉、张可久），“李杜”大家自然知道指的是谁，而“曲中李杜”则属于仿照并称了，其出处见于明代李开先《闲居集》卷五《乔梦符小令序》云：“元以词名代，而乔梦符其翘楚也。……梦符不但长于小令，而八杂剧、十数散套可高出一世。予特取其小令刻之，与（张可久）小山为偶。元之张、乔，其犹唐之李、杜乎！”

二是“女卢骆”（清代骆绮兰、卢元素），清末民初施淑仪《清代闺阁诗人征略》卷六《卢元素》：“元素，字净香，江苏江都人。钱东侧室。净香与骆佩香唱和，齐名一时，有‘女卢骆’之号。画亦相埒（正始集）。”①

前者是模仿其成就，后者是模仿其男性并称。

因封号而并称，如“纪越”，指的就是唐初纪王李慎（？—689）、越王李贞（627—688）。《新唐书·列传第五》：“纪王慎，始王申，后徙纪，食户八百。贞观中，迁襄州刺史，以治当最，天子玺书劳勉，人为立石颂德。二十三年，进户至千。文明初，累迁太子太师、贝州刺史。慎少好学，善星步，与越王齐名，当世号‘纪越’。”

因姓名含有相同偏旁部首而并称。如“五金一玉”，指的是清代严锦、严钤、赵铭、徐銮、徐锦、石中玉。六人中有五人的名字中还有“金”字，一人还有“玉”字，因以并称。

因为人处事方式而并称。如“热周冷许”，指的是清代周篔、许箕。清末海宁学者蒋学坚（子贞）《怀亭诗话》卷三：“梅里周篔、许箕并以能诗名。周好干谒公卿，而许则杜门不出，人以‘热周冷许’称之。许尝客吾硖，故《硖川续志》列入《寓贤》中。衎庐得其手书尺牍十余通，字亦甚佳，不独工于吟咏也。末有图印，即‘冷许’二字。”

因籍贯中还有相同字而并称。如“浙东三海”。清代傅濂、厉志、姚燮。傅濂为浙江临海人，厉志为浙江定海人，姚燮为浙江镇海人，三人均工诗善画，因以称之为“浙东三海”。《台州府志》：“傅濂，字啸生，临海人，廪膳生。能诗，有文名，工浅绛山水及墨竹，浅色花卉，有大家风范。然不轻为人作，后客四明，墨迹流传颇多，与定海厉骇谷、镇海姚梅伯，并称‘浙东三海’。”

---

①　施淑仪．清代闺阁诗人征略［M］．台北：明文书局，1985：326.

因从事的行业相同或职务与职责相同的并称，这种划分方式要求并称的人物不一定时代相同，只要求必须同一行业或职务与职责相同。如："秦淮四美""秦淮八艳"等。在这里不将"秦淮四美""秦淮八艳"视作因长相容貌而并称。

因多种特征相同而并称，如"三同"，指的是宋代章惇、晁端彦。两人同年生、同榜及第、同为馆职，因以称之。宋朱弁《曲洧旧闻》卷五："章子厚与晁秘监美叔，同生乙亥年，同榜及第，又同为馆职，常以'三同'相呼。元祐年间，子厚有诗云：'寄语三同晁秘监'，寄语乃谓此也。"又如"五同"，指的是明代吴宽、陈璚、李世贤、吴禹畴、王鏊。明代吴宽《家藏集》卷四十四《五同会序》："吴人出而仕者率盛于天下，今之显于时者仅得五人，曰都御使长洲陈玉汝、礼部侍郎常熟李世贤、太仆寺卿吴江吴禹畴、吏部侍郎古吴王济之及予为五人。……同时也，同乡也，同朝也，而又同志也，同道也，因名之曰'五同会'，亦曰同会者五人耳。"明代丁姓画师作有《五同会图》，画卷引首有蔡之定篆书"五同会图"，钤"蔡之定印""柽榖山人"印二方。原题跋已不存。现卷后有清嘉庆十一年（1806）翰林院编修颜莼抄录的吴宽《五同会序》和《五同会诗》《新岁与玉汝、世贤、禹畴、济之为五同会，玉汝以诗邀饮，因次韵，时玉汝初治楚狱还》二诗，王鏊《和原博韵题五同会后》《次韵玉汝五同会》二诗，陈仁锡（陈璚族孙）跋，陈鹤（陈璚十一世孙）赞五首及颜莼本人跋，其后又有嘉庆十二年（1807）翁方纲跋、秦瀛跋、翁方纲题诗、法式善跋，嘉庆十三年（1808）初彭龄题诗，嘉庆十五年（1810）韩是升题跋，嘉庆十四年（1809）仲冬蔡之定题跋以及李锡题诗、姚鼐题诗、倪伯敬题诗等。

因天干地支相同而并称，如"四壬子"，指的是陶渊明、杜甫、白居易和方文四位同生于壬子年的诗人。中国传统的干支纪年法，以天干与地支搭配，每六十年循环一次，按照这种纪年法，历史上每隔六十年，便有一茬生年干支完全相同的人出生，其概率还是比较大的。但是具体到历史上同为著名的作家，则概率小得多。明末清初时期的诗人方文，因自己生于明末万历四十年壬子（1612），便将自己与前代陶渊明（是否生于壬子年尚有争议）、杜甫（生于唐玄宗先天元年壬子）、白居易（生于唐代宗大历七年壬子）这三位“同生壬子年”的著名诗人一起，托请画家戴苍绘有《四壬子图》，后来这件事就被传为艺苑佳话了，从而也产生了“四壬子”这么一组诗人并称。

再看“潘江陆海”这个例子，《施淑仪集·湘痕笔记》：“潘星斋侍郎夫人陆韵梅，字琇卿。陆祁孙先生集中称以琇卿族妹者也。与侍郎同年生，颇有闺房唱和之乐。年七十一，又与侍郎同日卒。同时汪允庄赠以小印曰：‘潘江陆海’。”① 这里说的是清代潘曾莹、陆韵梅夫妻并称。夫妇二人工诗善画，时人拟之“潘江陆海”。

此外，还有一些非常有趣的、稀奇古怪的并称，例如“一龙”，从字面意思来看，怎么也看不出并称之意来，实际上这是一个比较有名的典故，说的是汉末华歆、邴原、管宁三个人的事。《三国志·魏志·华歆传》：“华歆字子鱼，平原高唐人也。”裴松之注引三国魏鱼豢《魏略》：“欲与北海邴原、管宁俱游学，三人相善，时人号三人为‘一龙’，歆为龙头，原为龙腹，宁为龙尾。”

又如“乾隆毗陵文坛神仙鬼怪”，这个并称也很独特，指的是清代管世铭、周景益、赵翼中、沈霖四人的并称，周景益，字星颉，号宿航，清武进人。乾隆三十六年（1771）进士。工诗文，时人称管世铭、周景益、赵翼中、沈霖为乾隆毗陵文坛的神、仙、鬼、怪。

---

① 施淑仪．施淑仪集［M］．北京：人民文学出版社，2011：714.

当然，以上类别的划分方式亦非完美，更未必是完全正确，有些命名方式还是有待商榷的，如“元白”既可划入同名望成就并称，也可划入同流派风格并称，主要还是要看表述时的侧重点，个人倾向于将“元白”划入到同名望成就并称（尽管后世认为白居易比元稹的成就大一些，但当时名望还是相当的），而将“元轻白俗”划入到同流派风格并称。另外，一个并称前面加不加修饰语，则也会影响其划分方式，例如以同姓并称举例，前面加地名，则是因同地域而并称；前面加社团，则变成了因同社团并称，这些都是需要注意的。

第五章　扫眉才子的并称与兴起

女子作家并称之所以单独作为一节，笔者主要是基于两个方面的原因，一是女子作家并称的数量较为稀少，历年来的研究成果亦比较薄弱，需要引起高度重视并加以深入研究；二是在研究作家并称成绩斐然的专家之中，张珊博士（山东桓台人）、陈凯玲博士（广东广州人）恰恰都是女士，两人对于并称的研究均有开创之功，《中国古代作家并称研究》《清代诗人并称群体研究》在并称研究史上均具有里程碑的意义。出于敬意，因此将女子作家并称作为一节单列。笔者曾作诗一首，幻想在文人并称研究的领域，也能如同古代一样，取得个“南陈北姜”或是“东姜西张”之类的并称，当然这只是一句玩笑话，两位扫眉才子和众位读者不必当真。

第一节　扫眉才子并称概述

在中国历史上，出现过许多才华横溢的女子，她们或出身于书香门第，或长于豪门望族，或来自民间市井，或落魄烟花柳巷，但由于所处环境不同、遭遇不同，其文风各具特色、各有千秋，或温柔敦厚、或清空醇雅、或婉约缠绵、或凄楚悲恸、或豪放激越，那一行行美丽的诗句，犹如一簇簇含香的奇花异葩，在中国古代文学史上留下了不可磨灭的一页。中国古代女性文学虽然数量较少，然而却具有鲜明的特点。女性较男性来说感情更为细腻，内心活动更加丰富，自我意识也更强。与很多男性文学作品中流露的或渴望建功立业、或忧国忧民、或寄情山水不同，女性文学更多关注感情生活和自我价值的认同，从而使我们得以领略古代女性文学的不同特点及其风采。

至于女性的文学创作始于何时？至今没有确说。在中国现存最早的诗歌总集《诗经》里，已载有一篇女性所抒写的诗篇，即《鄘风·载驰》。《毛诗正义》曰："《载驰》，许穆夫人所作也。闵其国颠覆，自伤不能救也，卫懿公为狄人所灭，国人分散，露于漕邑。许穆夫人闵卫国之亡，伤许之小，力不能救，思归吊其兄，又义不得，故赋是诗也。"《诗经》305 首诗，作者可考的不过几十位，许穆夫人是其中仅有的一位女性。

女性文学自许穆夫人开始，就涌现了一批又一批的作家，如汉魏六朝时期的班婕妤、班昭、徐淑、蔡文姬、左芬、鲍令晖等；隋唐五代时期的李冶、薛涛、鱼玄机、花蕊夫人等；两宋时期的李清照、吴淑姬、朱淑真、严蕊、张玉娘等；元代的管道昇、薛慧英、黄嗣贞、曹妙清等；明清时期的柳如是、徐灿、顾太清、汪端、吴藻等。真可谓人才辈出，代不乏人。但因历史发展、时代环境和教育条件等各方面的影响，古代女性作家及其创作相对男性而言还是比较薄弱。

自古以来，女性文学一向不被人重视，在古代文学史上，女性作家，不少集子散佚，或者作品流传甚少，还有的失去了姓名，资料更是少得可怜。实际上，古代女性在文学艺术上的才能和成就是多方面的，譬如琴棋书画、诗词曲赋、翰墨书画、乐舞歌奏、小说戏剧、弹词话本、杂论史述等领域均可圈可点，但较少见于正史，或即使入了正史，篇幅亦非常之少。其实，并不是女子文学在思想或才情上不够，而是古代著史者对女子在性别上有歧视，大多带有一种偏见或打压的态度。如清代章学诚《文史通义》卷五《附录·诗话佚文》：

> 古今妇女之诗比于男子，诗篇不过千百中之十一，诗话偶有所举，比于论男子诗，亦不过千百中之十一。盖论诗多寡必因诗篇之多寡以为区分，理势之必然者也。今乃累轴连篇，所称闺阁之诗，几与男子相埒。甚至比连母女姑妇，缀和娣姒姊妹，殆于家称王、谢，户尽崔、卢。岂壶内文风，自古以来，于今为烈耶？君子可欺以其方，其然，岂其然乎？且其叙述闺流，强半皆称容貌，非夸国色，即诩天人，非赞联珠，即标合璧，遂使观其书者，忘为评诗之话，更成品艳之编，自有诗话以来所未见也。[①]

章学诚对此现象不仅有些疑虑，甚至有些痛心疾首，对妇女从事抛头露面的文学活动更是反对。在他心目中认为女子诗占男子诗“千百中之十一”这个数量评估才属正常，然而到了清代中期，居然“累轴连篇，所称闺阁之诗，几与男子相埒”，实属异常，但他却不经意地证明了这样一个事实：女子教育的普及、女子写作的广泛、女子才华的揄扬，这的确是明清时期，尤其是晚明至晚清势不可挡的社会风气，“自古以来，于今为烈”。这个论点，在胡文楷《历代妇女著作考》一书中得以确证，书中共收录中国古代女性作家4 000余位，虽不是女作家的全部，但稍有名望的都收录其中，在《中国古代妇女文学研究的现代起点及其拓展——胡文楷〈历代妇女著作考〉的价值和意义》一文中（载《江西社会科学》2008年第7期），张宏生、石旻对《历代妇女著作考》著录的女性文人做了统计：汉魏六朝共33人，唐五代22人，宋辽46人，元代16人，明代近250人，清代3 660余人，由此可见明清女性文学的发达。正是因为群体的繁荣，因此在清

① 章学诚．文史通义校注［M］．北京：中华书局，1985：567.

代也出现了相当一批的女子作家并称。

不过同众多的男性作家并称相比，女性作家并称在历史上更是当得上罕见一词，根据笔者广泛搜集，亦不过寥寥不到百家而已（男女作家混合并称除外），不过是男作家并称之百分之二三。可以说，在明清以前，女子作家并称可谓凤毛麟角，这主要是女子文学创作欠发达所致。此种状况大约在明代中叶以后得到改变，开始呈现出繁荣态势，至清代才取得了长足的发展。据笔者统计，汉代 2 例，魏晋南北朝 1 例，隋唐 3 例，辽宋金元 2 例，合计尚不足 10 例，仅占一成左右；明代 22 例，占两成左右；清代 67 例，占六成左右；另有跨代 8 例。具体情况详见下表。

中国历代扫眉才子并称表

朝代	序号	女才子并称名称	女才子并称之人物
汉代	1	班蔡	班婕妤、蔡文姬
	2	班蔡	班昭、蔡文姬
魏晋南北朝	1	二媛	鲍令晖、韩兰英
隋唐	1	女冠三杰/唐朝三大女诗人	薛涛、李冶、鱼玄机
	2	唐代四大女诗人	薛涛、李冶、鱼玄机、刘采春
	3	五宋/宋氏五学士	宋若莘（一作宋若华）、宋若昭、宋若伦、宋若宪、宋若荀
辽宋金元	1	朱李/两宋女作家双子星座	李清照、朱淑真（贞）
	2	宋代四大女词家	李清照、朱淑真、吴淑姬、张玉娘

续　表

朝代	序号	女才子并称名称	女才子并称之人物
明	1	杨林	杨慧林、林天素
	2	王林	王友云、林天素
	3	申归	申蕙、归淑芬
	4	二呼	呼举、呼祖
	5	吴门二大家	徐媛、陆卿子
	6	闺阁二难	方孟式、方维仪
	7	二南	夏惠吉、夏淑吉
	8	二商	商景兰、商景徽
	9	明初三秀	孟淑卿、朱妙端、陈德懿
	10	吴江三沈	沈大荣、沈倩君、沈静专
	11	叶氏三姐妹	叶小纨、叶纨纨、叶小鸾
	12	方氏三贞/方氏三节	方孟氏、方维仪、方维则
	13	风尘三隐	周羽步、柳如是、顾横波
	14	一门四秀	沈宜修、叶纨纨、叶小纨、叶小鸾

续　表

朝代	序号	女才子并称名称	女才子并称之人物
明	15	秦淮四美/秦淮四姬/秦淮四美人	马守贞（号湘兰）、赵彩姬（字今燕）、朱无瑕（字泰玉）、郑如英（字无美，小名妥）
	16	桐城“诗坛五姊妹”	方孟式、方维仪、方维则、吴令仪、吴令则
	17	女中七才子	冯小青、王微（字修微）、尹韧荣、杜琼枝、刘玄芝、徐安生、佘五娘（全部待考）
	18	女中七才子	吴绡、浦映绿（字湘青）、沈宜修、王凤娴、徐媛、佘尊玉、陆卿子（名服常）
	19	诗媛八名家	王端淑（玉映）、吴琪（蕊仙）、吴绡（冰仙）、柳隐（如是）、黄媛介（皆令）、季娴（静娩）、吴山（岩子）、卞梦珏（玄文）
	20	秦淮八艳	寇白门、卞玉京、顾眉生、董小宛、柳如是、李香君、陈圆圆、马湘兰
	21	诗媛十名家	吴绡、吴琪、柳如是、吴山、卞梦钰、王端淑、顾贞立（原名文婉，字碧汾）、黄媛介、浦映绿、季娴
	22	十二钗	刘、董、罗、葛、段、赵、何、蒋、王、杨、马、褚（全名待考）
清代	1	钱方	钱孟钿、方芷斋
	2	女卢骆	骆绮兰、卢元素
	3	双绝/江南双绝	恽冰、马荃

续　表

朝代	序号	女才子并称名称	女才子并称之人物
清代	4	联璧	沈友琴、沈御月
	5	冒氏两画史	金玥、蔡含
	6	双璧	彭琬、彭琰
	7	双璧	李嫩、陆瑛
	8	珠潭双秀	陆向英、陆向芝
	9	闺阁二难	孙云凤、孙云鹤
	10	闺阁二难	席佩兰、孙云凤
	11	二孙/浙西二孙	孙云凤（碧梧）、孙荪意（苕玉）
	12	二余	李心敬、归懋仪①
	13	吟闺二杰	静庵、敬庵
	14	两女士	金逸、汪玉珍
	15	西湖两女士	汪逸珠、陈妙云
	16	后西湖两女士	吴苹香、顾螺峰
	17	闺中二陆	林桂芳（一作枝芳）、林金城
	18	韩氏二孝女	韩鸾仪、韩凤仪
	19	彤奁双璧	戚桂裳、赵韵花

① 二人分别为清乾隆间浙江布政使归朝煦之妻、女，母女皆有诗名，分别著有《蠹余草》《绣余小草》，后人以之并称“二余”，辑《二余诗草》行世。

续 表

朝代	序号	女才子并称名称	女才子并称之人物
清代	20	周浦二冯	冯履端、冯履莹
	21	二谈女史	谈印莲、谈印梅
	22	湘潭二周	周诒蘩、周翼杶
	23	蒋氏两才女	蒋桂芬、蒋左贤
	24	二左	左锡璇、左锡嘉
	25	宫闱二妙	固伦、瑜妃
	26	徐吴二夫人/吴徐两夫人	徐自华、吴芝瑛
	27	大小徐/浙西二徐/玉台双妙	徐自华、徐蕴华
	28	彭城三秀	吴黄、沈榛、蒋纫兰
	29	吴门三才女	叶素娘、吴蕙芳、吴茜云
	30	袁家三妹/袁氏三妹/随园三妹	袁机、袁杼、袁棠
	31	吴江三女	王素芬、袁湘佩、陆兰姹
	32	孙氏三妹	孙云凤、孙云鹤、孙云鹏
	33	兰闺三友	席佩兰、屈秉绮、归懋仪
	34	丹徒三鲍/京江鲍氏三女/京江鲍氏三女史	鲍之兰、鲍之蕙、鲍之芬
	35	闺中三大知己	席佩兰、金纤纤、严蕊珠

续　表

朝代	序号	女才子并称名称	女才子并称之人物
清代	36	都门三闺秀	李佩金、杨蕊渊、陈雪兰
	37	叶氏三姐妹	叶慧光、叶金支、叶鱼鱼
	38	胡氏三才女	胡慎仪、胡慎容、胡慎淑
	39	孝绰三妹	何佩玉、何佩珠、何佩芬
	40	三秀	吴朏、李玉燕、曹鉴冰
	41	三女史	潘焕荣、潘焕吉、杨清材
	42	吴江三节/吴江三节妇	董云鹤、顾佩芳、袁希谢
	43	归安三女史/菱湖三女史	谈印梅、谈印莲、孙佩芬
	44	范氏三女史	范德芳、范德俊、范德媗
	45	赵氏三女	赵粹媛、赵慧媛、赵英媛
	46	三苹香	吴藻、杨凤姝、阮玉芬
	47	清代女子词坛三大家/清代三大女词人/清代闺秀三大家	徐灿、顾太清、吴藻
	48	岭南三大女诗人/晚晴粤东三大女诗人	叶璧华、黎玉珍、范荑香
	49	兰陵三秀	赵云卿、赵书卿、赵韵卿
	50	左氏三姐妹	左锡惠、左锡璇、左锡嘉

续 表

朝代	序号	女才子并称名称	女才子并称之人物
清代	51	三才女/罗氏三才女	罗敬贞、罗佩贞、罗季贞
	52	淮西三吕/淮南三吕/吕氏三姊妹	吕惠如、吕美荪、吕碧城
	53	祁门四女诗人	商景兰、祁德渊、祁德琼、祁德茝
	54	随园四女孙	袁嘉、袁绶、袁淑、袁妽
	55	毗陵四女/张氏四英/张氏四女/毗陵四才女/张氏四姐妹/阳湖张氏四女	张缙英、张𦈡英、张纶英、张纨英
	56	王氏四才女	王采蘩、王采藻、王采芹、王采苹
	57	左氏四姊妹	左孝瑜、左孝瑸、左孝琳、左孝琪
	58	清代四大女词人	徐灿、顾太清、吴藻、吕碧城
	59	蕉园五子	林以宁、柴静仪、顾姒、钱凤纶、冯娴
	60	袁氏五女	袁妽、袁淑、袁嘉、袁绶、袁青
	61	章氏六才女	章有淑、章有湘、章有渭、章有娴、章有澄、章有泓
	62	蕉园七子	林以宁、柴静仪、钱云仪、张昊、毛媞、冯娴、顾姒（注：仅为流传说法）
	63	七女张/张氏七女	张学雅、张学鲁、张学仪、张学典、张学象、张学圣、张学贤

续　表

朝代	序号	女才子并称名称	女才子并称之人物
清代	64	荔乡九女/郑氏九女/郑氏九才女	郑镜蓉、郑云荫、郑青苹、郑金銮、郑长庚、郑咏谢、郑玉贺、郑凤调、郑冰纨
	65	十子/吴中十子/林屋十子	张云滋、张芬、陆瑛、李媺、席蕙文、朱宗淑、江珠、沈纕、尤澹仙、沈持玉
	66	随园十三女弟子	孙云凤、孙云鹤、席佩兰、徐裕馨、汪缵祖、汪妽、严蕊珠、廖云锦、张玉珍、屈秉筠、蒋心宝、金逸、鲍之蕙
	67	碧城仙馆十三女弟子	曹兰秀、陆缀芳、顾韶、王兰修、辛丝、张襄、汪琴云、吴规臣、吴藻、陈兹曾、钱守璞、于月卿、史静
跨代	1	唐宋三妇人	唐代薛涛、鱼玄机，宋杨太后
	2	西湖三女士	宋代周菊香，明代冯小青、杨云友
	3	西泠三闺秀	宋代朱淑贞（真），明代杨文俪，清代顾若璞
	4	四大才女/中国古代四大才女	西汉卓文君（一说为班昭），东汉蔡文姬，唐代上官婉儿，南宋李清照
	5	四婵娟	东晋谢道韫，东晋卫茂漪，宋代李清照，元代管仲姬
	6	四妇人	唐代薛涛、鱼玄机，宋杨太后，元孙蕙兰
	7	蜀中四大才女	西汉卓文君，唐代薛涛，五代花蕊夫人，明代黄娥

续 表

朝代	序号	女才子并称名称	女才子并称之人物
跨代	8	中国历史上十大女诗人/中国历史十位女诗词作家	西汉班婕妤，东汉蔡文姬，西晋左芬、苏惠，东晋谢道韫，南朝鲍令晖，唐代薛涛，南宋李清照、朱淑贞（真），清末秋瑾

注：另有三松七子【清汪端《自然好学斋诗钞》卷八《吴门陈无逸女士自写〈三松七子图〉，金碧楼台，绮罗人物，渲染极工，图中七人皆榕皋先生女弟子也，爰题二律》（胡晓明，彭国忠主编《江南女性别集二编》，第505—506页）】、蕉园十子【清代王昶《蒲褐山房诗话新编》（齐鲁书社，1988年1月第1版，卷下第304页）引《青浦诗传》卷三十一曰："启姬在武林，与林亚清以宁、徐淑则德音、王凤娴为'蕉园十子'。"】、十三名媛【清代李绍堃于嘉庆十九年（1814）编选《十三名媛诗草》】、十八女学士【清戈载《绣馀续草序》（胡晓明，彭国忠主编《江南女性别集初编》第662页）："予闻三十年前袁随园太史、任心斋征君，皆有女弟子。太史择能诗者，定十八女学士之称。"】等具体人物不详者。

第二节　扫眉才子并称案例

至于第一对女子作家并称始于何时，已无从考证。目前能够知晓的较早的女子作家并称有汉代的"班蔡"，一说为班婕妤、蔡文姬，一说为班昭、蔡文姬。然皆非其时就并称，均为后人誉之。如清代女作家林雪《柳如是尺牍小引》："琅琅数千言。艳过六朝，情深班蔡，人多奇之。"班婕妤，西汉后期著名的一代才女，曾是汉成帝宠幸的后宫妃子，也是著名的女辞赋家，现存作品仅三篇，即《自伤赋》《捣素赋》和一首五言诗《怨歌行》（亦称《团扇歌》）。班昭兄妹共三人，老大班固，老二班超，班昭最小，继其兄（班固）之遗愿，续《汉书》，著《女诫》，撰《七表》《六志》，人称"曹大家"；蔡文姬名琰，原字昭姬，晋时避司马昭讳，改字文姬，东汉大文学家蔡邕的女儿，是中国历史上著名的才女和文学家。代表作有《悲愤（诗）》《胡笳十八拍》，均在古代文学史上具有显赫名声。

在魏晋南北朝数百年间，笔者能搜集到的女子作家并称仅有一例，见于文学批评家钟嵘《诗品》卷下《齐鲍令晖齐韩兰英》："令晖歌诗，往往崭绝清巧，拟古尤胜。唯百愿淫矣。照尝答孝武云：'臣妹才自亚于左芬，臣才不及太冲尔。'兰英绮密，甚有名篇。又善谈笑，齐武谓韩云：'借使二媛生于上叶，则玉阶之赋，纨素之辞，未讵多也。'"钟嵘将鲍令晖、韩兰英相提并论，缩称为"二媛"，这是具有书证最早的女子作家并称案例之一。

到了唐宋时期，由于商品经济的繁荣、社会风俗的开化，女性有了更多参与社会活动的机会，女性诗人、词人不断增多，由此，中国古代女性文学步入了一个小高潮。在唐朝至少产生了三对女性才子并称。

一是"五宋"。唐朝的宋若莘（《唐诗纪事》作宋若华）、宋若昭、宋若伦、宋若宪、宋若荀五姊妹，个个能文善诗，才思敏捷。父亲宋廷芬，世为儒学。德宗贞元年间（785—804）时，五姊妹奉诏入宫。常与君臣唱和，每有新作，满朝曰"善"，德宗"高其风操，不以妾侍"，称呼她们为学士、先生，时称"五宋"。五姊妹中，若昭、若宪的成就更高些，穆宗时拜为尚官。两姊妹历经德宗、穆宗、敬宗、文宗四朝，宫廷皆呼为先生。宋若莘著、宋若昭注的《女论语》，流行较广，曾长期为女学童的教材，和班昭的《女诫》都是妇女书中的名作。唐代诗人王建曾写《宋氏五女》诗，对五姐妹评价很高。"五窦"之中的窦常，也写过一首《过宋氏五女旧居》诗："谢庭风韵婕妤才，天纵斯文去不回。一宅柳花今似雪，乡人拟筑望仙台。"对同入宫的宋氏五姐妹的文学才华表示倾慕。

二是“唐代四大女诗人”。唐代的诗歌是中国诗歌的巅峰与代表，据考证，在唐朝至少出现了200多位女诗人。尽管在诗坛众多耀眼的“巨星”当中，女诗人只有为数不多的几位，但也散发着自己的独特光芒。其中，李冶、薛涛、鱼玄机、刘采春最为著名，她们被并称为“唐代四大女诗人”。唐代女诗人留下趣闻轶事最多的是薛涛，留下遗迹最多的也是薛涛。史载：薛涛姿容美艳，生性敏慧，八岁能诗，洞晓音律，多才艺。幼时随父亲薛郧定居成都，稍长，有艳名，父殁后，飘零动荡，十六岁时，韦皋镇蜀，呼之赋诗侑酒，遂入乐籍。其后袁滋、刘稹、高崇文、武元衡、李夷简、王播、段文昌、杜元颖、郭钊、李德裕相继镇蜀，她都以歌伎兼清客的身份出入幕府。韦皋曾拟奏请朝廷授以秘书省校书郎的官衔，虽格于旧例，未能实现，但人们往往称之为“女校书”。薛涛后脱乐籍，终身未嫁，定居浣花溪，晚年好作女道装束，在清幽的生活中度过余生。作为女冠诗人杰出代表，薛涛善歌舞，工诗词，曾创深红小笺写诗，人称“薛涛笺”。其书法，无女子气，其行书妙处，颇得王羲之神韵，为时人推重，可惜无有流传。论才情人品，唐代女诗人中薛涛当数第一。王建《寄蜀中薛涛校书》诗云：“万里桥边女校书，枇杷花里闭门居。扫眉才子知多少，管领春风总不如。”蜀人又把薛涛与卓文君、花蕊夫人、黄娥称为“蜀中四大才女”。

三是女冠三杰。薛涛、李冶、鱼玄机又被称为“女冠三杰”。李冶，字季兰，中唐初期浙江乌程（今浙江吴兴）人，女道士，是中唐诗坛上享受盛名的女冠诗人。李冶的诗以五言擅长，多酬赠谴怀之作。其诗《相思》赋尽天下相思苦：“人道海水深，不抵相思半，海水尚有涯，相思渺无畔。携琴上高楼，楼虚月华满，弹着相思曲，弦肠一时断。”刘长卿对李冶的诗极其赞赏，称她为“女中诗豪”。鱼玄机字幼微，一字蕙兰，生卒年不详，唐人皇甫枚《三水小牍》载：

“西京咸宜观女道士鱼玄机，字幼微，长安里家女也。”鱼玄机可能是唐代留下诗作最多的女诗人，《全唐诗》现存有五十首之多。最著名的一首或许当属《赠邻女》：“羞日遮罗袖，愁春懒起妆。易求无价宝，难得有情郎。枕上潜垂泪，花间暗断肠。自能窥宋玉，何必恨王昌。”其中的“易求无价宝，难得有情郎”成为千古名句。

宋代女性文学进一步繁荣，出现了魏夫人、李清照、孙道绚、朱淑真、吴淑姬、张玉娘等一大批女词家。李清照和朱淑真更是被后人称之为“宋代女作家双子星座”。但两人生前并无并称之语，李清照生前名满天下，而朱淑真在南宋150年间，却是默默无闻，与李清照齐名的则是魏夫人。南宋大儒朱熹在《朱子语类》卷一百四十中云：“本朝妇人能文，只有李易安和魏夫人。”① 直到元代以后，朱淑真作品集传刻渐广，她也逐渐为人所注目。特别是到了明代，朱淑真的知名度和影响力日益扩大，堪与李清照肩随，宋代两位才女得以齐名并称。

李清照是南宋著名女词人，父李格非为“苏门后四学士”之一，是当时著名学者。夫赵明诚为金石考据家。又因辛弃疾字幼安，李清照号易安居士，两人均为济南人，分别代表古代词坛“婉约派”“豪放派”的最高成就，清代王士禛将李清照（号易安居士）与辛弃疾（字幼安）并称为“济南二安”。清代沈谦则赞叹：“男中李后主，女中李易安，极是当行本色”，因此又有“词家二李”之说。

朱淑真是南宋初女作家，号幽栖居士，朱淑真籍贯身世历来说法不一，《四库全书》中定其为“浙中海宁人”，一说“浙江钱塘（今浙江杭州）人”。祖籍安徽歙州（州治今安徽歙县），南宋初年时在世。生于仕宦家庭，相传因婚嫁不满，抑郁而终。其诗词多抒写个人

① 朱熹．朱子语类［M］．北京：中华书局，1986：3332.

爱情生活，早期笔调明快，文辞清婉，情致缠绵，后期则忧愁郁闷，颇多幽怨之音，流于感伤，后世人称之曰“红艳诗人”。朱淑真书画造诣也相当高，尤善描绘红梅翠竹，其能力非寻常深闺女子可比。有诗集《断肠集》、词集《断肠词》。

较早将两人相提并论的见于元代杨维桢的《东维子集》卷七《曹氏雪斋弦歌集序》：“女子诵书属文者，史称东汉曹大家氏。近代易安、淑真之流，宣徽词翰，一诗一简，类有动于人。”到了明代，朱、李并称，更是常见。

吴淑姬、张玉娘与李清照、朱淑真合称“宋代四大女词家”或“宋词名媛四大家”，多见于现当代文学评论。专著类的如谭正璧《中国女性文学史》第五章中：“宋代女词人以地位著名的，有魏夫人和孙夫人；以作品著名的，有李清照、朱淑真、吴淑姬、张玉娘，被称为四大词家。”① 苏者聪《宋代女性文学》：“吴淑姬是宋代‘四大女词家’之一，与李清照、朱淑真、张玉娘并称。”② 文化常识类的，如《文化常识一本通》写道：“宋代四大女词人是指李清照、朱淑真、吴淑姬、张玉娘。”③ 词学论文类的，如杨果、廖寅《宋代才女现象初探》也说：“宋代才女的规模是可观的，她们当中著名的作家有号称宋代‘四大女词人’的李清照、朱淑真、吴淑姬、张玉娘。”④ 但近年来，雷艳平对此提出了异议，她认为：“李清照、朱淑真并称已久，从作品、声望乃至各位词论家的评论，二人皆名至实归。张玉娘在宋末大放异彩，也是名副其实。吴淑姬作品流传甚少，且词评家仅以‘慧黠’二字评之。魏夫人词与秦七、黄九争雄，却不入列。经考

① 谭正璧．中国女性文学史［M］．天津：百花文艺出版社，1991：210.

② 苏者聪．宋代女性文学［M］．武汉：武汉大学出版社，1997：19.

③ 肖辅臣．文化常识一本通［M］．北京：中国商业出版社，2008：318－319.

④ 漆侠．宋史研究论文集：国际宋史研讨会暨中国宋史研究会第九届年会编刊［M］．保定：河北大学出版社，2002：609.

证推理，认为李、朱、吴、张为‘宋代四大女词人’之说依据并不充足，宋代四大女词人应该是李清照、朱淑真、魏夫人、张玉娘。”“鉴于‘宋代四大女词人’说法早已约定俗成，我认为这四人可以称为‘宋代四大闺阁女词人’，实际上她们也是宋代四大女词人。”①

自南宋以后至明代中期，女性文学萧条下来，主要原因是程朱理学取得了“官学”的地位，伴随着政治高压，人们的思想被禁锢起来。直至明末清初，女性文学才重新繁荣起来。在明清两代尤其是清代，由于经济的繁荣、文化的发展和社会的相对稳定，出现了许多文学世家，以一男性为首，提倡指导，而后形成了该家庭中一代或数代女性的文学群体。一家之中，祖孙、母女、婆媳、姊妹、姑嫂、妯娌，均系诗人、词人、文学家。这种现象在明清两代的江南（主要指江浙两省）尤为多见，往往是一门风雅，作家辈出。女子为诗，在清代俨然成为流行的文化时尚。不过需要指出的是，明清时期的女性能够在诗歌领域赢得盛名，很大程度上得益于她们身边的男性取得的声望。如岭南才女冼玉清在其《广东女子艺文考·自序》中对此有明确的阐述：“就人事而言，则作者成名，大抵有赖于三者。其一名父之女，少禀庭训，有父兄为之提倡，则成就自易。其二才士之妻，闺房倡和，有夫婿为之点缀，则声气易通。其三令子之母，侪辈所尊，有后嗣为之表扬，则流誉自广。”②

关于明清女子作家并称，基本可分为四类，兹分别举例介绍如下。

1. 家族型

家庭成员式的聚集是明清时期女诗人聚集的主要形式。尽管明末

---

① 雷艳平．宋代四大女词人探论［M］．海南师范大学学报（社会科学版），2016（4）：85－90.

② 沈善宝．名媛诗话［M］//《续修四库全书》集部第1706册．上海：上海古籍出版社，1995.

清初的社会蕴藏了更大的可能性，但由于社会性别区别等情况依然持久地存在，女性的活动区域受到限制，其主要活动场所仍在家庭内部。因此，对于大多数女诗人来说，与其他形式相比，在家庭内部找到志趣相投的同伴并时常聚集具有更大的可行性。在明清各类典籍中关于和谐夫妻的记载占据了非常突出的位置。在夫妻和谐关系的基础上，这些家庭内部形成了女性诗人的聚合体，明末清初吴江的沈叶家族就是这方面的典范。这个家族女性诗人辈出，仅在明末清初就有沈宜修、叶纨纨、叶小纨、叶小鸾、叶小繁、沈宪英、沈树荣、沈友琴等人，形成了以叶绍袁之妻沈宜修为中心的女性诗人群。沈宜修(1590—1635)，字宛君，工诗词，为吴江女性诗坛的中坚人物，著有诗集《鹂吹》。她与同邑文士叶绍袁（1589—1648）结婚后，生有五女八男，均有文采。著名的诗论家叶燮就是她的第六子。长女叶纨纨、次女叶小纨、三女叶小鸾、五女叶小繁、三儿媳沈宪英，以上女性均工诗词，并著有诗集。后由叶绍袁编成《午梦堂集》，流芳后世。沈宜修与叶纨纨、叶小纨、叶小鸾合称“一门四秀”，纨纨、小纨、小鸾姊妹又合称“叶氏三姐妹”。沈氏家族中沈友琴、沈御月姊妹合称“联璧”。

顺治、康熙年间嘉兴人吴黄、沈棒、蒋纫兰，“姑妇相承，世传风雅”，有《彭城三秀集》行于世，遂有齐名之目。乾嘉年间，书画家吴朏、李玉燕、曹鉴冰并称“三秀”。吴朏与儿媳李玉燕、孙女曹鉴冰均工诗文，能绘事，名称一时，因以并称。道光年间，又有“兰陵三秀”。赵云卿，字友月，清武进人，一说江苏毗陵人。邦英长女，铜山杨某室，未四十而卒。其父曾任四川铜梁典史，三秀幼随父入川，道光初其父致仕后，遂流寓蜀，随居成都。次女、三女、四女分别是赵云卿友月、赵书卿友兰（巴金祖母的外祖母、王文杓的妻子）、赵韵卿友莲，皆有诗名，并称“兰陵三秀”，三姐妹有全集《兰陵三秀集》。子目：《绣馀小咏》《诗馀》，赵云卿撰；《绿窗藏稿》，赵书卿撰；《寄云山馆诗抄》，赵韵卿撰。《寄愁轩诗词钞》，今已散佚。

乾隆年间浙江布政使归朝煦之妻李心敬、女归懋仪，母女皆有诗名，分别著有《蠹余草》《绣余小草》，后人以之并称"二余"，辑《二余诗草》行世。

道光年间湖北罗田才女潘焕荣、潘焕吉姊妹工诗，与兄嫂杨清材吟咏无虚日，时人羡称之为"三女史"。

再如"胡氏三才女"（胡慎仪、胡慎容、胡慎淑）、"王氏四才女"（王采蘩、王采藻、王采芹、王采苹）、"毗陵四才女"（张䌌英、张纶英、张纨英）、"七女张"（张学雅、张学鲁、张学仪、张学典、张学象、张学圣、张学贤）、"郑氏九才女"（郑镜蓉、郑云荫、郑青苹、郑金銮、郑长庚、郑咏谢、郑玉韵、郑风调、郑冰纨）等等。这些骈珠联萼的家族女诗人，大多出身书香门第或簪缨世家，从小就获得了良好的文学修养，很容易就能跻身诗坛；而且，往往是她们当中只要有一个人成名，便会连带其他家族女性成员也一起成名，形成一门风雅的"连锁效应"。

2. 社团型

在明清两代，女性作家也出现了结社等形式，女性从闺内吟咏走向闺外结社，这是女性文学创作由个体走向群体活动的重要一步，标志着女性文学创作进入了一个新阶段，对女性并称的形成也产生了极为重要的影响。从社会背景来考察，明代结社的风气原本很浓厚。谢国桢先生说："结社这一件事，在明末已成风气，文有文社，诗有诗社，普遍了江、浙、福建、广东、江西、山东、河北各省，风行了百数十年。大江南北，结社的风气，犹如春潮怒上，应运勃兴。那时候，不但读书人要立社，就是女士们也要结起诗酒文社，提倡风雅，从事吟咏。”①

可以说，文学社团稳定性更强，社团内部经常举行各类活动，成员间呈现相互影响的趋势，甚至形成了相似的文学风格。例如在清代初年，浙江钱塘（今杭州）的西子湖畔，涌现出一群“诗才卓卓”的闺中女子，结成“蕉园诗社”，产生了“蕉园五子”“蕉园七子”两对并称。成员主要有林以宁、钱凤伦、柴静仪、顾姒和冯娴等闺秀诗人，诸子联吟唱和，提倡风雅，为当时闺阁诗人之冠，她们个个能诗，人人有集，使当时浙地的女性诗词创作呈现出一派兴盛的景象。首倡者顾之琼，字玉蕊，浙江仁和人，翰林钱绳之妻，进士钱元修和钱肇之母，工诗文骈体，著有《亦政堂集》。紫静仪，字季娴，紫云倩之次女，沈汉嘉之妻，著有《北堂诗草》《凝香室诗钞》。林以宁，字亚清，浙江钱塘进士林纶之女、监察御史钱肇修之妻、蕉园诗社创始者顾之琼之儿媳，工诗，能画梅竹，善为骈文，著有《墨庄诗钞》二卷、《墨庄词馀》一卷、《墨庄文钞》一卷、《凤箫楼集》。钱云仪，即钱凤纶，字云仪，进士钱安侯和顾之琼之女，贡生黄式序之妻，著有《散花滩集》《古香楼集》。顾姒，字启姬，鄂幼舆之妻，著有《静御堂集》《由拳草》《当翠园集》《未穷集》。冯娴，字又令，同安宰冯仲虞之女，诸生钱廷枚之妻，著有《和鸣集》《湘灵集》。

再如，清中叶之女子诗社“清溪吟社”，因其盟主张清溪而得名。除张清溪外，尚有张芬、陆瑛、李嫩、席惠文、朱宗淑、江珠、沈纕、尤澹仙、沈持玉，因十人皆吴中人，时称之为“吴中十子”，著有《吴中十子诗钞》。张清溪，原名张允滋，字滋兰，号清溪，任兆麟之妻，著有《潮生阁集》，江珠评其诗曰：“清溪深悟诗旨，言之温厚，有风有雅，出入三唐，不名一家，盖其清超之致，能以无为为

① 谢国桢．明清之际党社运动考［M］．沈阳：辽宁教育出版社，1998：7.

工，得诗之三昧。”张芬，字紫蘩，号月楼，清溪从妹，著有《两面楼诗词》《别雁吟草》。陆瑛，字素窗，诸生陆昶之姊，贡生罗康济之妻，著有《赏奇楼诗词》《蠹馀稿》。李媺，字婉兮，李其永之女，诸生陆昶之妻，著有《琴好楼集》。席惠文，字兰枝，另字耘史，知县绍元之女，著有《采香楼诗草》《自怡集》。朱宗淑，字德音，又字翠娟，廪生朱骧云之女，著有《修竹庐吟稿》《德音近稿》。江珠，字碧岑，号小维摩，诸生吾学海之妻，著有《清藜阁诗钞》《小维摩集》。沈纕，字蕙孙，教授沈起凤女，诸生林衍潮之妻，著有《绣馀集》。尤澹仙，字素兰，又字寄湘，工诗词及骈文，著有《晓春阁诗词》。沈持玉，字佩之，号皎如，著有《停云阁稿》。

乾隆年间，出现了声势更为浩大的随园女弟子群，因受业于诗坛性灵派主将袁枚而得名。随园是袁枚建于南京的住所，后成为袁枚经常与文友、弟子们诗歌交流的场所。袁枚一生广收诗弟子“才女尽为诗弟子，名流多是老门生”（孙昌时《赠随园太史》）。随园女弟子知多少？据王英志《性灵派研究》考证：其人数可考者达四五十人。在随园女弟子中一共出现了“闺阁二难”“袁家三妹”“闺中三知己”“孙氏三妹”“随园十三女弟子”五对并称。

闺阁二难是指：席佩兰、孙云凤（清·沈善宝《名媛诗话》）。[①]袁枚女弟子中江苏以席佩兰为冠，浙江则以孙云凤为首，袁枚为作《二闺秀诗》云：“扫眉才子少，吾得二贤难。鹫岭孙云凤，虞山席佩兰。”（《小仓山房诗集》卷三十四）编《随园女弟子诗选》以席居首，孙居其次。

袁家三妹是指：袁机、袁杼、袁棠。袁枚在《随园诗话》卷十第三十六则云：“余三妹皆能诗，不愧孝绰门风；而皆多坎坷，少福泽。

---

① 王瑞芳《中国历代才女小传》作“孙云凤、孙云鹤”。

余已刻《三妹合稿》行世矣，兹又抄三人佳句，以广流传。三妹名机，字素文。……四妹名杼，字静宜。……堂妹棠，字秋卿，嫁扬州汪楷亭。”① 其中袁机有《素文女子遗稿》，袁杼有《楼居小草》，袁棠有《绣吟余稿》《盈书阁遗稿》，合刊为《袁家三妹合稿》。

闺中三知己是指：席佩兰、金纤纤、严蕊珠。袁枚把她们视作朋友、同调，称席佩兰、金纤纤、严蕊珠为“闺中三大知己”，并称“席佩兰之推尊本朝第一”。

孙氏三妹是指：孙云凤、孙云鹤、孙云鹏三姐妹。

随园十三女弟子的详细名单有待考究。据陈康祺《郎潜纪闻二笔》卷二载有袁枚作的《随园十三女弟子湖楼请业图跋》，此“跋”将十三女弟子指名为“孙云凤、孙云鹤、席佩兰、徐裕馨、汪缵祖、汪妽、严蕊珠、廖云锦、张玉珍、屈秉筠、蒋心宝、金逸、鲍之蕙”等十三人。

3. 孝节型

例如“方氏三节”，又名“方氏三贞”，指的是方孟式、方维仪、方维则，其中方维仪成就最高。清代朱彝尊《明诗综》：“方氏三节，一为孟式，字如耀，大理卿大镇之女，嫁山东布政使张秉文，济南城溃，同其夫殉节，赠一品夫人，有《纫兰阁集》；一为维仪，年十七而寡，寿八十有四；一为维则，十六而寡，寿八十有四。”

方孟式（1582—1639），字如曜，方大镇的长女，方以智的大姑妈，安徽桐城人。山东布政张秉文妻。“九岁能文，有咏雪才”，志笃诗书，擅绘观音像。崇祯十三年张秉文守济南死于城上，孟式投水殉节。著有《纫兰阁集》八卷，《纫兰阁诗集》十四卷。方孟式与妹方维仪、堂妹方维则均为国为家守节，后人称为“方氏三节”。方维仪，

① 袁枚．随园诗话［M］．南京：凤凰出版社，2005：255.

字仲贤，方大镇次女，兵部侍郎方也照之姊，姚孙棨之妻，婚后第二年，夫死，她才十七岁，从此回娘家与弟媳吴令仪共同教育侄子方以智，直至八十四岁去世。著有《清芬阁集》等。方维仪还是诗文评论家、文史评论家，著有《闺范》《尼说七惑》《宫闺诗史》《宫闺文史》《诗评》等。方维则，字季准，维仪之妹，生员吴绍忠之妻，吴去世时，她仅十六岁，守志不嫁。著有《茂松阁集》。方氏三姊妹为旧时标举之节妇，孟式为民族气节而逝，虽悲悯却可佩，至于仪、则，年幼而守，实乃理教之害，她们的身世皆苦，故其诗亦多感怀身世之作。

清代江苏吴江才女董云鹤、顾佩芳、袁希谢，早寡守节，并有才名。陈去病《陈去病诗文集》卷四《巢南集外文·忏慧词序》："号'吴江三节妇'，驰称艺苑间。"①

4. 其他型

明代中晚期，随着资本主义萌芽的出现，都市经济的繁荣，也为妓女的滋生提供了条件；同时，腐败的明政府实行罚良为娼的政策，致使大批有较高文化修养的"犯官"的妻女沦落为妓；而伦理道德的堕落，又使具有较高文学修养的社会名流们纷纷出入青楼，他们为娼妓文化素质的提高起到了重要的作用。娼妓为了在竞争中立于不败之地，除了讲求色貌服饰以外，也注重自身文化素质的培养，于是在明代出现了一批卓有成就的、擅长诗书琴画的妓女创作群。比较有名气的有"秦淮四美""秦淮八艳""风尘三隐"等。

清代乾隆、嘉庆年间常熟女诗人席佩兰、屈秉绮、归懋仪，因名号中皆有"兰"字，故并称"兰闺三友"；孙原湘为之作《兰闺三友歌》，序称："内子名佩兰，屈宛仙夫人字协兰，尝并写《如兰图》。

① 陈去病．陈去病诗文集［M］．北京：社会科学文献出版社，2009：435.

近归夫人（懋仪）自上海归宁，日遣女奴驰诗笺往来。两家夫人自号兰皋，予为作《兰闺三友歌》。”

中国古代社会是男权社会，女性处于从属地位，因此部分女性并称参照男性并称而命名，这也是一种比较独特的现象，下面分别举两例说明。

第一则，是“女卢骆”，这一个案例已在上一章提及。清代江苏女诗人骆绮兰、卢元素，亦因唱和齐名，时人以之媲美唐代卢照邻、骆宾王。清代王蕴章《然脂余韵》卷四：“一时有‘女卢骆’之号”。①

第二则，是“闺中二陆”。“二陆”本是指晋代文学家陆机与弟陆云，后多引申为有才华的兄弟并称。清代浙江平湖（今嘉兴）林桂芳（一作枝芳）与姊林金城“同禀严训，事父以孝闻”“后相继请旌祀节孝祠，时称‘闺中二陆’”。②

而男性并称参照女性并称这样的案例笔者尚未见到，这也从另一个角度证明了男性在古代的强势。

女性作家除了同一时代并称者外，尚有跨代并称的，均是后人评议的，如西泠三闺秀、四大才女、四婵娟、蜀中四大才女、中国历史上十大女诗人等。当然，像四大才女、中国历史上十大女诗人之类的并称还是有异议的。

在中国数千年的历史长河中，留下姓名的女性寥若晨星，名垂青史的“才女”更是屈指可数，对于“中国古代四大才女”的人选，民间有多种说法，一是卓文君、蔡文姬、上官婉儿、李清照；二是卓文君、班昭、蔡文姬、李清照。近年来，著名女画家王俊英，还以琴、棋、书、画为评选标准，一举颠覆了民间传统说法中的“中国古

---

① 张寅彭．民国诗话丛编：第 5 册［M］．上海：上海书店出版社，2002：91.

② 潘衍桐《两浙輶轩续录》卷五十三林枝芳名下附《石濑山房诗话》语，《续修四库全书》第 1 687 册，第 190 页。

代四大才女”，分别从琴、棋、书、画的不同领域甄选出了四位古代女性“国手”——蔡文姬、妙观、卫夫人、管道升。至于四大才女的座次排序就更乱了。

既然是评选才女，那就应着眼于“才气”。传统文化意象里，说一个人有才，无非诗词歌赋（文）、琴棋书画（艺），至少花木兰、穆桂英之类的是绝对不符合标准的。个人认为至少有一人是绝对没有异议的，这个人当然就是李清照。宋以后历代均有学者对李清照予以高度评价，如宋代王灼评价：“易安居士，京东路提刑李格非文叔之女，建康守赵明诚德甫之妻。自少年便有诗名，才力华赡，逼近前辈。在士大夫中已不多得。若本朝妇人，当推文采第一。”（《碧鸡漫志》卷二）明代杨慎评价：“宋人中填词，易安亦称冠绝，使在衣冠，当与秦七（秦观）、黄九（黄庭坚）争雄，不独争雄于闺阁也。”（《词品》卷二）现代作家、文学史家郑振铎指出：李清照是“宋代最伟大的一位女词人，也是中国文学史上最伟大的一位女词人”。（《中国文学史》）

如果说非要在卓文君、班昭、蔡文姬、上官婉儿、李清照五人之中选四大才女的话，个人还是比较倾向卓文君、班昭、蔡文姬、李清照。毕竟上官婉儿是一个宫廷女诗人，虽然也擅写诗，但是至今已没有多少诗作传下来，流传千古的佳作更是没有。而班昭作为才女，为文为赋俱是能手，班昭的成就，凸显在治史上，曾独立完成《汉书》的第七表《百官公卿表》与第六志《天文志》，作为女性，这个成就堪称震古烁今。另外，她也善于赋颂，有《东征赋》《女诫》等作品传世。蔡文姬似乎也能够当得起“四大才女”称号，传世之作有《胡笳十八拍》以及《悲愤诗》等，宋代所刻的《淳化阁帖》收录有她的书法作品，另外，史料里还说她“通音律”，也会治史，对后世的影响也比较深远。

而卓文君之所以出名，更主要的是她和司马相如私奔的故事成为千古佳话，并为后世小说、戏曲所取材。卓文君的爱情故事倒是很有意义，但其作为诗人身份的诗作只是一种牵强附会的流传，不十分可靠，卓文君所作哀怨的《白头吟》："皑如山间雪，皎若云中月。闻君有两意，故来相决绝。今日斗酒会，明旦沟水头，躞蹀御沟止，沟水东西流。凄凄重凄凄，嫁娶不须啼，愿得一心人，白首不相离。杆何袅袅，鱼儿何徙徙，男儿重义气，何用钱刀为?"和悲痛的《怨郎诗》："一别之后，二地相悬。只说三四月，谁知五六年。七弦琴无心弹，八行字无可传，九连环从中折断，十里长亭望眼欲穿。百思念，千系念，万般无奈把郎怨。万语千言说不完，百无聊赖十依栏。九重九登高看孤雁，八月仲秋月圆人不圆。七月半，秉烛烧香问苍天，六月伏天人人摇扇我心寒。五月石榴似火红，偏遇阵阵冷雨浇花端。四月枇杷未黄，我欲对镜心意乱。急匆匆，三月桃花随水转，飘零零，二月风筝线儿断。噫，郎呀郎，巴不得下一世，你为女来我做男。"尚不能完全证明就是她本人所作。至于《史记》和《汉书》对卓文君的记载，也仅限于只言片语；后世的有些故事讹传过多。

当然，如果说上官婉儿、卓文君也能入选"四大才女"的话，那么，比她们两位够条件的女子，那就太多了。比如素有"咏絮之才"的谢道韫，创作回文诗《璇玑图》的苏惠，人称"女校书"的薛涛，与李清照并称"宋代女作家双子星座"的朱淑真，作"我侬词"的管道升，明末的柳如是，清代三大女词人等均具备入围条件，以上合起来绝对可以凑一个"古代十大才女榜"了，当然有好事者早已评出了"十大中国古代才女"，分别是：蔡文姬、李清照、柳如是、朱淑真、薛涛、顾太清、班昭、卓文君、谢道韫、庄姜，只是并未得到公认。

对于中国历史上十大女诗人这个称号其实也是颇有异议的，按照一般的说法，指的分别是西汉班婕妤，东汉蔡文姬，西晋左芬、苏蕙，东晋谢道韫，南朝鲍令晖，唐代薛涛，南宋李清照、朱淑贞（真），清末秋瑾。个人对这个说法也并不赞同，至少和秋瑾一个层次的，在清代至少还有徐灿、顾太清、吴藻，这三人的文学成就绝不会比秋瑾低。

又有人评出中国古代最有才华的十位女诗人，指的分别是春秋时期的许穆夫人，东汉蔡文姬，西晋左芬，东晋谢道韫，唐代上官婉儿、薛涛、鱼玄机、李冶，南宋李清照、朱淑贞（真）。

近来，现代诗人、作家易道禅评出了自己心目中的中国古代十大杰出女诗人，分别是：陈端生、梁贞怀、李桂玉、许穆夫人、蔡文姬、李清照、鱼玄机、朱淑真、薛涛和柳如是。并将其分为三级：

第一级女诗人：陈端生、梁贞怀、李桂玉。（叙事诗人）①

第二级女诗人：许穆夫人、蔡文姬、李清照。（性格诗人）

第三级女诗人：鱼玄机、朱淑真、薛涛、柳如是。（情感诗人）

这个评级中的某几位女作家，其实一般的读者并不是很熟悉，要得到认同更是不易，但是这个评价标准至少不再将范围局限于传统的诗词领域，可以说是前进了一步。

因此，我们不妨效法红楼梦，评一个古代四大才女或是古代十大诗人正册和副册，每个人都可以有自己的意见和看法，大家以为如何？

---

① 易道禅认为陈端生就是中国的但丁，梁贞怀就是中国的歌德，李桂玉就是中国的荷马。《再生缘》就是中国的《神曲》，《天雨花》就是中国的《浮士德》，《榴花梦》就是中国的《伊利亚特》。

第六章　文人并称的研究与成果

考察中国文学史，可以多角度、多方位、多层次进行。按时间为序，可以逐朝逐代梳理；按文体为纲，可以追根溯源而辨析；按风格为线，可以分门别类而探悉。但是，无论采用何种方法，在对中国古代文学史进行描述时，都无法避开文人并称。并称作为一种文学现象，伴随着中国古代文学史走过了两千多年的发展历程，它对中国文学的发展变化起到了某种概括总结、推波助澜的作用，是中国古代文学史上不可或缺的重要组成部分。

自秦汉以降，中国文学中的文人并称现象便迭出不穷，形成了一种结构稳定、颇具特色的文化存在。按照中国文化的传统精神，人不应当去突出自己、表现自己，而应当谦和逊让，同大家差不多，即“从众”。无疑，这种文化传统造成了民族的群体意识和认同感。从文学的角度审视，并称就是为了追寻某些作家的共性特征而将其组合在一起。如果，我们将眼界再放宽一些，在世界文学史上来看这一现象，就会发现，这种并称现象并非中国独有，但是可以说是在这一方面中国是最为突出的，受中国文化的影响，中国周边的国家在文学史上也有许多并称。

例如张珊在其硕士学位论文《中国古代作家并称研究》中就指出：朝鲜文学史上有“丽末三隐”（牧隐李穑、陶隐李崇仁、圃隐郑梦周），“朝鲜文章四大家”（并称“月象溪泽”，指月沙李廷龟、象村申钦、谿谷张维、泽堂李植），又有“后四家”等非常多的并称。日本江户时代有“摄东七家”（菊仙五山、安积艮斋等），“摄西六家”，还有木门十四家、十九友、今四家等①。

白旭先生在其陕西师范大学硕士学位论文《唐宋作家并称研究》中进一步指出了：“在受到汉文化浸融很深的外邦，比如日本和韩国都同样在文学评论上接受了‘并称’这一概念。”② 并以韩国诗话的诸多案例予以证明。

此外，笔者所知，还有如下并称：李齐贤、李奎报，被认为“高丽文学双璧”；白光勋、崔庆昌、李达，时号“三唐诗人”；申润福与金弘道、金得臣并称“朝鲜三大风俗画家”；等。日本著名的作家村上春树与村上龙还被人凑成了个“双村上”的并称。

越南等东南亚国家在历史上也是有文人并称的，如绵审《苍山诗话》中就有一条案例：“黎圣尊洪德二十六年，上为《琼苑九歌》制诗及序。自为骚坛元帅，东阁大学士申仁忠、杜润为副元帅，东阁校书吴纶、吴焕，翰林院侍读掌院事阮仲懿，翰林院侍读参掌院事刘兴孝，侍读阮光弼、阮德训、武暘、吴忱，待制吴文景、范智谦、刘舒彦，校理阮仁被、阮孙蔑、吴权、阮葆珪、裴浦、周晥，检讨范谨直、阮益逊、杜纯恕、范柔慧、刘皞、谭慎徽、范道富、朱埙等，凡二十八人，赓和其韵，号‘骚坛二十八宿’。君臣标榜，陋不可言。”③ 这一条说的是黎思诚擅长汉诗，1494 年建立“骚坛会”，并自称骚坛元帅，该会有二十八个成员，合称为“骚坛二十八宿”，这也算是越南历史上比较早的作家并称了。但总的来说，周边国家文人并

---

① 张珊．中国古代作家并称研究［D］．南京：南京大学，2006：15.

② 白旭．唐宋作家并称研究［D］．西安：陕西师范大学，2009：39.

③ 王小盾，何仟年．越南古代诗学的硕果：《苍山诗话》［M］//中国诗学（第九辑）．北京：人民文学出版社，2004：255－256.

称的数量是远远不如中国的。

当然，在西方国家也存在文学并称现象，如最为人们熟知的“文艺复兴三杰”（达·芬奇、米开朗琪罗、拉斐尔）[1]，但总的来说，这种现象还不够普遍，笔者认为若单纯从数量上相比较而言同中国古代相差甚大。在西方文化中，人们往往否定共性特征而去同存异，强调的是个人的独立、个人的声音、个人的自由发展，即充分的个人展示。这与中国文化的存异求同性格恰恰形成鲜明对比。

虽然说并称是各个领域都存在的称谓和表达方式，然而，长期以来，人们对文人并称的研究总体来说较为薄弱。自秦汉以来，并称是称述文人的重要方式，各类典籍多有涉及。从整个古代文学的背景来看，不少著名的并称群体如“李杜”“元白”等等，往往从其诞生、形成开始，就被当时或后人议论品评。然而总的来说，古代典籍，多以记载、罗列为主，而全面、系统的研究则极为罕见。即使是到了现代，仍然未成为文学史上的热点或中心话题。张珊在《并称探源——语言、文学、文化的多重考察》一文中指出：“近代以来，受新的学术研究方法影响，语言学界多把它作为汉语的缩略现象看待，文学界多侧重具体条目的考证或总结形式与命名的规律，对其作为文学现象以及文学批评意义的总体研究则不多。”[2] 基于此，笔者就历代关于文人并称的重要成果逐一进行总结、回顾。

---

① 实际上“文艺复兴三杰”亦有前后之分，意大利的但丁、彼特拉克、薄伽丘是文艺复兴的先驱者，被称为“文艺复兴三颗巨星”，也称为“文艺复兴前三杰”（文坛三杰）。14—16世纪，意大利文艺复兴时期绘画艺术臻于成熟，列奥纳多·达·芬奇、米开朗琪罗和拉斐尔被誉为“文艺复兴后三杰”（美术三杰）。一般而言，说起“文艺复兴三杰”，即指后者。

② 张珊．并称探源——语言、文学、文化的多重考察［J］．中国社会科学，2009（5）：154.

第一节　古代成果

对历代名人并称资料的搜集整理，前人已有著述。例如《群辅录》（托名晋·陶渊明撰）、《小学绀珠》（十卷，宋·王应麟撰）、《群书拾唾》（十二卷，明·张九韶撰）、《读书纪数略》（五十四卷，清·宫梦仁撰）等专门著作。这些书籍的内容从星象、地理到人物、器物无所不录；关于人物，三教九流，无所不包；只要是带有数字的，或是姓氏连称的，都统统收入。这也可以看出古人对它的理解非常宽泛，已认识到并称是特殊的一个词类。

“以数记言”，由记诵之方法见于诸经诸子，到作为一种编著体例用于各类辞书，在古典文献中可谓源远流长，这类书籍被称之为“类书”。夏南强先生在《类书通论》中将类书定义为：“类书是一种将文献或文献中的资料，按其内容分门别类，组织撮述；分条件系，原文照录或摘录的图书。”① 类书主要有两个特点：一是内容上采辑群书，将各种原始材料搜集、选择、摘录；二是形式上采用分门别类、“以类相从”的编辑方法。

一、类书的并称记载

关于记载文人并称的类书在历史上还是连绵不绝的，现将主要几部类书按照朝代顺序简述如下。

1.《群辅录》

北齐时有人作《群辅录》，托名陶潜，实为北魏阳休之误附于陶

① 夏南强．类书通论——论类书的性质起源发展演变和影响［D］．武汉：华中师范大学，2001：10.

集之末，并因此得以保存。关于此书的流转，《四库全书总目提要》（卷一百三十七·子部四十七·类书类存目一）进行了详细的阐述：

> 《圣贤群辅录》二卷（山东巡抚采进本）。一名《四八目》，旧附载《陶潜集》中。唐、宋以来相沿引用，承讹踵谬，莫悟其非。迩以编录遗书，始蒙睿鉴高深，断为伪托。臣等仰承圣训，详悉推求，乃知今本潜集为北齐仆射阳休之编。休之序录称其集先有两本，一本六卷，排比颠乱，兼复阙少。萧统所撰八卷，又少《五孝传》及《四八目》。今录统所阙并序目等合为十卷，是《五孝传》及《四八目》实休之所增，萧统旧本无是也。统序称深爱其文，故加搜校，则八卷以外不应更有佚篇，其为晚出伪书，已无疑义。且集中与子俨等疏称子夏为孔子四友，而此录四友乃为颜回、子贡、子路、子张。又《五孝传》引孝乎惟孝友于兄弟之文，句读尚从包咸注，知未见古文《尚书》。而此录四岳一条，乃引孔安国传，其出两手，尤自显然。至书以《圣贤群辅》为名，而鲁三桓、郑七穆、晋六卿、魏四友以及仕莽之唐林、唐遵，叛晋之王敦，并列简编，名实相迕，理乖风教，亦决非潜之所为。昔宋庠校正斯集，仅知八儒三墨二条为后人所窜入，而全书之赝，竟不能明。潜之受诬，已逾千载，今逢右文圣世，得以辨别而表章之，使白璧无瑕，流光奕叶，是亦潜之至幸矣。

此书开篇即“燧人四佐”“伏羲六佐”“黄帝七辅”“少昊四叔”等，皆前朝贤者，至终篇则为“竹林七贤”“吴八绝”“河东八裴”“琅琊八王”等当时名士。此书贯穿古今，凡圣贤弼士可以类数者大都网罗俱备，为当时“以数记人”之集大成者。此书一组之中，先举故实，后总称谓，或注出处，或日闻之故老，自称“凡书籍所载及故老所传，善恶闻于世者，盖书于此矣”。观其体例即“以数记言”之体，其别称《四八目》更能显示其特点。然其涉圣贤类占比较大，体殊未备，文人所占较少。

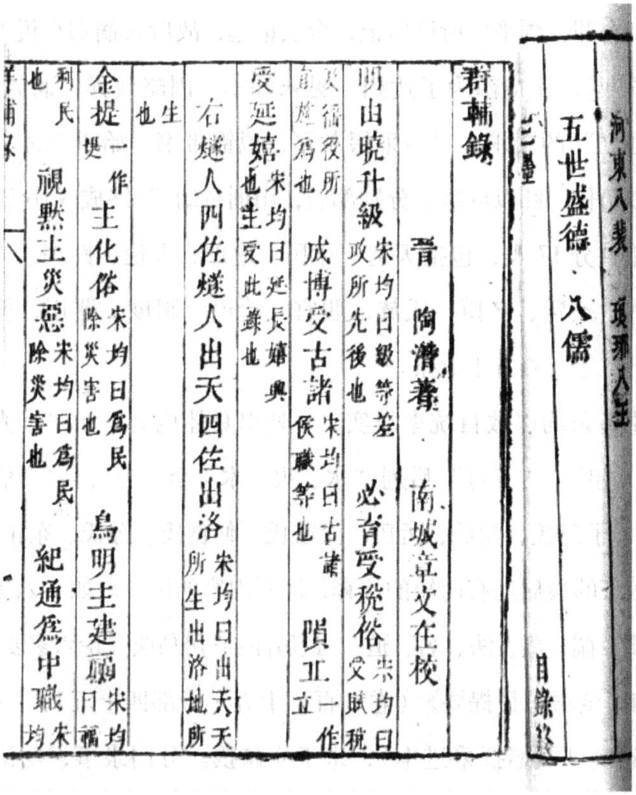

《群辅录》（托名晋·陶潜撰）明刻本白纸线装一函一册

北京歌德拍卖有限公司于 2012 年 12 月 1 日秋季艺术品拍卖会上曾经拍卖过该古籍，起拍价为 1 000 元，但不知最后得主为谁。笔者手头亦有一本《群辅录》，为中华书局 1991 年出版的与其他两种《英雄记钞》《英雄传》的合印本。

2.《小学绀珠》

《小学绀珠》是南宋王应麟编写的一部类书，共10卷。初刊于元大德五年（1301）前后。

据传，唐代燕国公张说读了很多书但常不能记住，后得一绀碧的大珠，握以自照，则平生所读所记，全然记起，故后人摘书小说奇事，谓之《绀珠集》。王应麟为了达到“见末知本，因略致详，诵数以贯之，伦类以通之”的要求，“乃采掇载籍，拟锦带书，始于三才，终于万物，经以历代，纬以庶事，分别部居，用训童幼。”终成《小学绀珠》。

全书共分17类，包括天道、律历、地理、人伦、性理、人事、艺文、历代、圣贤、名臣、氏族、职官、治道、制度、器用、儆戒、动植，共计二千二百五十七条。

全书各条均以数目统率故实，后列出具体内容，如“三光”后列“日、月、星”，“五行”后列“水、火、木、金、土”，“八儒”后列“子张氏、子思氏、颜氏、孟氏、漆雕氏、仲良氏、孙氏、东正氏”。在绝大多数条的最后还有简短的注释，注明内容的出处。如“六家”条后列“阴阳、儒、墨、法、名、道”，最后注：“司马谈《论六家要旨》。”

《四库全书总目提要》（卷一百三十五·子部四十五）：“《小学绀珠》十卷（江西巡抚采进本），宋王应麟撰。分门隶事，与诸类书略同。而每门之中，以数为纲，以所统之目系于下，则与诸类书迥异。盖仿世传陶潜《四八目》之例，以数目分隶故实，遂为类事者别创一格也。”此书与《四八目》相较，罗列门类较全。

该书版本现存主要有《玉海》附刻本（有元刊明修康熙补刊本、浙江书局本、成都志古堂本）、《四库全书·子部类书类》（江西巡抚采进本）、《津逮秘书》第三集（汲古阁本、景汲古阁本）、《丛书集成初编·总类》及1987年中华书局出版的据《津逮秘书》本影印本。

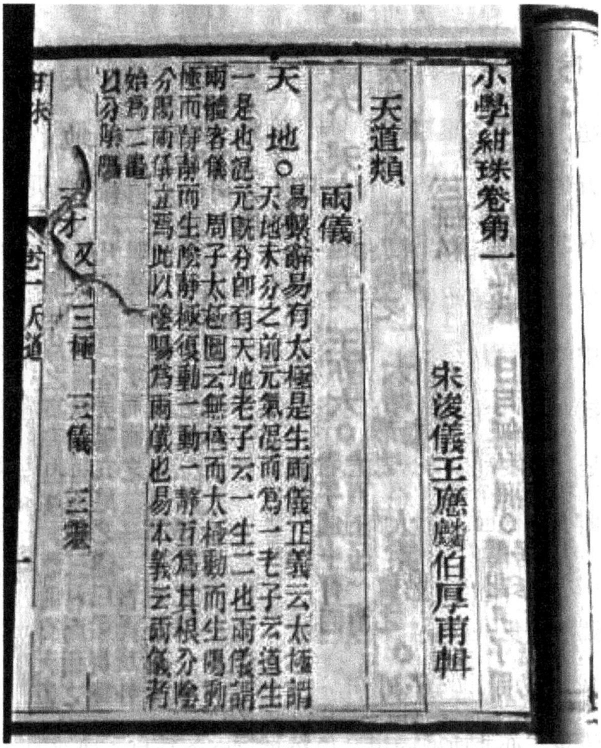
小學紺珠卷第一
宋浚儀王應麟伯厚甫輯
天道類
兩儀
天地。易繫辭易有太極是生兩儀正義云太極謂天地未分之前元氣混而爲一老子云道生一是也混元既分即有天地老子云一生二也兩儀謂兩體容儀　周子太極圖云無極而太極動而生陽動極而靜靜而生陰靜極復動一動一靜互爲其根分陰分陽兩儀立焉此以陰陽爲兩儀也易本義云兩儀者始爲一畫以分陰陽
三才　又三極　三儀　三衆

《小学绀珠》（南宋 · 王应麟撰，清刻本，一函十卷）

3.《群书拾唾》

《群书拾唾》是明代张九韶编写的一部类书，该书仿王应麟《小学绀珠》之例，以数记事，分十二门。卷一天文造化六十八条；卷二地理广轮一百六十五条；卷三人伦礼用一百八十三条；卷四帝王世系四十六条；卷五古今人品一百七十二条；卷六官制品从一百二条；卷七文武制度一百八十五条；卷八器服音乐一百六条；卷九经史文章一百条；卷十动植食物七十四条；卷十一老氏玄谈十五条；卷十二禅宗法语一百九条。

《四库全书总目提要》（卷一百三十七 · 子部四十七 · 类书类存目一）："《群书拾唾》十二卷（浙江巡抚采进本）。明张九韶撰。九韶有《元史节要》，已着录。其书仿王应麟《小学绀珠》之例，以数记事。分十二门，共一千一百二十五条，颇便检阅，然特饾饤之学。李登序谓其超出乎《类聚》《通考》等书，则过论矣。”

日本万治元年（1658）村上勘兵卫刻本，六册。半页十行二十一字，四周双边，白口，单鱼尾。题“临江张九韶美和父编集、新都汪道昆伯玉父增订、吴昭明白玄父校阅”。前有李登序、张九韶自纪钱法跋。其中张九韶自纪云：“古今所刻，若《说文》、若《韵会》、若《小学绀珠》、若小学名数以至百家之编、幼学须知等书，虽详略不同，然大概具是矣。丧乱以来，典籍散轶，其书无复存者，欲复求一册，以为童蒙之训不可得已。斋居暇日，因纂辑经史子传所载事之至为切要者汇为一编，目之曰《群书拾唾》，分十有二门，而凡天地人物、古今事迹，莫不鳞次羽集，以类相从，庶几一览而得以略见其大要。盖将以藏之家塾，私备遗忘，且以为教儿童之计耳，非敢公诸人也。而好事者见之，辄欲传录，亦非所敢隐也。虽然是特区区耳目之所及者尔，其所不及者尚多有之，博雅君子，相与裒益，而是正之固所望也。”

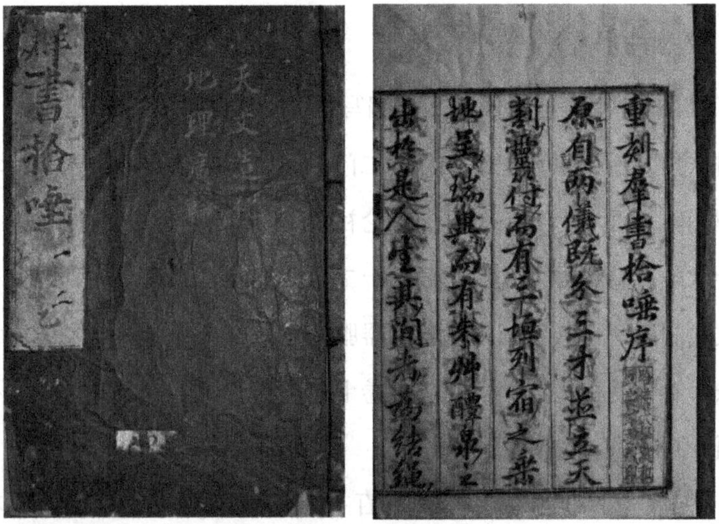

《群书拾唾》十二卷（明·张九韶撰）

此外，《中国古籍善本翻书目》著录有明吴绍明刻本、明毓秀斋刻本两种，前者藏中国科学院图书馆、后者藏清华大学图书馆。

其后又有明袁均哲撰《群书纂类》十二卷，是编因临江张九韶《群书备数》补其阙遗，加以注释。凡十三门，百二十三事，千四百三十四条。

4.《齐名纪数》

《齐名纪数》十二卷为清代王承烈所撰，流传于世的版本不多。

在朵云轩2010年秋季艺术品拍卖会古籍善本专场上，《齐名纪数》清代嘉庆十七年（1812）刊本（竹纸线状六册）曾进行过拍卖，并以6 720元成交。

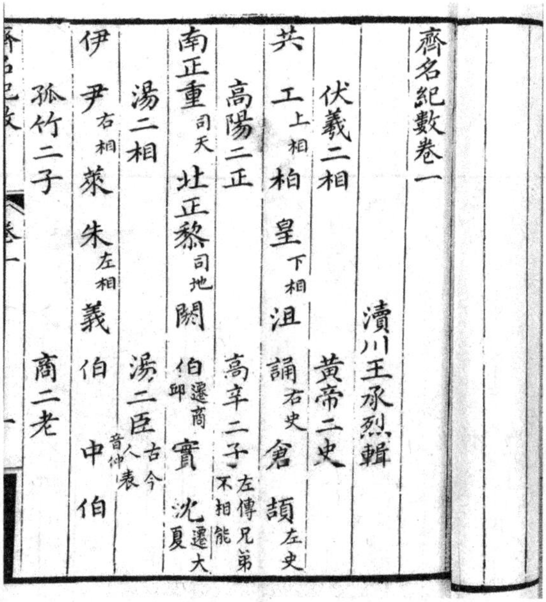
齊名紀數卷一
瀆川王承烈輯
伏羲二相　黄帝二史
共工上相　柏皇下相　沮誦右史　倉頡左史
高陽二正　高辛二子左傳兄弟不相能
南正重司天　北正黎司地　閼伯遷商邱　實沈遷大夏
湯二相　湯二臣古今人表音仲
伊尹右相　萊朱左相　義伯　中伯
孤竹二子　商二老

《齐名纪数》十二卷

[清·王承烈辑，清代嘉庆十七年（1812）刊本，竹纸线装6册]

5.《读书纪数略》

《读书纪数略》五十四卷为清代宫梦仁所撰，其书目按照古代典籍中有关有数字的名词按类辑成天、地、人、物四部 54 类，其中天部分子目四，地部分子目十，人部分子目二十九，物部分子目十一。凡诸书所载故实，有数可纪者，各以类从。全书共四十多万字，内容较为丰富，大抵以王应麟《小学绀珠》、张九韶《群书拾唾》为蓝本，新增了一些宋、元、明三朝之事，较二家之书颇为赅备。每类先标目录，亦较二家之书为易检寻。对古代名词、术语、成语、掌故等内容，也一一加以解释，是一部研究中国文史的大型工具书籍。

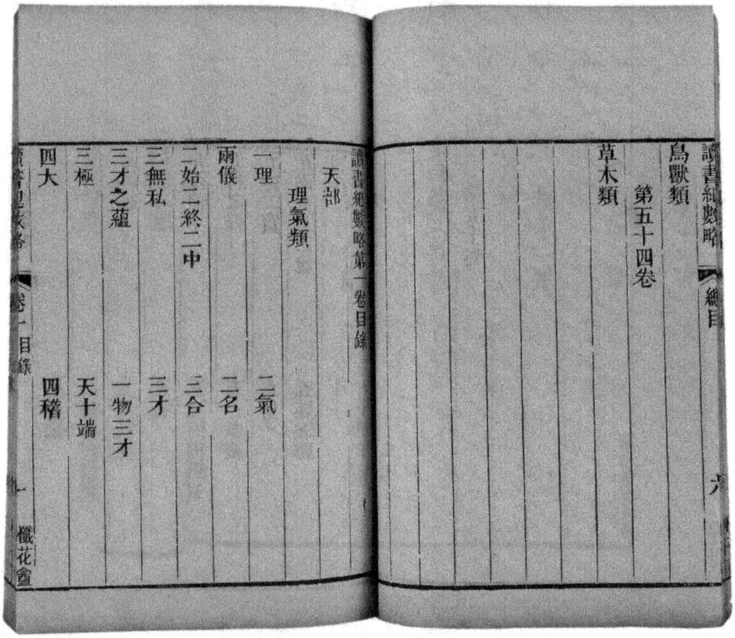

《读书纪数略》五十四卷（清 · 宫梦仁辑）

今天能够见到的版本至少有三：一是新兴书局1971年影印清康熙四十六年刻本的版本；二是上海古籍出版社1994年8月出版的精装影印本；三是商务印书馆2014年1月出版的原大宣纸包背装版本。

6.《广群辅录》

《广群辅录》则为清朝徐汾所撰，《四库全书总目提要》（卷一百三十九·子部四十九·类书类存目三）："《广群辅录》六卷（浙江鲍士恭家藏本）。汾字武令，钱塘人，是书补陶潜《圣贤群辅录》之阙，自西晋以前，陶氏所遗者补之，自东晋以迄明代则续之。案《群辅录》托名陶潜，实为伪本，原书既不足据，续编亦病繁芜，至所载明代七才子、十才子之类，皆末流标榜之目，尤为冗滥。王晫《今世说》载汾喜着书，苦无由得钱易楮翰，常于破几上起草，束麻濡煤作字。其编摩可谓苦心，书则未为善本也。"

二、笔记、杂谈、随笔等古籍的记载

在古代，除了类书之外，各种笔记、杂谈、随笔等也有零散收录文人并称。特别是在清代，文人并称散见于各类杂谈笔记中极为普遍，选择两部代表作品介绍于下。

1.《寄园寄所寄》

清初赵吉士《寄园寄所寄》卷七的"獭祭寄"中的"类聚数考"即记录了200余家古代名人并称，其中文人并称就占了绝大部分。并在前面有一小段说明："古云流芳遗臭，固也，抑亦有数存焉。当其盛也，贤人君子骈肩叠迹；当其衰也，奸邪匪类得失之林也，……是亦览者可鉴矣。"现摘录几则并称如下：

△五老榜

曹松，王希羽，刘象，柯崇，郑希颜。

△旗亭三才子

王之涣，王昌龄，高适。

△二扈

扈蒙，扈载。

2.《陔馀丛考》

清代乾隆年间赵翼的《陔馀丛考》亦有部分文人并称记录，如第三十九卷：

〇六李杜、二袁刘、二鲍谢、四苏李、三李郭、两元白。

《西溪丛语》云：后汉范滂母谓滂曰："汝得与李、杜齐名，死亦何恨。"唐人谓李白、杜甫为李杜。杜子美诗云："李杜齐名真忝窃。"实隐用此事云。然后汉所称李杜，并不止此二人也。滂母所云李杜，乃李膺、杜密，《后汉书·党锢传》所谓膺、密俱坐党祸而名行相次，故时人称李杜是也。而膺、密之先有李固、杜乔，皆为梁冀所杀。故掾杨匡上书乞李、杜二公骸骨归葬，郭亮亦乞收固尸，夏门亭长呵之曰："李、杜二公不能安上纳忠，卿曹何等腐生，乃犯诏书乎！"此又一李杜矣。梁冀诛后，宦官用事，白马令李云上书谏诤。桓帝怒，下云北寺狱。五官掾杜众伤云以忠谏获罪，上书愿与云同日死。帝益怒，下廷尉，皆死，襄楷上书讼之，谓："李云上书，明主所当不讳。杜众之死，谅以感悟圣朝。"太尉黄琼亦上书，言："李固、杜乔既以忠言见灭，李云、杜众复以直道受诛。"此又一李杜矣。《魏书》：世宗诏王肃曰："杜预葬于首阳，司空李冲葬于覆舟，忠义结于二世，英蕙符于李杜，宜葬于预、冲两坟之间。"又傅修期亦远慕杜预，近好李冲，买地葬二公间。是预、冲亦称李杜，则合之唐李白、杜甫，共有五李杜。又《宋史》李韶与杜范皆廉直，中外称为李杜，则并有六李杜矣。

又齐高祖《九锡文》前云："袁刘构逆，实繁有徒。"此袁刘谓义兴太守刘延熙、晋陵太守袁标也。后云："袁刘携贰，成此乱阶。"此袁刘谓袁粲、刘彦第也。是宋、齐间有两袁刘，皆忠于宋而被害于齐者。

《西溪丛语》又谓：《南史》称鲍照、谢元晖为鲍谢，《唐书》鲍防与谢良弼友善，人亦称之鲍谢。是古来共有二鲍谢。

汉时苏武、李陵称苏李，唐时苏味道、李峤亦称苏李。明皇时苏颋、李乂对掌文翰，明皇亦称为苏李。又东坡答李公择诗云："从来苏李得名双。"坡又欲与公择称苏李也。是汉、唐、宋又共有四苏李。

唐李光弼、郭子仪称李郭，《宋史》开禧用兵，李汝翼、郭倬取宿州，毕再遇至虹，遇二人裹疮还，再遇谓陈孝庆曰："李郭用溃，贼必追蹑。"是亦一李郭也，然不可同年语矣。吴梅村《赠刘雪舫》诗："依稀李与郭，流落今谁存。"则指前明神宗李太后之父讳，及光宗皇后之父郭维城，皆国戚也，是又一李郭矣。

唐元微之、白乐天并以诗名，时称元白。金末元遗山为一代文人之冠，其时有白君举，字寓斋，陕州人，以进士官岐山令，诗名与遗山相颉颃。元白本世契，两家子弟每举长庆故事相往来，时人亦谓之元白。

……

三、诗论（诗话）中的并称记载

各类文学评论也是记载文人并称的主要载体。以诗话为例，诗话作为一种叙述性文体，主要承担着诗歌批评的任务，对诗人并称群体的评价亦不在话下。兹介绍两部代表性作品：

1.《三家诗话》

历代诗话、词话林林总总，总量至少上千，但单纯针对并称群体者，目前仅见《三家诗话》一部。清代道光间尚镕所撰《三家诗话》，是一部关于“乾隆三大家”（袁枚、赵翼、蒋士铨）诗学观点的专著，其体例在清代诗话中别具一格。该书以袁枚、赵翼、蒋士铨“乾隆三大家”为批评对象，全篇分“三家总论”“三家分论”“三家余论”三部分，其规模虽偏小，然条分缕析、论列精当，堪称第一部全面、系统研究“三家”的诗学专著。

2.《诗家标目》

光绪年间宗廷辅辑《诗家标目》（光绪二十年自刊本），该书即列举了众多诗人并称群体，并附以简要说明，可以称得上一种小型的资料汇编。该书共分四卷，第一卷为地域类，举历代齐名或集团，注以名姓、出处、集名，起自柏梁台联句，下及高斋十学士、月泉吟社、北郭十友等。尤详于清代，若嘉定后四先生、长安十子、吴会英才十六人、长州下津桥两布衣等生僻人物并称者皆在其中。第二卷为家族类，如三祖、二陆、公安三袁、新城四王、上海三曹等。第三卷为源流类，主要是汇前人之诗评。第四卷为社团类，起白居易洛中九老会，有至道九老会等。补遗收莲社十八贤、西园雅集图十六人、送张仲实游大涤洞六十五人、玉山雅集十三人。①

除了上述几部代表性的专著以外，绝大多数的诗话、词话，是将文人并称群体作为可资闲谈的话题，其评论往往是“蜻蜓点水式”的发挥。常见的叙述套路，或侧重从生平交游叙群体之遇合，或侧重从具体作品论个体之异同，或仅仅作为介绍作家基本情况的一个附件。然而，正是这些大量零散、片言只语的点评，成为历代并称话题的主要传播方式。

各类的诗集、文集、词集以及史籍类、宗谱类等亦有文人并称的相关记载，大多比较零散且比较常见，就不过多叙述了。

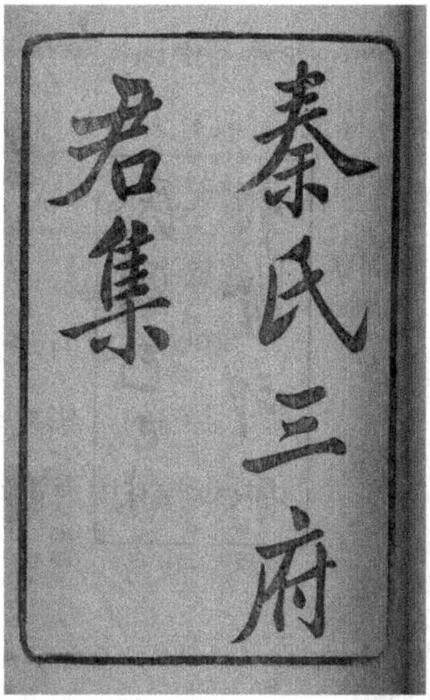

《秦氏三府君集》民国十七年印本

总之，古人对人物并称进行汇编、存疑、原始、轩轾、排序、坐实，一定程度上具备传统学术研究的色彩。

① 详细介绍参见蒋寅《清诗话考》（中华书局，2007，第2版，617页），据《清诗话考》介绍，上海历史文献图书馆藏有《诗家标目》四卷。

第二节 今人成果

进入现代以来，人们逐渐认识并称的重要性，相应的成果亦不断开发出来。下面分类进行阐述。

一、关于文人并称的条目研究

条目研究是整个并称研究的基础，而关于条目研究，无论是古人还是今人都是非常重视的。

杨荫深（1908—1989）所著《中国文学史大纲》附录《历代作家纪数表》《历代作家并称表》，收有人物并称百余则。现代的类书如《中国文学家大辞典》《中国文学大辞典》等，现代辞书如《辞源》等，也都收有人物并称词条，但数量不多。

1990年6月华夏出版社出版了由张秀平主编的《华夏名人称号掌故手册》，共收集收有国内古今名人的合称、并称、尊称、戏称、号称、誉称、鄙称等600余条。

毕萍、刘钊编著的《中国并称名人辞典》（南京大学出版社，2006年版）

1992年9月南京大学出版社出版了毕萍、刘钊编著的《中国并称名人辞典》，2006年出版了修订版，书中编入从远古的“炎黄”到清末变法维新的“戊戌六君子”，计460条，共1 400多位名人，内容涉及诸多方面。该书每个词条下面均有并称人物的简介，并简要介绍出处，是一本比较实用的工具书，也是第一部冠名“并称”的辞书，但缺点也很明显，即所收条目较少，远远不能满足研究需要。

2001年上海辞书出版社出版了由龙潜庵、李上松、黄昏编著的《历代名人并称辞典》，进一步填补了人物并称类书籍的空白，该书收词1 708条，实收义项2 190项，该辞典详列各词条的最早文献出处（即书证），颇具学术价值及实用功能。但在众多书证中，难免百密一疏，存在一些书证晚出、早有合称、书证之间出现断裂甚至释义不准确的条目，影响了其学术价值及实用功能的发挥。但总的来说，这是我国当代第一部内容比较丰富完备的真正意义上的人物并称辞书。

龙潜庵、李小松等编著《历代名人并称辞典》（上海辞书出版社，2001年版）

至于文人并称的总量到底有多少？想要统计出一个精确的数目，恐怕实属不易。而据陈凯玲统计，以一个组合为单位，仅清代诗人狭义的并称群体数量估计至少在五六百个以上，广义的则在上千个[①]。根据笔者目前搜集的案例，按照并称中的人物完全相同的算作一个并称组合的话，截至目前，笔者累计搜集了4 000多个组合；若是按照并称的题目或人物稍有不同就算一个条目的话，笔者累计搜集了大约6 000个条目。当然这还远远不足以窥见全貌。根据笔者估算，中国古代的文人并称至少在上万以上，至于这“以上”究竟是多少？却无从知晓了，只能留待后人来继续解答这个谜团了。

二、关于文人并称的概貌研究

对文人并称现象研究较早的有柳苞《文学史作家并称刍论》，该文从中国文化乃至世界文化的大背景下，对中国文学史上作家并称的现象做了宏观的审视，并揭示其产生的根源并论述其作用与特点，为文学史的研究提供一个新的视角。文中既指出了文人并称对作家和文学创作的有利方面，也指出了文人并称导致相互标榜带来的不利影响，正如文中所讲：

> 一方面，人们将数个作家并称，从而扩大了这些作家在文坛上的影响，提高了他们的知名度；另一方面，并称的作家逐渐被忽略了其个性亦即抛弃了其独立存在，而只被视作一个共性集体的组成部分。一方面，若干作家组成一个群体原是为了壮大声势，广泛团结其他作家，共同推动文学创作向前发展；另一方面，文学并称愈益成为标新立异，画地为牢的象征，以至有的文学并称本身也失去了面目，只留下一个符号。一方面，人们提出、介绍、分析、研究文学史作家并称，旨在更客观、更全面地描述中国古典文学的历史演变，为的是更好地从中找到把握中国

① 陈凯玲．清代诗人并称群体研究［D］．杭州，浙江大学，2011：10，21.

古典文学的发展规律；另一方面，提出文学并称的先天缺陷以及后来对文学并称各组成因子共性特征的过多关注，又造成了人们对中国古典文学发展史认识上的一些误解，造成了对一些中国古代文学现象以及一些古代作家的片面理解。①

李福标在《古代文人合称现象及其相关问题》一文中较早研究了古代文人的并称现象，并指出："古代文人合称现象在中国文学史和文学批评史上很普遍。一个文人合称往往代表一种文学风尚或一种文学批评理念。合称中的作家之间存在着某种特殊的因缘，对这种因缘进行深入发掘和辨析，对于作家研究和文体研究都有重要意义。"②

2006年6月，南京大学硕士张珊完成了硕士学位论文《中国古代作家并称研究》，这也是国内第一篇以作家并称研究为主题的硕士论文，开系统研究作家并称之先河，是一部具有划时代意义的里程碑式作品，该部作品也荣获了首届程千帆奖学金。

《中国古代作家并称研究》共分上、下两编，总计七万余字。上编为总论，由《并称概说》《收录并称的文献考释》《并称的形式考索》《并称探源》四章组成；下篇为分论，由《论作家并称中最常见的形式之一："×子"式》《"友"的变迁——论魏晋南北朝最为常用的并称形式之一》《其他常见并称字释例》三章组成。该文通过大量的实例考察，比较全面地梳理了并称在中国古代文学、文化等领域的发生、流传、演变等状况，从理论上初步构建了中国古代作家并称的研究体系，具有开创之功。关于并称的定义、并称的起源、并称的成果、并称的形式、并称的意义等方面的研究均有创新观点和独到之

① 柳苞．文学史作家并称多论［J］．汕头大学学报（人文社会科学版），1993（2）：24－30.

② 李福标．古代文人合称现象及其相关问题［J］．西北大学学报：哲学社会科学版，2002（1）：82－86.

处，至今仍是并称研究领域重要的参考之作。但该文关于文人并称的体系研究仍不够完善，涵盖范围仍然比较窄，典型案例仍然偏少，以此窥见中国整个古代文学史的并称状况，仍然有以偏概全之嫌，毕竟作为硕士学位论文，限于作者的时间和精力，以及文章的篇幅，部分并称问题仍然不够细致深入。但不可否认的是，该作品至今仍是最为系统和全面研究这一领域的代表性成果之一。

而关于文人并称现象这一领域最重要的一篇论文是张珊在北京大学攻读博士学位期间撰写的《并称探源——语言、文学、文化的多重考察》，她在文中指出：

> 并称是古代文学中的常见现象，是作家的一种称谓方法。这种称谓法则在语言、文学、文化多重因素的相互作用下逐步确立、发展。从语言角度看，并称大致可分为姓氏相连、数目词与端语相连两种，其起源关系到语言的缩略与简省、二名只用一字、姓氏确立、以数为纪的表达法等诸多方面。从文化风俗角度看，并称的形成与两汉社会中称号的传统、谚语的流行、评议的风气、比伦的思想、求名的愿望等关联甚密。从文学角度看，并称经历了由群辅到俊彦再到文人的扩展，最终在魏晋南北朝时确立，是使用范围不断改变与扩大的结果，也是文学本身发展繁荣的体现。并称进入文学领域之后，在作家文学地位确立、成就衡量、时代文风评价、文学流派形成、批评方法借鉴等方面具有重要意义。从文化心理角度看，类比思维，对称、骈偶及数字因缘，慕古意识等使并称在历代生生不息。①

① 张珊．并称探源——语言、文学、文化的多重考察［J］．中国社会科学，2009(5)：154-167.

罗时进在《唐代作家并称的语言符号秩序与文学评论意义》一文中阐述了作家并称的语言符号秩序与文学评论意义之间的关系，作者指出：

> 并称是唐代文学发展史和学术史中的一种习见现象。如何并称，关乎语言符号秩序，而并称现象则具有更为重要的文学评论意义。如果说并称是抽象、浓缩的符号，阐释就是不可缺少的意义还原，通过还原实现对选择对象的再选择和淘汰，以达成文学经典化的推进。从并称的出现，到意义的生成，价值的确认，在这个漫长的过程中，一些并称对象进入了唐代主流作家群体，成为一个时代的代表，而另一些对象则在“循名责实”中逐渐失去了原有的光彩。其中有许多必然和偶然的因素，而无论必然，抑或偶然，作为唐代文学史的资源，总值得高度重视和深入研究。[①]

虽然说这是针对唐代作家并称而言的，但对古代文人并称也基本适用。

关于文人并称排序的成果，如吴承学《谈谈古代文人并称的先后次序》[②]、娄彦刚《对古代作家并称名序排列问题的探讨——兼对元白并称先后一种解释的质疑》[③] 等，具体内容见第三章所述。

研究文人命名方式和分类方法的成果：近代以来的研究成果有郭绍虞的《明代的文人集团》，文中辑录了公安三袁、娄东二张一类的“文人集团”九十四种，大致分为地域、社所、时代、官职、师们、家庭关系、品题、齐名八类命名方式。在《历代名人并称辞典》的前

---

① 罗时进．唐代作家并称的语言符号秩序与文学评论意义［J］．文艺理论研究，2013（2）：77.

② 吴承学．谈谈古代文人并称的先后次序［J］．古典文学知识，1995（2）：101－103.

③ 娄彦刚．对古代作家并称名序排列问题的探讨——兼对元白并称先后一种解释的质疑［J］．宁波职业技术学院学报，2004（1）：54－55.

言中，龙潜庵、李小松、黄昏等认为古代文人并称主要有称姓、称名、非姓名称三大类，而常以数字、地名等贯串其间，实则将其分为十一小类。文乐从并称的缘由入手，将其分为六类：同名并称、同派并称、同门并称、同期并称、同姓并称、同字号并称①。可惜太过笼统，这六种只是最常见的几种并称而已。李书皓在《中国文化中独特的“齐名”现象》一文中将并称分为十类：地域、时间、风格、血缘、姓名、聚会、师门、体裁、政治、实力②，不过其论述不够严谨，调侃味道较浓，学术性不足。张珊在其硕士学位论文《中国古代作家并称研究》第三章《命名的形式考索》亦有专门论述。陈凯玲在其博士学位论文《清代诗人并称群体研究》第三章《清代诗人并称群体的命名》中，从命名的角度依据出发，将之分为五类：以姓名字号命名、以籍贯地区命名、以活动经历命名、以成就地位命名、以个性特征命名；从命名的形式布置出发，将之分为三类：并列式、拆补式、偏正式。

关于文人并称的地域研究成果有：黄海云的《广西历代文人并称及异称》等。在文中作者指出：“广西古代文学史上出现过不少在本地乃至全国均有名气的诗人与文学家，有时候他们以宗亲关系或是朋友关系并称，有时候因他们的地缘或文绩一起得名。这些并称与异称，多见于地方志与地方文人著作中记载。有些得名与流传地区则超出了广西本土，这充分证明广西古代文学的价值。反映了广西古代文坛上的一些流行的文学现象，说明广西古代文学总体上虽不如中原地区兴盛与繁荣，但在我国文学史上也占据了不容忽视的地位。”③ 在文中，黄海云先生一共辑录了广西壮族自治区 24 例文人并称（另有 7 对异称），这是笔

① 文乐．作家并称［N］．黑龙江晨报．www. hljcb. northeast. com. cn. 2003－07－16.

② 李书皓．中国文化中独特的“齐名”现象［EB/OL］．http：//hongxiu. cn/view/a/2005－10－14/906139. html.

③ 黄海云．广西历代文人并称及异称［J］．阅读与写作，2004：34－35.

者目前见到的第一篇研究区域文人并称数量的论文。相较而言，文人并称数目繁多的江苏、浙江等省市则未见相关梳理的成果。

三、关于文人并称的断代研究

2009 年 5 月，陕西师范大学硕士研究生白旭完成了《唐宋作家并称研究》，可称为当代第一篇文人并称断代史研究的硕士论文。该文从并称的角度对唐宋作家进行研究，从并称的形式、表现方式、文学评论等方面进行综合、细致的分析，并对其中最具代表性的李杜并称进行个案研究，以期获得对当时社会思潮、审美评价、作家创作、交往唱和、文学接受等的宏观把握。全文由引言和正文构成。全文分五章进行论述：第一章为并称概说，主要介绍了并称的概念、特征、中国古代并称的发展流程、对并称的规律性认识、并称特殊现象研究以及作家并称中的排序问题。第二章从时代、作品倾向或观点、地点、宗族关系、同姓、成就、字号等七个角度，分别对唐宋文学作家的并称进行深入研究和探讨。第三章就唐代最具代表性的李白杜甫二人的并称进行个案分析。主要研究李白杜甫并称的缘起、后世评价、杜甫因为和李白并称从而应该归属盛唐的时代界定。第四章另辟蹊径，对唐宋文学作家并称在国外的传播和品评情况进行了研究，得出这样一个结论：从某种程度上来说，国外文学评论家对于唐宋文学作家的评论有些意见也是尤为中肯的。第五章是从传播学角度对唐宋作家并称进行一个新的关照。

纵观《唐宋作家并称研究》，这部作品还是具有开创之功的，成绩也较为明显，单独将某个朝代的作家并称纳入研究的范畴，殊为不易，且研究方法也具有一定的独特性和创新性，该文在对文学并称的影响研究时，不仅考虑到对后世文学评论的影响，并且引入当代传播学的全新概念，对文学并称这一现象的产生和泛化原因进行解释。作者还参阅不少域外的诗话词话，以韩国和日本为例，分析他们对中国古代作家并称的评论，考察与中国的不同之处。这些都是值得充分肯定的，但是该部作品缺点也是很明显的，例如唐宋作家并称的数量没有涉及，唐宋作家并称的异同和演变也是没有谈到的，在诸多的唐宋作家并称中仅以“李杜”等有限的几个并称作为代表也是远远不够的。

张震英在《唐诗人并称现象论析》一文中重点研究了一个朝代的诗人并称现象，并指出：

> 并称是唐代文学史中一个普遍而又重要的文学现象。唐诗人并称的类型很多，有文笔相称、一时齐名的，有专以诗闻名于当世、才力匹敌的，也有为后学推崇或后世学者在研习唐诗过程中总结归纳而成的。诗人并称是特定时代的诗歌潮流与风格流派兴衰与变迁的缩影。后世诗论家对唐代诗人并称现象的认识经历了由浅入深、由随意到固定、由个别见解到大众认同的漫长历程。随着文学研究史中对诗人并称现象的重视，探求相似、辨析不同以及区分优劣等与并称现象相对应的一系列研究方法也逐渐发展成熟，成为古典诗学研究领域基本的治学方法。①

2011年陈凯玲完成了《清代诗人并称群体研究》，可以称为当代第一部诗人并称断代史研究的论文。其文共分七部分：绪论部分，首先界定“并称”“并称群体”的概念与范畴，其次介绍与清代诗人并称群体相关的研究成果，接着从宏观上阐述其研究意义，最后说明本书的研究思路。正论凡六章。第一章《清代之前作家并称群体的流变》，简要回顾先秦两汉以迄明代作家并称群体的发展历程，以为研究清代诗人并称群体提供一定的参照。第二章《清代诗人并称群体的

① 张震英．唐诗人并称现象论析［J］．学术论坛，2009（3）：155－158.

繁盛》，论述其具体表现和主要原因。第三章《清代诗人并称群体的命名》，探析其命名的角度、方法，以及有关命名的其他某些复杂现象。第四章《清代诗人并称群体与具体作家》，讨论并称群体内部作家的创作成就与异同表现。第五章《清代诗人并称群体与诗歌流派》，分析并称群体与诗歌流派的联系和区别，与诗派领袖的关系，及其在流派发展中的作用影响等。第六章《清代诗人并称群体与诗坛风会》，以清代初、中、晚三个时期的代表性并称群体为例，揭示其作为诗坛风向标的意义与价值。该作品在诗人并称研究史上极具分量，也是目前该领域最丰硕的成果之一，该作品对于清代诗人并称的研究极为深入，无论是成就斐然的“大家”并称还是毫无名气的“小家”并称均有涉及，对女诗人并称也有个案说明，基本展示了清代诗人并称的全貌，是一部难得的优秀作品。

齐凯在《千古文士并风流——魏晋南北朝作家并称现象论析》一文中则研究了魏晋南北朝时期的作家并称。作者经过论证指出：“魏晋南北朝时期，作家并称现象开始慢慢增多，已能构成一个具有整体性的研究对象。”① 作者通过宏观地对魏晋南北朝时期作家并称现象的特点和成因的分析，力图把握文学在此期发展的一些面貌、轨迹，更好地窥见文学发展过程中的‘自觉’精神”。笔者认为这个观点也是比较新颖和独到的。

综上所述，目前对历朝历代文人并称研究的成果有魏晋南北朝、唐宋、清朝，而且多局限于诗人。元代的诗人并称、明代的诗人并称至今尚无人涉及，其他领域的如词作家、曲作家、小说家、画家、书法家等更是无人研究。总之，关于文人并称的断代史研究成果仍然不多，有待于继续挖掘深入。

---

① 齐凯．千古文士并风流——魏晋南北朝作家并称现象论析［J］．绵阳师范学院学报，2014（3）：52.

四、关于文人并称的个案研究

此部分研究主要集中在学术论文、学位论文和学术专著三大方面。鉴于文人并称的案例研究数量较多，且呈逐年增长的态势，已日趋繁荣，在此仅介绍其中具有代表性的研究成果：

关于文人并称的个案整体研究成果，以专著为例，如姚蓉的《明末云间三子研究》（广东高等教育出版社 2004 年版）、万光治的《蜀中汉赋三大家》（巴蜀书社 2004 年版）、李福标的《皮陆研究》（岳麓书社 2007 年版）、王富鹏的《岭南三大家研究》（人民文学出版社 2008 年版）、陈望南的《海虞二冯研究》（中山大学出版社 2011 年版）等等。以学术论文为例，如宋平生《清末四大词人生平与创作》（《中国典籍与文化》1998 年第 1 期）、李子迟《“双子星座”：杜牧和李商隐》[《广西民族学院学报》（哲学社会科学版）2002 年第 2 期]、姚金笛《清初曲阜三颜略论》（《现代语文》2006 年第 9 期）、王英志《性灵派三大家简论》（《厦门教育学院学报》2008 年第 4 期）等等。以学位论文为例，如刘云霞《“江东三罗”考论》（厦门大学硕士学位论文，2006）、曹冬雪《宋代词人江阴“三葛”研究》（南京师范大学硕士学位论文，2007）、王蓉《“嘉定四先生”研究》（上海师范大学硕士学位论文，2010）、曹苑《吴中三张研究》（上海师范大学硕士学位论文，2011）、赖智龙《越中十子研究》（南京师范大学硕士学位论文，2013）等等。

关于研究某个文人并称起源的成果，如王治田的《李益、李贺“二李”并称及乐府齐名考》（《乐府学》2014 年第 2 期），针对李益、李贺齐名并称的缘由，在其文中指出：二人之能够齐名并称，与李贺在元和初任奉礼郎和协律郎的经历是分不开的；此外，韩愈、皇甫湜等人对李贺的赏识也使得李贺声名大增，足以与前辈诗人李益比肩。同时，李贺的乐府歌诗创作本来就有极高的成就；李益更多是继承，而李贺更多是创新，这也可能是两《唐书》在追述这一史实时会说李益与李贺齐名的原因。二人都学太白，李益得其清雅，李贺得其峭拔，相近的诗学渊源也是二李得以齐名并称的一个基础。类似的成果还有高翠霞《"中兴四大诗人"名称来历考》（《河北科技师范学院学报》2008 年第 1 期）、李芳黎《"阴何"并称的原由分析》（《新西部》2010 年第 12 期）、白爱平《姚贾并称的产生与流衍》（《求索》2011 年第 8 期）等等。

关于研究某个文人并称在文学史上地位或影响的成果，如李朝正《略说明代"西蜀四大家"对四川文化的拓展》（《社会科学研究》1989 年第 4 期）一文指出：明代"西蜀四大家"是从低谷中走出来的文化巨匠，他们为四川文化的拓展贡献了不可磨灭的力量，造成了四川文化史上的又一个新高潮，使四川文化在中国文化史上，在一个时期内占有突出地位。类似的成果尚有朱凤云《齐鲁文化视野下的"山左三家"诗论》（《柳州职业技术学院学报》2010 年第 1 期）、白一瑾《"京师三大家"对清初金台诗人群体的影响》（《北京社会科学》2012 年第 4 期）等等。

关于某个作家是否归属某个并称的研究成果，如颜廷军在《王实甫不入"元曲四大家"原因管窥》（《连云港职业技术学院学报》2006 年第 1 期）一文中指出：王实甫以剧作《西厢记》成就了在中国戏剧史上的地位，但在从明代以来形成的"元曲四大家"的称谓中，却没有王实甫的位置。作者认为这主要是《西厢记》的剧作的形式、其故事情节来源、历史上对《西厢记》作者的争议、明人对王实甫贬语等原因造成的。当然，既然有研究某个著名作家不入某个并称原因的，自然也有研究某个没什么名气的文学家被纳入某个并称原因的。类似的成果还有丁放《简论"大历十才子"的主名暨古代名士齐名的原因》(《安徽教育学院学报》1987 年第 2 期)、周雪根《明初云南四大诗人“平居陈郭”之“平”非平显考》(《吕梁学院学报》2012 年第 5 期)等。

关于研究一个并称及其别名的成果，如朱则杰在《“长安十子”别名考论》(《河北学刊》2010 年第 3 期)一文中指出：历史上不少文学流派，常有数量不等的不同名称。对有关各种名称进行梳理，这不但本身是一件十分有趣的工作，而且有时还能够发现某些微妙的问题，从而为日后的学术研究提供更好的规范。作者经过考证梳理，得出“长安十子”尚有十二个以上的并称别名。类似的成果尚有马大勇《汪懋麟、曹贞吉、曹禾合论——兼谈“金台十子”的异名问题》(《中国诗学》2005 年第 9 期)、朱则杰《“西陵十子”系列考辨》[《浙江树人大学学报》(人文社会科学版) 2015 年第 3 期] 等等，这也是启发笔者将“并称组合”和“并称条目”予以单列的主要原因之一。

关于研究一个文人生平与其所属并称数量的成果，范知欧在《于慎行生平及其相关并称考述》[《山东师范大学学报》(人文社会科学版) 2014 年第 1 期] 一文中，就探讨了在于慎行的生前身后，曾流传开一些与其相关的并称，共考证出“二于”“鲁两生”“于、邢”“于、冯”“七相”、明万历前期“山左三家”等六则并称。

关于研究文人并称演变与文学接受的成果，如李红霞的《从陶谢并称的历史嬗变看其文学地位的消长——以东晋至南宋为例》(《齐鲁学刊》2005 年第 3 期)，该文指出：东晋至南宋，由于时代价值取向的不同和接受者品位素养的高下，陶、谢的文学地位互有消长，陶诗由隐晦而日渐显扬，谢诗则从备受赞誉而遭损毁。陶、谢在各历史时期褒贬毁誉的变化，反映出不同时代精神和审美趣味影响下接受者期待视野的递嬗。类似的成果有阮堂明《“三李”之称及其相互关系》

[《天津师大学报》（社科版）1999 年第 5 期］等等。

关于研究文人并称与社团关系的成果，如陈宇舟《论“南施北宋”与复社关系略考》［《苏州大学学报》（哲学社会科学版）2008 年第 2 期］、周焕卿《清初遗民词曲社之文化原生态个案考论——北湖三家与特社》（《人文中国学报》2011 年第 17 期）等等。

关于研究女子作家并称的成果，如黄嫣梨《清代四大女词人——转型中的清代知识女性》（世纪出版集团、汉语大辞典出版社，2002 年版）、黄彩英《宋代四大女词家李清照、朱淑真、吴淑姬及张玉娘词之创作研究》（“国立”台南师范学院，2004 年，学士论文）、娄美华《吴中十子及〈吴中女士诗钞〉研究》（沈阳师范大学，硕士学位论文，2010）、雷艳平《宋代四大女词人探论》［《海南师范大学学报》（社会科学版）2016 年第 4 期］等等。

此外，在某些专著、论文中，亦有文人并称的相关见解，如郭绍虞先生在《明代的文人集团》一文中，探讨了明代作家并称与文人社团的关系；刘跃进先生主编的《中国古代文学通论·魏晋南北朝卷》中编第四章“魏晋南北朝文学与社会文化”第五节“世族文学集团与文学批评”，指出了古代作家并称与“世族人物品藻”的关系；袁世全在《实用合称词词典》中的代序《合称：一种独特的传播符号》中分别说明了“合称的含义、形式、功用、历史与现状”问题，等等。这些零星的讨论也颇有价值。

第三节　研究方向

今人以文人并称群体为视角，或概述基本情况，或考证生平交往，或比较创作异同，或评判地位高下，均不乏有益的探讨。但总的来看，有关文人并称群体的研究呈现一个明显的特点，即偏重以个案为对象，尤其集中在大家、名家身上；至于全面、系统的专题探讨，则迄今为止仍然不多。

笔者认为关于文人并称研究还有诸多问题需要解决，例如文人并称的界定、源流、分期、分类、命名、评价、数量等都有待于深入讨论；文人并称与时代背景、社团组织、风格流派、地域文化等之间的关系也有待于辨析梳理。笔者认为，文人并称的研究方向至少体现在以下几个方面，从另一方面来讲，这也是本书的不足之处以及今后的努力方向。

一、文人并称与具体案例研究

文人并称是时人或后人比较、评价、筛选的结果，并称为文人比较提供了较好的参照系。文人并称因人而起，因而它的文学批评意义首先体现在人的层面，因此在这方面仍有大力挖掘之处。

一是并称人物的起源研究。即研究文人并称条目的来源，或者说为什么会起这么一个并称名称。

二是并称人物的考证研究。笔者在搜集文人并称组合或条目的过程中，经常会遇到有文人并称条目而无具体人物的案例，例如：

明代顾起纶《国雅品·士品二·浦舍人长源》："词彩秀润，初游闽中，访林员外子羽，自诵《荆门诗》云：'云边路绕山色，树里河流汉水声。'于是林始惊叹，遂延入社。元美品浦林为小乘法师，言未到佛境界也。又云：'听鸡晓阙疏星白，走马春郊细柳黄。衣上暮寒吴苑雨，马头秋色晋陵山。'亦是相中色语。时王学士达善、王舍人孟端为同邑名人。学士有'路分京口树，帆渡月中潮'，舍人有'腊酿多藤酒，春禽半竹鸡'，并称秀句。湛李之后，'锡中三贤'稍嗣中落。”① “锡中三贤”到底是指那三个人物，笔者目前尚未考证出来。

又如清李慈铭《越缦堂日记·庚集·咸丰十一年二月二十三·芝村读书图记》：“未几，江南北、浙西争以所业来质，书币车马，日萃于越，越必主芝村，于是有益社之广，好事者定为益社六子、续六子、后六子、广六子之目，而芝村之名胫千里矣。”②

益社六子、续六子、后六子、广六子，笔者仅闻其名，具体人物则一无所知。

笔者目前已经寓目了上千册书籍、数百篇硕士博士毕业论文和数百篇学术论文，发现了大量的待考文人并称，兹取部分列表如下，以求教于广大读者和专家：

中国古代文人并称待考表

人数	朝代	并称	人物	出处
二人篇	宋代	二李	人物不详	北宋傅察《同七兄寄二李》诗
	宋代	二范	范顾言叔侄	清曾季狸《艇斋诗话》
	明代	大小欧	欧大任及其季弟	明欧必元《家虞部公传》
	清代	王张/孙李	人物不详	清马世珍纂修《道光安丘新志·文苑传》卷十九
	清代	天池双凤	人物不详	清龚炜《巢林笔谈》卷六《尊师种德》

① 丁福保．历代诗话续编［M］．北京：中华书局，2001：1096.

② 罗时进．基层写作：明清地域性文学社团考察［J］．苏州大学学报（哲学社会科学版），2012（1）：117.

续 表

人数	朝代	并称	人物	出处
三人篇	唐代	南滨三隐	杨环等人	《广州府志·杨环传》
	宋元之际	三李	人物不详	清李宗莲《皕宋楼藏书志·序》
	明代	锡中三贤	人物不详	明顾起纶《国雅品·士品二·浦舍人长源》
	明代	真定三子	张瑀等人	清初梁清远《祓园集》卷三《真定三子传》
	明末清初	长安三布衣	人物不详	近代邓之诚《清诗纪事初编》卷五《龚鼎孳》
	明末清初	三高士	汪沨等人	清末吴庆坻《蕉廊脞录》卷四《汪沨》
	明末清初	三周	人物不详	近代邓之诚《清诗纪事初编》
	清代	三西	西成、西泰等人	清法式善《梧门诗话合校》卷二
	清代	湖墅三杰	人物不详	清潘衍桐《两浙輶轩续录》
四人篇	南朝齐	四皓	徐伯珍等人	明张岱《夜航船》卷五《伦类部·时称四皓》
	元代	元僧四隐	觉隐等人	明李日华《六研斋三笔》卷一
	明代	西安四家	人物不详	陈延恩等修，李兆洛等纂《江阴县志》卷十七《人物·文苑》
	明代	江阴四子	袁寓庸等人	明李维桢《大泌山房集》卷二六《江阴四子社稿序》
	明末	今诗四大家	王铎、黄景昉等人	明末谈迁《北游录》
	清代	苕南四隐	张道岸等人	清王晫《今世说》卷七《巧艺》

续　表

人数	朝代	并称	人物	出处
四人篇	清代	吴淞四布衣	吴钧等人	清袁枚《随园诗话补遗》卷四《五七》
	清代	工部四君子	方元鹍等人	清宋宏钊《工部虞衡司主事方公传》（《固塘方氏宗谱》）
	清代	凤城四家	人物不详	清凌扬藻辑有《凤城四家诗选》
五人篇	疑为明代	东林五君子	人物不详	清王昶《蒲褐山房诗话新编》卷上《一六六》
	明末	昙花五子	张鼒、莫天洪、李凌云等人	明末清初杜登春《社事始末》
	清初	五桂	人物不详	清归庄《归庄集》卷三《王怿民诗序》
	清代	肃门五君子	王闿运、李篁仙、高心夔、黄锡焘等人	民国刘成禺《世载堂杂忆·学业功名分两派》
六人篇	清代	姑苏六子	张邦弼等人	清法式善《梧门诗话合校》卷三
	清代	海上六子	人物不详	清杨伯润《海上六子吟》诗
	清代	益社六子、续六子、后六子、广六子	人物不详	清李慈铭《越缦堂日记·庚集·咸丰十一年二月二十三·芝村读书图记》
七人篇	明代	福州七才子	康彦登等人	清乾隆《福州府志》卷之六十《人物十二·文苑·明》
	明末清初	方外七友	徐孚远、叶后诏、郑郊等人	清周凯辑《厦门志》卷十三《隐逸》
	明末清初	青门七子	朱子斗等人	清王弘撰《山志》二集卷三“青门七子”条

续 表

人数	朝代	并称	人物	出处
七人篇	清初	版曹七子	人物不详	清初孔尚任序《盟鸥草》
	清初	鹤山七子	林时跃、华夏、王家勤等人	清董沛《鄞县志·人物十四》
	清初	江上七子	人物不详	清末民初章钟祚《江上诗钞补序》
	清代	西泠七子	人物不详	清况周颐《续眉庐丛话》
	清代	安丘七子	人物不详	柯愈春《清人诗文集总目提要》卷三十六
	清代	农曹七子	酸尼瓜尔嘉·额尔登谔、卓奇图、峻德、保禄、胡星阿、伊麟等人	清铁保《惟清斋文集·梅庵文钞》卷三《选刻八旗诗集序》
	清代	泖东七子	顾夔、姜皋、高崇瑞、高崇瑚、殷绍伊等人	王思豪《沪籍桐城派作家及其诗文集考述》
八人篇	宋代	洛中八俊	陈与仪、朱敦儒、富季申等人	宋楼钥《攻媿集》卷七十一《跋朱岩壑鹤赋及送闾丘使君诗》
	元代	南中八士	高彭、李湜、梅应春等人	《元史》卷一百九十《儒学二·胡长孺传》
	明末清初	漳水八隐	姜垓、宋继澄、宋琏、张允抡、董樵等人	《民国莱阳县志·王隐君岀传》
	清初	八桂	人物不详	清归庄《归庄集》卷三《王怿民诗序》
	清初	后景山八子	人物不详	清杨谦纂《梅里志》卷十八
	清代	嘉禾八子	董潮等人	清法式善《梧门诗话合校》卷二

续　表

人数	朝代	并称	人物	出处
九人篇	明代	广陵九老	人物不详	《民国歙县志》卷一《人物志》
	明代	青阳九子	人物不详	明李维桢《大泌山房集》卷一百三十一《饮和社诗跋》
	清代	螺墩九子	人物不详	清万廷芮有《“螺墩九子”诗》
十人篇	明代	金台十子	李廷机等人	明末清初冒襄《巢民文集》卷六《老母马太恭人称觞纪实乞言》
	清代	十逸	沈凤举、孙元、许硕辅、顾寿开、吴惠、吴然、赵文然等人	清王豫《江苏诗征》卷一〇〇“许硕辅名下诗话”
	清代	金坛十子/金沙十子	汤格、汤栻、蒋超、于云石、高东生等人	民国杨钟羲《雪桥诗话三集》卷四
十人篇	清代	西园十子	童钰、刘鸣玉、茅逸、商盘、刘文蔚、陶思渊、周长发等人	清商盘《质园诗集》卷六《初冬即事成诗》（共三首）其二
	清代	画社十子	萧景猷、王我逊、僧西意等人	清末李放《画家知希录》卷三《萧·国朝》
十二人篇	清代	西园十二堂	张振堂等人	清罗元焕《粤台征雅录》
	清代	后十二堂	人物不详	道光《广东通志》卷三三一《杂录·一》
十三人篇	明末	应社十三子	杨廷枢等人	清王应奎《柳南随笔》卷三
十四人篇	明代	浙东十四子	邵景尧、杨守勤等人	《明诗纪事》庚签卷一九“邵景尧”

续 表

人数	朝代	并称	人物	出处
十八人篇	明代	金台十八子	人物不详	明王世贞《弇州四部稿》卷六十五《金台十八子诗选序》集于燕而作者也。”
二十四人篇	清代	诗中二十四友	人物不详	清王士禛《古夫于亭杂录》卷四《诗中二十四友》

三是并称人物的定型研究。在文学史上，存在有文人并称条目而具体人物不确切的案例，最典型的就如上一章所讲的那个“中国古代四大才女”之类的案例。又如“宋词四大家”笔者至少已经见到了三个版本：

一说是苏轼、辛弃疾、柳永、李清照。

一说是苏轼、辛弃疾、周邦彦、姜夔。

一说是周邦彦、辛弃疾、王沂孙、吴文英。

至于推选一个“中国古代十大诗人”，并且得到广泛认同，估计也挺不容易的。

四是并称人物的评价研究。文人的历史地位可以通过并称体现，通常这种体现是正面的。历史上最杰出的文人，其文学地位往往借助并称来传播，无论是屈宋、陶谢、李杜、韩柳、元白，还是三曹、初唐四杰、唐宋八大家，等等，皆是如此。就稍次一级的作家而言，得以与名家并称，则为文名宣扬的有效途径。这种称誉方式往往采用含蓄间接的“堪与××比肩/并驱”“有类××”“可比××”“方驾××”等描述、比较性短语，这比单纯表彰才华更为形象与有效。

关于并称人物的评价研究具体又可分为以下四个分支：

1. 并称人物之间的高下研究。

2. 并称人物之间的异同研究。

3. 并称人物之间的排序研究。

4. 并称人物之间的关系研究。

二、文人并称与风格流派研究

并称还可以作为理解文体、流派和风格的依据。并称与风格流派既有区别又有联系，均属于文学史上的基本形态，两者虽然在人数规模、内部关系、成立标准和存在状态方面，都各自有不同的特点，但它们在发展历程中又会相互影响，甚至有交叉合流的情况。由几位作家到一种风格，再到一个派别，是由并称而扩展的与文学的深层关系。如果对并称进行分类，除了某些成就相当者可能风格迥异之外，因主张类似、侍从文学、社团流派、师承关系等原因而并称者的共性是文体或文学取向上有趋同之处。创作总是由人来体现的，于是并称超越其字面含义，不单指称作家，还进而升格为某种文学风格或是流派的代名词，且都带有他们所处时代的特色。

实际上，作家的成就与特色，也常在并称中得到体现。对于一个作家而言，他是构成并称群体的基本单位，并称通常就是在比较评价不同作家之间的高下异同时，所产生的一种批评效果。比如在班马异同、李杜优劣、韩柳高低这样的论题中，并称以其凝练概括的优势，参与到对作家的评量之中。“马工枚速”“潘江陆海”“元轻白俗”“郊寒岛瘦”等并称，寥寥数语即对作家特点做出了精要概括和高下比对。并称因精练短小，易于传播，既对作家成就的推广起到重要作用，又为人们提供了质疑、批评、讨论的目标。至于以“×家”总结历代文学创作的优秀作家，也常与文学流派问题纠缠在一起，难以分剥。

严羽《沧浪诗话》在论述诗体时说，以人而论，则有苏李体、曹刘体、徐庾体、沈宋体、王杨卢骆体、韦柳体、元白体等多种，即是以并称的形式归纳为诗之体。在这种风格的总结之中，并称作为历史筛选、淘汰的结果，已具备了经典意义。因此借助并称而指代风格，是简便而易得到认可的做法。

另外，并称的变化折射了不同时代风气的变迁。从宏观层面看，历代并称的连贯与排列可被视为一部简明的文学史，观并称便知一代文坛的状况。魏晋与唐宋的才士，佳号与风流、辞采互相映衬；而明代的并称却成为党同伐异、门派攻击的工具，同时也是扬名的手段和派别的标识；清代并称虽多，但矫正明人轻佻习气，多平和朴素与自赏之趣，这正是不同的时代风气使然。从微观层面看，通过具体并称的流传与改变，可以看出一时的文学好尚。以陶渊明为例，在不同时期，就有“浔阳三隐”“陶谢”“陶李”“陶杜”等多种并称。见于《宋书》和《南史》的最初并称“寻阳三隐”，是隐士的面貌，随着对其文学成就的逐渐认可，“陶谢”并称方才出现，杜甫诗中数次提及，如“陶谢不枝梧，风骚共推激”“焉得思如陶谢手，令渠述作与同游”。随后还有将陶渊明与李白、杜甫并列者，代表了后世之人对于文学典范的认识。从隐士到跻身六朝最优秀的作家之列，再到与唐代诗人李杜并列，其地位不断提高，这种并称的改变恰好就是陶渊明在不同时期的接受史。

再以谢灵运为例，在不同时期，有二谢、三谢、颜谢、陶谢、鲍谢等不同称号。《南齐书》称“颜谢”，将谢灵运与颜延之并重，体现了六朝人对华丽诗风的推崇。唐代时则将谢灵运与其族人并列，杜诗即称“孰知二谢将能事，颇学阴何苦用心”。宋代又有人集谢灵运、谢惠连、谢朓诗为《三谢诗》，体现了对谢氏家族诗歌成就的认可。杜诗中还常将“鲍谢”连称，如“忍待江山丽，还披鲍谢文”，又称孟浩然“赋诗何必多，往往凌鲍谢”，便是喜欢其清新俊逸。给前代诗人冠以并称，在重视师法前贤的杜甫那里屡次用到，这正是后人接受的过程中，对于前代作家淘汰选择、再度评判的表现之一。从陶谢二人并称的变化可以看出同一作家在文学史中的地位转换及其文学形象的重新塑造，这种历程同时也见证了时代文风的变迁。

综上，关于这个领域今后的研究方向主要可分为四个方面：

1. 文人并称与文体的关系研究。

2. 文人并称与风格的关系研究。

3. 文人并称与流派的关系研究。

4. 文人并称与作品的关系研究。

三、文人并称与文人社团研究

并称还可作为研究文人集团、文学社团的切入点。随着宋元之后文人结社之风的盛行，并称现象亦趋增多。郭绍虞先生认为："大抵既有文人集团，则'七子''四杰'之称自会随之以兴；而一方面有了这称'七子''四杰'的名号，也自会促进集团的发展。所以用此测量文学风气与集团组织之盛衰，即是比较正确而便捷的尺度。"① 他指出了文人集团与其称号的互相促进，其称号在某种程度上成为文人集团的一种标志。

关于文人并称与文人社团的研究，主要方向可分为以下两方面：

一是文人并称与文人集团的关系研究。例如有些文人集团在历史上产生了并称的称号，而有的文人集团则没有，到底是什么原因促成了这一现象还有待于继续深入研究。

二是文人并称与文人社团的关系研究。在历史上，有的文人社团与文人并称结合为一，而有的则没有；有的并称因传播而名气愈显，而有的并称则成为党同伐异的工具，这些均有待深入探讨。

① 郭绍虞．明代的文人集团［M］//照隅室古典文学论集：上编［M］．上海：上海古籍出版社，1983：518.

四、文人并称与计量分析研究

受王兆鹏教授将计量文献学、计量历史学和定量社会学的计量分析方法运用于词学研究的启发，笔者亦有将统计学应用到文人并称研究的想法，就文人并称研究领域至少有五个方向：

1. 并称人物总量研究。这个不多解释，很好理解。

2. 并称人物的数量构成研究，例如二人并称有多少、三人并称有多少、四人并称有多少，等等。

3. 并称人物的断代研究，例如唐代文人并称有多少、宋代文人并称有多少、明代文人并称有多少、清代文人并称有多少，等等。

4. 并称人物的性别构成研究，例如男性文人并称有多少、女子并称有多少、男女混合并称有多少。

5. 并称人物的地域构成研究，例如山东文人并称有多少、江苏文人并称有多少、浙江文人并称有多少，等等。下面，就地域分析再作一简要说明：

陈凯玲在《清代诗人并称群体研究》中指出：

> 清代诗人并称群体的地域性较为明显，即同一籍贯地的诗人往往容易结成并称群体，如前及五百多个诗人并称群体，当中就有百分七十者，其成员皆来自相同地区。若以省级为单位进行统计，则江苏一省的诗人并称群体之多，为全国冠首，占计算总额的百分之三十；其次为浙江省，占百分之二十之强；而后依次是广东、湖南、安徽、云南、直隶、山东诸省，合计约占百分之三十；其余的百分之二十，主要由广西、湖北、江西、贵州、福建、四川诸省构成，至于山西、河南、陕西、甘肃等地，虽然所

占比重轻微，但也均有零星的存在。[①]

应当说，上述的总结和归纳，尽管不十分精确，但对于清代还是适用的，放在整个古代文学史上也是未有太大偏颇的。

我国著名的文学地理学研究专家曾大兴在其专著《文学地理学研究》第三章《中国历代文学家的地理分布》中以谭正璧的《中国文学家大辞典》为蓝本，具体分析了历代文学家的地理分布。谭正璧所编《中国文学家大辞典》"上起李耳，以迄近代"，共收录我国文学史上有影响的文学家 6 851 人。除去辛亥革命后去世的，朝鲜、蒙古和越南籍的，以及籍贯不详的，有籍贯可考者为 6 388 人。在其《中国历代文学家的地理分布简表》[②] 中可以得知前十名的省份依次为：

第一名，江苏省 1339 人，占 20.96%；

第二名，浙江省 1294 人，占 20.26%；

第三名，江西省 555 人，占 8.69%；

第四名，河南省 440 人，占 6.89%；

第五名，山东省 355 人，占 5.56%；

第六名，福建省 351 人，占 5.49%；

第七名，河北省 348 人，占 5.45%；

第八名，安徽省 320 人，占 5.01%；

第九名，陕西省 259 人，占 4.05%；

第十名，山西省 229 人，占 3.58%。

上述十个省份合计占比 85.94%，可以说是占了文学家分布的绝大部分，由此可知，文人并称的大部分也就圈定在上述区域内。当然，比较意外的是四川、湖北、广东、湖南、上海排名略微稍后，没

① 陈凯玲．清代诗人并称群体研究［D］．杭州：浙江大学，2011：24.

② 曾大兴．文学地理学研究［M］．北京：商务印书馆，2012：70－71.

有进入前十，但其文学家数量还是不少的。当然以谭正璧的《中国文学家大辞典》作为统计依据，按照曾大兴教授的说法也是不得已，中华书局出版的七卷本《中国文学家大辞典》收录文学家人数虽多，但目前仍欠明代卷，且籍贯分析统计更为复杂，仅清代卷一卷就收录清顺治元年（1644）至道光二十年（1840）近二百年间的文学家三千余人，这个工作量是相当巨大的，单凭一人之力很难完成。

如果说中国历代的文人（文学家）总数是一个总量或者说是固定不变的量的话，那么各种文学家大辞典所提供的数据只能算是一个样本数量。在统计学上，所谓样本个数，就是样本可能的数目，指的是从一个总体中可能抽取的样本数。例如一个大小为500的样本，从中抽取100个做抽样调查，则样本个数为100。根据保守估计，中国历代可考的文人（文学家）至少得以数万甚至数十万计，谭正璧的《中国文学家大辞典》提供的有籍可考者6 388人样本个数显然少了些。实际上，在曾大兴《文学地理学研究》一书中就考据出了广东历代文学家就有2 048人，这个数字也是相当庞大的。因为在谭正璧的《中国文学家大辞典》中提供的广东籍作家不过才114人而已。样本容量过小，则样本对总体缺乏足够的代表性，从而难以保证推算结果的精确度和可靠性；样本容量过大，会增加工作量，造成人力、物力、财力、时间的浪费；样本容量还是需要合理确定。无论如何，曾大兴教授以谭正璧的《中国文学家大辞典》作为蓝本分析，实在是具有首创之功。

这里需要提出的一个问题和疑问就是是否文学家的地理分布格局也就是文人并称的分布格局呢？应当说两者之间还是呈正相关关系的，即文学家越多的区域，文人并称的数量也越多、越发达，这主要是凭经验判断的。鉴于目前两者的数量均无法确定，目前尚无法得到计量验证，也只能留待后人去分析解决了。

另外，文人并称还可以从诗人并称、词人并称、散文家并称、书画家并称、剧作家并称、小说家并称等角度分析，当然这种并称从数量上进行分析统计难度非常大，而且不少文人都兼具多种身份，甚至集诗人、词人、散文家、书画家等于一体，也不好细分和区分。

笔者收集了数千个文人并称，也仅仅是文学史上的一小部分，有的是尚未寓目，还有的已经消亡或无法搜集了。时至今日，这种文化现象虽然随着文言使用范围的缩小而渐趋衰落；但是，它在历史中的作用以及至今仍存活于人们观念中的众多经典并称，已内化为我们每个人的知识构成与精神素养，成为中华民族宝贵的文化遗产。

总而言之，文人并称是一座巨大的宝库，是一片有待于进一步开发的处女地，需要我们不断地在高度、深度、广度上开拓创新，为当前的文学研究或文化研究添瓦加瓦、贡献一己之得。

参考文献

一、专著

[1] 左丘明．左传［M］．长沙：岳麓书社，2001.

[2] 吕不韦．吕氏春秋［M］．北京：中华书局，2011.

[3] 司马迁．史记［M］．北京：中华书局，2013.

[4] 陶潜．群辅录［M］．北京：中华书局，1991.

[5] 陈寿．三国志［M］．北京：中华书局，2014.

[6] 刘义庆．世说新语［M］．北京：中华书局，2011.

[7] 范晔．后汉书［M］．北京：中华书局，2012.

[8] 刘勰．文心雕龙［M］．北京：中华书局，2012.

[9] 萧子显．南齐书［M］．北京：中华书局，2014.

[10] 魏收．魏书［M］．北京：中华书局，1974.

[11] 房玄龄．晋书［M］．北京：中华书局，1974.

[12] 白居易．白居易集［M］．北京：中华书局，1979.

[13] 刘昫．旧唐书［M］．北京：中华书局，1975.

[14] 欧阳修，宋祁．新唐书［M］．北京：中华书局，1975.

[15] 罗大经．鹤林玉露［M］．北京：中华书局，1983.

[16] 朱熹．朱子语类［M］．北京：中华书局，1986.

[17] 黄震．慈溪黄氏日钞［M］．北京：北京图书馆出版社，2005.

［18］周密．齐东野语［M］．上海：上海古籍出版社，2012.

［19］沈德符．万历野获编［M］．北京：中华书局，1959.

［20］胡震亨．唐音癸签［M］．上海：上海古籍出版社，1981.

［21］顾炎武．日知录集释［M］．上海：上海古籍出版社，1985.

［22］陈耀文．花草粹编［M］．保定：河北大学出版社，2007.

［23］周晖．金陵琐事·续金陵琐事·二续金陵琐事［M］．南京：南京出版社，2007.

［24］王世贞．艺苑卮言［M］．南京：凤凰出版社，2009.

［25］陶宗仪，朱谋垔．书史会要·续书史会要［M］．杭州：浙江人民美术出版社，2012.

［26］赵翼．陔馀丛考［M］．上海：商务印书馆，1957.

［27］李斗．扬州画舫录［M］．北京：中华书局，1960.

［28］何文焕．历代诗话［M］．北京：中华书局，1981.

［29］黄印．锡金识小录［M］．台北：成文出版社有限公司．1984.

［30］陈康祺．郎潜纪闻初笔二笔三笔［M］．北京：中华书局，1984.

［31］戴璐，施绍文．藤阴杂记［M］．上海：上海古籍出版社，1985.

［32］章学诚，叶瑛．文史通义校注［M］．北京：中华书局，1985.

［33］陈康祺．郎潜纪闻四笔［M］．北京：中华书局，1990.

［34］朱彝尊．静志居诗话［M］．北京：人民文学出版社，1990.

［35］陈田．明诗纪事［M］．上海：上海古籍出版社，1993.

［36］顾震涛，甘兰经．吴门表隐［M］．南京：江苏古籍出版社，1999.

［37］李慈铭．越缦堂读书记［M］．上海：上海书店出版社，2000.

[38] 陈衍．石遗室诗话［M］．北京：人民文学出版社，2004.

[39] 法式善，张寅彭，强迪艺．梧门诗话合校［M］．南京：凤凰出版社，2005.

[40] 赵吉士．寄园寄所寄［M］．合肥：黄山书社，2008.

[41] 袁枚．随园诗话［M］．杭州：浙江古籍出版社，2011.

[42] 王昶，周维德．蒲褐山房诗话新编［M］．北京：人民文学出版社，2011.

[43] 沈德潜．清诗别裁集［M］．上海：上海古籍出版社，2013.

[44] 赵尔巽．清史稿［M］．北京：中华书局，1977.

[45] 杨钟羲．雪桥诗话［M］．北京：北京古籍出版社，1989.

[46] 杨钟羲．雪桥诗话续集［M］．北京：北京古籍出版社，1991.

[47] 杨钟羲．雪桥诗话三集［M］．北京：北京古籍出版社，1991.

[48] 杨钟羲．雪桥诗话余集［M］．北京：北京古籍出版社，1992.

[49] 陈去病．陈去病诗文集［M］．北京：社会科学文献出版社，2009.

[50] 徐珂．清稗类钞［M］．北京：中华书局，2010.

[51] 施淑仪．施淑仪集［M］．北京：人民文学出版社，2011.

[52] 余嘉锡．世说新语笺疏［M］．北京：中华书局，1983.

[53] 郭绍虞．清诗话续编［M］．上海：上海古籍出版社，1983.

[54] 胡文楷．历代妇女著作考［M］．上海：上海古籍出版社，1985.

[55] 钱锺书．写在人生边上［M］．北京：中国社会科学出版社，1990.

[56] 张秀平．华夏名人称号掌故手册［M］．北京：华夏出版社，1990.

[57] 钱锺书．围城［M］．北京：人民文学出版社，1991.

[58] 谭正璧．中国女性文学史［M］．天津：百花文艺出版社，1991.

[59] 吴庚舜，董乃斌．唐代文学史［M］．北京：人民文学出版社，1995.

[60] 孙望，常国武．宋代文学史［M］．北京：人民文学出版社，1996.

[61] 苏者聪．宋代女性文学［M］．武汉：武汉大学出版社，1997.

[62] 谢国桢．明清之际党社运动考［M］．沈阳：辽宁教育出版社，1998.

[63] 聂石樵，李炳海．中国文学史：第一卷［M］．北京：高等教育出版社，1999.

[64] 袁行霈，罗宗强．中国文学史：第二卷［M］．北京：高等教育出版社，1999.

[65] 莫砺峰，黄天骥．中国文学史：第三卷［M］．北京：高等教育出版社，1999.

[66] 黄霖，袁世硕，孙静．中国文学史：第四卷［M］．北京：高等教育出版社，1999.

[67] 郭预衡．中国散文史［M］．上海：上海古籍出版社，2000.

[68] 柯愈春．清人诗文集总目提要［M］．北京：北京古籍出版社，2001.

[69] 李圣华．晚明诗歌研究［M］．北京：人民文学出版社，2002.

[70] 张寅彭．民国诗话丛编［M］．上海：上海书店出版社，2002.

[71] 何宗美．明末清初文人结社研究［M］．天津：南开大学出版社，2003.

[72] 刘跃进，傅璇琮．中国古代文学通论：魏晋南北朝卷［M］．沈阳：辽宁人民出版社，2005.

[73] 黄少英．魏晋人物品题研究［M］．济南：齐鲁书社，2006.

[74] 丁福保．历代诗话续编［M］．北京：中华书局，2006.

[75] 何宗美．明末清初文人结社研究续编［M］．北京：中华书局，2006.

[76] 蒋寅．清诗话考［M］．北京：中华书局，2007.

[77] 纪玲妹．清代毗陵诗派研究［M］．南京：凤凰出版社，2009.

[78] 虞铭，郁震宏．安隐击壤集——余杭七家诗钞［M］．北京：中国文联出版社，2011.

[79] 何宗美．文人结社与明代文学的演进［M］．北京：人民出版社，2011.

[80] 王兵．清人选清诗与清代诗学［M］．北京：中国社会科学出版社，2011.

[81] 曾大兴．文学地理学研究［M］．北京：商务印书馆，2012.

[82] 朱则杰．清诗考证［M］．北京：人民文学出版社，2012.

[83] 李玉铨．明代文人结社考［M］．北京：中华书局，2013.

[84] 钱穆．中国历代政治得失［M］．北京：九州出版社，2014.

[85] 何宗美．明代文人结社与文学流派研究［M］．北京：人民出版社，2015.

二、论文集

[1] 郭绍虞．照隅室古典文学论集［C］．上海：上海古籍出版社，1983.

[2] 余恕诚．“诗家三李”说考论［C］//中国诗学研究第2辑——中国李商隐研究会第六届年会暨国际学术研讨会论文集，2002.

[3] 王小盾，何仟年．越南古代诗学的硕果：《苍山诗话》［C］//中国诗学（第九辑）．北京：人民文学出版社，2004.

[4] 马大勇．汪懋麟、曹贞吉、曹禾合论——兼谈“金台十子”的异名问题［C］//中国诗学（第十辑）．北京：人民文学出版社，2005.

[5] 俞晓红．充满生机的沃土新芽［C］．芜湖：安徽师范大学出版社，2012.

三、期刊文章

[1] 丁放．简论“大历十才子”的主名暨古代文士齐名的原因［J］．安徽教育学院学报，1987.

[2] 李朝正．略说明代“西蜀四大家”对四川文化的拓展［J］．社会科学研究，1989.

[3] 汤华泉．香山七老年岁考异［J］．古典文学知识，1996.

[4] 宋平生．清末四大词人生平与创作［J］．中国典籍与文化，1998.

[5] 肖科．与数字有关的常识（二）[J]．语文知识，1998.

[6] 白榆厚．中国文学名家中的并称 [J]．语文知识，1998.

[7] 阮堂明．“三李”之称及其相互关系 [J]．天津师大学报（社会科学版），1999.

[8] 李绪柏．明清广东的诗社 [J]．广东社会科学，2000.

[9] 钱仲联．“明清八大家文选丛书”总序 [J]．苏州大学学报（哲学社会科学版），2001.

[10] 孙孟明．苏轼称谓考略 [J]．语文知识，2001.

[11] 李子迟．“双子星座”：杜牧与李商隐 [J]．广西民族学院学报（哲学社会科学版），2002.

[12] 徐志平．“浙西词派”中的平湖“二沈”——清代嘉兴词人介绍 [J]．嘉兴学院学报，2002.

[13] 袁世全．合称、并称“分家”论 [J]．辞书研究，2003.

[14] 凌郁之．《韵语阳秋》辨订一则——“江东三虎”小考 [J]．中国典籍与文化，2004.

[15] 李双华．“吴中四才子”名目考 [J]．江海学刊，2004.

[16] 娄彦刚．对古代作家并称名序排列问题的探讨——兼对元白并称先后一种解释的质疑 [J]．宁波职业技术学院学报，2004.

[17] 黄海云．广西历代文人并称及异称 [J]．阅读与写作，2004.

[18] 张涛．叶君远，文学史视野下的中国古代文人社团 [J]．河北学刊，2006.

[19] 姚金笛．清初曲阜三颜略论 [J]．现代语文（文学研究），2006.

[20] 李剑锋．元代屈、陶并称与是陶非屈论 [J]．山东师范大学学报（人文社会科学版），2007.

[21] 高翠霞．“中兴四大诗人”名称来历考 [J]．河北科技师

范学院学报，2008.

［22］陈宇舟．论“南施北宋”与复社关系略考［J］．苏州大学学报（哲学社会科学版），2008.

［23］王英志．性灵派三大家简论［J］．厦门教育学院学报，2008.

［24］张宏生，石旻．古代妇女文学研究的现代起点及其拓展——胡文楷《历代妇女著作考》的价值和意义［J］．江西社会科学，2008.

［25］王德明．论“镡津三苏”的诗歌创作——“清代广西文学家族研究”之四［J］．贺州学院学报，2009.

［26］张珊．并称探源——语言、文学、文化的多重考察［J］．中国社会科学，2009.

［27］武海军．选本视野与易堂九子——以《易堂十三子文选》与《易堂九子文钞》为中心［J］．赣南师范学院学报，2009.

［28］武海军．《涵通楼师友文钞》与岭西五大家缘起［J］．时代文学，2009.

［29］白建忠．“杨门六学士”漫议［J］．大理学院学报，2010.

［30］朱凤云．齐鲁文化视野下的“山左三家”诗论［J］．柳州职业技术学院学报，2010.

［31］陈博涵．“元画四大家”称谓辨析——兼论赵孟頫与倪瓒的画品评价［J］．文艺争鸣，2010.

［32］符继成，赵晓岚．“小李杜”与“贺周”——诗词发展中的“异代同构”及其文化动因．文艺研究［J］，2010.

［33］杜桂英．《历代名人并称辞典》补正［J］．西南民族大学学报（人文社科版），2010.

［34］胡志娟．中州八先生及其讲学或创修书院考略［J］．东京文学，2010.

[35] 雷艳平．宋代四大女词人探论［J］．海南师范大学学报(社会科学版)，2016.

[36] 刘俊梅．浅析茌邑三先生学术思想［J］．聊城大学学报(社会科学版)，2011.

[37] 周蓉．唐末诗人合称现象及其与科举制度的附生关系［J］．西北师大大学学报（社会科学版)，2011.

[38] 赵光明．清代通江“三李”与《雪鸿堂文集》关系考辨［J］. 内江师范学院学报，2011.

[39] 白爱平．姚贾并称的产生与流衍［J］．求索，2011.

[40] 罗时进．基层写作：明清地域性文学社团考察［J］．苏州大学学报（哲学社会科学版)，2012.

[41] 李军，刘延琴．论唐传奇作家群“陇西三李”及其创作［J］. 连云港师范高等专科学校学报，2012.

[42] 白一瑾．“京师三大家”对清初金台诗人群体的影响［J］．北京社会科学，2012.

[43] 周雪根．明初云南四大诗人“平居陈郭”之“平”非平显考［J］．吕梁学院学报，2012.

[44] 左东岭．南园诗社与南园五先生之构成及其诗学史意义［J］. 西北大学学报（哲学社会科学版)，2013.

[45] 陈小辉．诗社起源［J］．国学茶座，2013.

[46] 罗时进．唐代作家并称的语言符号秩序与文学评论意义［J］. 文艺理论研究，2013.

[47] 朱则杰．“南华九老会”与其《倡和诗谱》［J］．常州大学学报（社会科学版)，2013.

[48] 李启色．“清初四僧”艺术成就及成因［J］．艺术教育，2013.

［49］范秀君．清初“中州三大家”刘正宗、薛所蕴及王铎交游考论［J］．兰台世界，2013.

［50］范知欧．于慎行生平及其相关并称考述［J］．山东师范大学学报（人文社会科学版），2014.

［51］陈元锋．论“嘉祐四友”的进退分合与交游唱和［J］．江西师范大学学报（哲学社会科学版），2014.

［52］秦燕春．淮西三吕天下名——再谈吕氏姊妹失和之谜［J］．书屋，2014.

［53］范学亮．“西园十子树坛坫”——商盘与西园诗社［J］．唐山学院学报，2014.

［54］朱则杰．“西陵十子”系列考辨［J］．浙江树人大学学报（人文社会科学版），2015.

［55］裴瑞欣．中国画史、画论中的“荆关”概念［J］．文艺研究，2015.

［56］柳苞．文学史作家并称多论［J］．汕头大学学报（人文社会科学版），1993。

四、学位论文

［1］夏南强．类书通论——论类书的性质起源发展演变和影响［D］．武汉：华中师范大学，2001.

［2］黄彩英．宋代四大女词家李清照、朱淑真、吴淑姬及张玉娘词之创作研究［D］．台南：台南师范学院，2004.

［3］段继红．清代女诗人研究［D］．苏州：苏州大学，2005.

［4］李然．乾隆三大家诗学比较［D］．上海：华东师范大学，2005.

［5］丁玉．齐文化视野下的清代淄博作家群体研究——以王士禛、蒲松龄、赵执信为中心［D］．济南：山东大学，2005.

[6] 周潇. 明代山东作家研究 [D]. 上海：上海师范大学，2006.

[7] 张珊. 中国古代作家并称研究 [D]. 南京：南京大学，2006.

[8] 周广平. 清代乾嘉时期学人诗研究——以"嘉定三老"为个案 [D]. 杭州：浙江师范大学，2006.

[9] 刘云霞. "江东三罗"考论 [D]. 厦门：厦门大学，2006.

[10] 刘美琴. 金末河东"二妙"文学研究 [D]. 上海：华东师范大学，2006.

[11] 张薇. 清代清溪吟社女作家研究 [D]. 南京：南京师范大学，2006.

[12] 曹冬雪. 宋代词人江阴"三葛"研究 [D]. 南京：南京师范大学，2007.

[13] 马利霞. 风姿卓异雅俗共赏——"海上三任"艺术研究 [D]. 开封：河南大学，2007.

[14] 刘廷乾. 江苏明代作家研究 [D]. 上海：上海师范大学，2008.

[15] 宫泉久. 清初山左诗歌研究 [D]. 济南：山东师范大学，2008.

[16] 张惠菊. 南宋中后期上饶—玉山诗人群体研究——以"二泉"为中心 [D]. 石家庄：河北师范大学，2008.

[17] 栗玉芳. 于都三宋先生交游考述 [D]. 南昌：南昌大学，2008.

[18] 黄礼. 清中期赣南地方小士绅——关于"于都三宋"的研究 [D]. 南昌：南昌大学，2008.

[19] 白旭. 唐宋作家并称研究 [D]. 西安：陕西师范大学，2009.

[20] 甘忠宝. 吴兴"二沈"及其传奇研究 [D]. 重庆：西南大学，2009.

［21］曹姗姗．盛唐三大家咏物诗比较研究［D］．上海：华东师范大学，2009.

［22］丁小明．清代江南艺文家族研究［D］．苏州：苏州大学，2010.

［23］范晨晓．“蕉园诗社”考论［D］．杭州：浙江大学，2010.

［24］王蓉．“嘉定四先生”研究［D］．上海：上海师范大学，2010.

［25］吴凡林．明末江右四家文章理论及对欧学接受研究［D］．南昌：江西师范大学，2010.

［26］高娟．“汉末三子”政论散文研究［D］．西安：陕西师范大学，2010.

［27］陈凯玲．清代诗人并称群体研究［D］．杭州：浙江大学，2011.

［28］曹苑．吴中三张研究［D］．上海：上海师范大学，2011.

［29］李美芳．贵州诗歌总集研究［D］．杭州：浙江大学，2013.

［30］张文静．文人并称视阈下的“云间三子”研究［D］．抚州：东华理工大学，2013.

［31］赖智龙．越中十子研究［D］．南京：南京师范大学，2013.

［32］李永雅．与陶渊明相关并称的批评学意义［D］．广州：暨南大学，2014.

五、其他文献

［1］俞剑华．中国美术家人名辞典（修订本）［M］．上海：上海人民美术出版社，1981.

［2］袁世全．中外誉称大辞典［M］．北京：北京燕山出版社，1991.

［3］周祖譔．中国文学家大辞典·唐五代卷［M］．北京：中华

书局，1992.

［4］于志鹏，成曙霞．中国古代文学流派辞典［M］．太原：山西人民出版社，2010.

［5］钱仲联．中国文学家大辞典·清代卷［M］．北京：中华书局，1996.

［6］梁淑安．中国文学家大辞典·近代卷［M］．北京：中华书局，1997.

［7］单锦珩．浙江古今人物大辞典［M］．南昌：江西人民出版社，1998.

［8］钱仲联．中国文学家大辞典（修订本）［M］．上海：上海辞书出版社，2000.

［9］龙潜庵，李小松，黄昏．历代名人并称辞典［M］．上海：上海辞书出版社，2001.

［10］曾枣庄．中国文学家大辞典·宋代卷［M］．北京：中华书局，2004.

［11］袁世全．实用合称词词典［M］．上海：上海辞书出版社，2004.

［12］吴志达．中华大典·文学典·明清文学分典［M］．南京：凤凰出版社，2005.

［13］邓绍基．杨镰．中国文学家大辞典·辽金元卷［M］．北京：中华书局，2006.

［14］毕萍，刘钊．中国并称名人辞典（修订版）［M］．南京：南京大学出版社，2006.

［15］王芸．文学知识手册［M］．开封：河南大学出版社，1994.

中国古代文人著名并称辑录

（以时间先后为线索）

并称	组　成
老庄	春秋思想家老子、战国庄子
孔孟	春秋思想家孔子、战国孟子
四子	春秋战国时期道家代表人物老子、庄子、文子、列子
游夏	春秋末期孔子学生言偃、卜商
孔子四友	春秋末期颜回、端木赐（字子贡）、颛孙师（字子张）、仲由（字子路）
孔门十哲	春秋孔子门下最优秀的十位学生颜渊、闵子骞、冉伯牛、仲弓、宰我、子贡、冉有、季路、子游、子夏
屈宋	战国文学家屈原、宋玉
战国散文四大家	战国时期思想家孟子、庄子、荀子、韩非子
西汉政论文坛双子星座	西汉政论家贾谊、晁错

续 表

并称	组　成
苏李	西汉大臣苏武、李陵
文章西汉两司马	西汉辞赋家司马相如、史学家司马迁
蜀中四士	汉辞赋家王褒、扬雄、司马相如、严君平
二刘	西汉经学家刘向、刘歆父子
班马	汉代史学家司马迁、班固
扬马	汉代辞赋家扬雄、司马相如
班蔡	汉代班婕妤、蔡文姬
班张	汉代辞赋家班固、张衡
汉赋四大家	汉代辞赋家司马相如、扬雄、班固、张衡
二班	东汉史学家班彪、班固父子
二难	东汉名士陈纪、陈谌兄弟
二龙	东汉名士许虔、许劭兄弟
钟张	东汉书法家张芝、三国魏书法家钟繇
建安七子	汉末建安时期文学家孔融、陈琳、王粲、徐干、阮瑀、应玚、刘桢
曹王	汉魏之际文学家曹植、王粲
三曹	汉魏诗人曹操、曹丕、曹植父子
嵇阮	三国魏时诗人嵇康、阮籍

续　表

并称	组　成
竹林七贤	三国魏时文人嵇康、山涛、阮籍、向秀、阮咸、王戎、刘伶
大小阮	西晋诗人阮籍、阮咸叔侄
一台二妙	晋代书法家卫瓘、索靖
潘江陆海	西晋文学家潘岳、陆机
两潘	西晋文学家潘岳、潘尼
二陆	西晋文学家陆机、陆云兄弟
三张	西晋文学家张载、张协、张亢
两潘一左	西晋文学家潘岳、潘尼、左思
二十四友	晋代石崇、欧阳建、潘岳、陆机、陆云、缪征、杜斌、挚虞、诸葛诠、王粹、杜育、邹捷、左思、崔基、刘瑰、和郁、周恢、牵秀、陈畛、郭彰、许猛、刘讷、刘舆、刘琨
钟王	三国魏书法家钟繇，晋书法家王羲之
二王	东晋书法家王羲之、王献之父子
陶谢	东晋诗人陶渊明、南朝宋谢灵运
浔阳三隐	东晋隐居文人陶渊明、周续之、刘遗民
二谢/大小谢	南朝诗人谢灵运、谢惠连
鲍谢	南朝宋诗人鲍照、谢灵运；南朝宋诗人鲍照、南朝齐谢朓

续 表

并称	组 成
三谢	南朝宋、齐诗人谢灵运、谢惠连、谢朓
元嘉三大家	南朝文学家谢灵运、颜延之、鲍照
四友	南朝宋文人谢惠连、何长瑜、荀雍、羊璇之
任笔沈诗	南朝文学家沈约、任昉
顾陆	晋代画家顾恺之、南朝宋画家陆探微
二谢/大小谢	南朝宋诗人谢灵运、南朝齐谢朓
竟陵八友	南朝齐文学家萧衍、沈约、谢朓、王融、萧琛、范云、任昉、陆倕
何刘	南朝梁文学家何逊、刘孝绰
大山小山	南朝梁文士何点、何胤兄弟
六朝三大家	东晋画家顾恺之、南朝宋画家陆探微、南朝梁画家张僧繇
阴何	南朝诗人阴铿、何逊
温邢	北朝北齐文学家温子昇、邢邵
邢魏	北朝北齐文学家邢邵、魏收
三才	北朝文学家温子昇、邢邵、魏收
徐庾	南朝文学家徐陵、北朝北周庾信；南北朝徐摛、徐陵父子和庾肩吾、庾信父子

续　表

并称	组　成
孙孔	隋朝文学家孙万寿、孔绍安
大小尉迟	隋末唐初书画家尉迟跋质那、尉迟乙僧父子
十八学士	唐初杜如晦、房玄龄、于志宁、苏世长、薛收、褚亮、姚思廉、陆德明、孔颖达、李玄道、李守素、虞世南、蔡允恭、颜相时、许敬宗、薛元敬、盖文达、苏勗（一作勖）
二阎	初唐画家阎立德、阎立本兄弟
画家四祖	东晋画家顾恺之，南朝陆探微、张僧繇，唐初吴道子
二虞	隋末唐初文人虞世基、虞世南兄弟
李诗谢赋	唐初文学家李百药、谢偃
苏李	唐代诗人苏味道、李峤
李杜	唐代诗人李峤、杜审言
沈宋	唐代诗人沈佺期、宋之问
户部二妙	唐代文人韦维、宋之问
大小李将军	唐代画家李思训、李昭道父子
方外十友	唐初陆余庆、赵贞固、卢藏用、陈子昂、杜审言、宋子问、毕构、郭袭微、司马承祯、释怀一
北京三杰	唐代文学家富嘉谟、魏谷倚、吴少微
燕许	唐代文学家张说、苏颋

续 表

并称	组 成
河东三凤	唐代文学家薛元敬、薛收、薛德音
三杨	唐代文学家杨凭、杨凝、杨凌兄弟
三珠树	唐代文学家王勃、王勮、王勔兄弟
初唐四大书法家	唐代书法家欧阳询、虞世南、褚遂良、薛稷
王杨卢骆/初唐四杰	唐初诗人王勃、杨炯、卢照邻、骆宾王
崔李苏杜/文章四友	唐代诗人李峤、崔融、苏味道、杜审言
三包	唐代诗人包融、包何、包佶父子
吴中四士	唐代文人贺知章、张旭、张若虚、包融
韩蔡	唐代书法家韩择木、蔡有邻
颠张醉素	唐代书法家张旭、怀素
王孟	唐代诗人王维、孟浩然
储王	唐代诗人储光羲、王维
王韦	唐代诗人王维、韦应物
饮中八仙	唐代文人李白、贺知章、李适之、李琎、崔宗之、苏晋、张旭、焦遂
大李杜	唐代诗人李白、杜甫

续　表

并称	组　成
竹溪六逸	唐代名士李白、孔巢父、韩准、裴政、张叔明、陶沔
盛唐三大诗人	唐代诗人李白、杜甫、王维
篆师二李	秦代书法家李斯、唐代李阳冰
高岑	唐代诗人高适、岑参
六窦	唐代文人窦叔向、窦庠、窦牟、窦常、窦巩、窦群
萧李	唐代文学家萧颖士、李华
颜柳	唐代书法家颜真卿、柳公权
唐代四大书法家	唐代书法家欧阳询、褚遂良、颜真卿、柳公权
钱郎	唐代诗人钱起、郎士元
韦孟	唐代诗人韦应物、孟浩然
韦刘	唐代诗人韦应物、刘长卿
钱郎刘李	唐代诗人钱起、郎士元、刘长卿、李嘉祐
大历十才子	唐代诗人卢纶、吉中孚、韩翃、钱起、司空曙、苗发、崔峒、耿湋、夏侯审、李端
韩马戴牛	唐代画家韩滉、戴嵩
张王	唐代诗人张籍、王建
杜诗韩笔	唐代文学家韩愈、杜甫

续 表

并称	组　成
韩孟	唐代文学家韩愈、孟郊
韩柳	唐代文学家韩愈、柳宗元
唐代三大诗人	唐代诗人李白、杜甫、白居易
元白	唐代诗人元稹、白居易
刘元白	唐代诗人刘禹锡、元稹、白居易
王孟韦柳/唐四家	唐代诗人王维、孟浩然、韦应物、柳宗元
天台三圣	唐代诗僧寒山、丰干、拾得
香山九老	唐代白居易、胡杲、吉皎、郑据、刘真、卢真、张浑、李元爽、僧如满
元和三舍人	唐代诗人王涯、令狐楚、张仲素
三俊	唐代诗人李绅、李德裕、元稹
二李	唐代诗人李白、李贺；或李益、李贺
陇西三李	唐传奇文学家李朝威、李公佐、李复言
郊寒岛瘦	唐代诗人孟郊、贾岛
大小杜	唐代诗人杜甫、杜牧
唐代四大女诗人	唐代诗人薛涛、李冶、鱼玄机、刘采春
诗家三李	唐代诗人李白、李贺、李商隐
温李	唐代诗人温庭筠、李商隐

续　表

并称	组　成
小李杜	唐代诗人李商隐、杜牧
三罗	唐代诗人罗隐、罗虬、罗邺
皮陆	唐代诗人皮日休、陆龟蒙
温韦	唐代词人温庭筠、韦庄
南唐二主	五代南唐词人李璟、李煜
冯韦	五代南唐词人冯延巳、前蜀韦庄
黄徐	后蜀画家黄筌、五代南唐画家徐熙
董巨	南唐画家董源、五代画家巨然
五代四大家	五代后梁画家荆浩、关仝，南唐画家董源、巨然
韩徐	五代宋初画家韩熙载、徐铉
二徐	五代宋初文学家、书法家徐铉、徐锴兄弟
窦氏五龙	五代宋初文人窦仪、窦俨、窦偁、窦侃、窦僖兄弟
柳范	宋代文学家柳开、范杲
孙丁	宋代文学家孙何、丁谓
杨刘	宋代文学家杨亿、刘筠
大小宋	宋代文学家宋庠、宋祁兄弟
北宋三大家	北宋画家董源、李成、范宽

续　表

并称	组　成
九诗僧	北宋诗僧惠崇、希昼、保暹、文兆、行肇、简长、惟凤、宇昭、怀古
欧晏	宋代文学家晏殊、欧阳修
苏梅	宋代诗人梅尧臣、苏舜钦
二苏	北宋文学家苏舜钦、苏舜元兄弟
三吕	宋代文人吕蒙正、吕夷简、吕公著
嘉祐四友	北宋名臣司马光、吕公著、韩维、王安石
大小晏/二晏	北宋词人晏殊、晏几道父子
欧秦	宋代词人欧阳修、秦观
苏黄	宋代文学家苏轼、黄庭坚
二程	宋代哲学家程颢、程颐兄弟
二苏	宋代文学家苏轼、苏辙兄弟
三苏	宋代文学家苏洵、苏轼、苏辙父子
苏秦	宋代词人苏轼、秦观
豪苏腻柳	宋代词人苏轼、柳永
千古文章“四大家”	唐代文学家韩愈、柳宗元，宋代欧阳修、苏轼
三王	宋代文学家王安石、王安国、王安礼兄弟
唐宋八大家	唐代文学家韩愈、柳宗元，宋代欧阳修、苏洵、苏轼、苏辙、王安石、曾巩

续　表

并称	组　成
史学两司马	西汉史学家司马迁，北宋司马光
三刘	宋代文人刘敞、刘攽、刘奉世
三曾	宋代文学家曾巩、曾布、曾肇兄弟
三孔	宋代文学家孔文仲、孔武仲、孔平仲兄弟
秦柳	宋代词人秦观、柳永
柳氏三绝	宋朝词人柳三变（永）、柳三复、柳三接兄弟
秦七黄九	宋代词人黄庭坚、秦观
柳七黄九	宋代词人柳永、黄庭坚
黄陈	宋代诗人黄庭坚、陈师道
苏黄米蔡/ 宋代书法四大家	宋代书法家苏轼、黄庭坚、米芾、蔡襄
苏门四学士	宋代文学家黄庭坚、秦观、晁补之、张耒
苏门六君子	北宋文学家黄庭坚、秦观、晁补之、张耒、陈师道、李廌
大小米	宋代书画家米芾、米友仁父子
周柳	宋代词人周邦彦、柳永
周秦	宋代词人周邦彦、秦观
龙眠三李	宋代书画家李公麟、李元中、李亮工
四洪	北宋诗人洪朋、洪刍、洪炎、洪羽兄弟

续　表

并称	组　成
江左二宝	宋代文学家胡伸、汪藻
一祖三宗	唐代诗人杜甫，宋代黄庭坚、陈师道、陈与义
三洪	南宋文学家洪适、洪遵、洪迈兄弟
南宋四家	南宋画家李唐、刘松年、马远、夏圭
苏辛	宋代词人苏轼、辛弃疾
词中二李	五代词人李煜，南宋词人李清照
词家三李	唐代李白，五代南唐李煜，宋代李清照
济南二安	南宋词人辛弃疾、李清照
两宋女作家双子星座	宋代词人李清照、朱淑真
周姜	宋代词人周邦彦、姜夔
朱陆	南宋大儒朱熹、陆九渊
二陆	南宋大儒陆九龄、陆九渊
程朱	宋代大儒程颢、程颐、朱熹
东南三贤	宋代大儒朱熹、张栻、吕祖谦
辛刘	宋代词人辛弃疾、刘过
辛党	宋代文学家辛弃疾、金代党怀英
尤杨范陆/南宋四大家	南宋诗人尤袤、杨万里、范成大、陆游

续　表

并称	组　成
陈刘	宋代诗人陈亮、刘过
大小戴	宋代诗人戴复古、戴颐
姜史	宋代词人史达祖、姜夔
双白石	南宋诗人黄景说、姜夔
双白	南宋词人姜夔、张炎
永嘉四灵	南宋诗人徐照（灵晖）、徐玑（灵渊）、翁卷（灵舒）、赵师秀（灵秀）
真魏	南宋文学家真德秀、魏了翁
刘蒋	宋代词人刘克庄、蒋捷
姜张	南宋词人姜夔、张炎
三严	南宋文学家严羽、严仁、严参
二窗	南宋词人吴文英、周密
宋四家	宋代词人周邦彦、辛弃疾、王沂孙、吴文英
词坛三绝	南宋词人周邦彦、姜夔、王沂孙
高史	南宋词人高观国、史达祖
宋代四大女词家	宋代词人李清照、朱淑真、吴淑姬、张玉娘
宋末四大家	南宋词人蒋捷、周密、王沂孙、张炎
吴蔡	金代文学家吴激、蔡松年

续 表

并称	组 成
杨赵	金代文学家杨云翼、赵秉文
二妙	金代文学家段克己、段成己兄弟
元白	金代文学家元好问、白君举
仇白	宋末元初文学家仇远、白珽
元代剧坛双子星座	元代剧作家关汉卿、王实甫
曲中李杜	元代散曲家乔吉、张可久
关马郑白	元代剧作家关汉卿、白朴、马致远、郑光祖
元曲六大家	元代剧作家关汉卿、王实甫、马致远、郑光祖、白朴、乔吉
南赵北巎	元代书画家赵孟頫、康里巎巎
赵管	元代书画家赵孟頫、管道升夫妇
楷书四大家	唐代书法家欧阳询、颜真卿、柳公权，元代赵孟頫
元诗四大家	元代诗人虞集、杨载、揭傒斯、范梈
儒林四杰	元代大儒虞集、揭傒斯、黄溍、柳贯
元画四大家	元代书画家黄公望、王蒙、倪瓒、吴镇
明初诗文三大家	明初文学家刘基、高启、宋濂
吴中四杰	明初诗人高启、杨基、张羽、徐贲
南园五先生	明代文学家孙蕡、王佐、赵介、黄哲、李德

续　表

并称	组　成
闽中十子	明代诗人林鸿、高棅、王偁、陈亮、王恭、唐泰、郑定、王褒、周玄、黄玄
三宋	明初书画家宋克、宋广、宋璲
三杨	明代大臣杨士奇、杨荣、杨溥
景泰十才子	明代才子汤胤绩、苏平、苏正、沈愚、王淮、晏铎、邹亮、蒋忠、王贞庆、刘溥
娄东三凤	明代文学家陆容、张泰、陆釴
嘉鱼二李	明代文学家李承芳、李承箕兄弟
康李	明代文学家康海、李梦阳
何李	明代文学家何景明、李梦阳
前七子	明代文学家李梦阳、何景明、徐祯卿、康海、王九思、边贡、王廷相
金陵四杰	明代文学家顾璘、陈沂、王韦、顾瑮
江东三才	明代文学家刘麟、顾璘、徐祯卿
吴中四才子	明代才子唐寅、祝枝山、文徵明、徐祯卿
明代四大画家	明代书画家沈周、文徵明、唐寅、仇英
西蜀四大家	明代才子杨慎、熊过、任翰、赵贞吉
皇甫四杰	明代才子皇甫冲、皇甫涍、皇甫汸、皇甫濂兄弟
文何	明代篆刻家文彭、何震

续 表

并称	组　成
王唐	明代文学家王慎中、唐顺之
嘉靖三大家	明代文学家归有光、唐顺之、王慎中
嘉靖八才子	明代文学家王慎中、唐顺之、李开先、陈束、赵时春、任翰、熊过、吕高
陆王	宋代思想家陆九渊，明代王守仁
王李	明代文学家王世贞、李攀龙
后七子	明代文学家李攀龙、王世贞、谢榛、宗臣、梁有誉、吴国伦、徐中行
两司马	明代文学家汪道昆、王世贞
海内三才	明代文学家李梦阳、何景明、王世贞
三张	明代文学家张凤翼、张献翼、张燕翼兄弟
青藤白阳	明代书画家徐渭、陈淳
明代三大才子	明代才子解缙、杨慎、徐渭
东林三君子	明代才子顾宪成、顾允成、高攀龙
练川三老	明代文学家唐时升、娄坚、程嘉燧
钟谭	明代文学家钟惺、谭元春
三袁	明代文学家袁宗道、袁宏道、袁中道兄弟
嘉定四先生	明代文学家程嘉燧、唐时升、娄坚、李流芳

续　表

并称	组　成
江西四隽	明代文学家邹德溥、万国钦、汤显祖、叶修
南董北米	明代书法家董其昌、米万钟
明末四大书家	明代书画家邢侗、张瑞图、米万钟、董其昌
画中九友	明末书画家董其昌、王时敏、杨文骢、程嘉燧、张学曾、卞文瑜、邵弥、李流芳、王鉴
章罗陈艾/临川四才子	明代文学家章世纯、罗万藻、陈际泰、艾南英
吴下三冯	明末文人冯梦桂、冯梦龙、冯梦熊
南陈北崔	明末书画家陈洪绶、崔子忠
东林六君子	明末文人杨涟、左光斗、魏大中、袁化中、周朝瑞、顾大章
吴门二大家	明末才女徐媛、陆卿子
云间三子	明末文学家陈子龙、李雯、宋徵舆
娄东二张	明末文学家张溥、张采
云间六子	明末文人陈子龙、夏允彝、彭宾、徐孚远、李雯、周立勋
几社六子	明末文人杜麟征、夏允彝、周立勋、徐孚远、彭宾、陈子龙
北丁南李	明末清初文学家丁耀亢、李渔
秦淮八艳	明末才女寇白门、卞玉京、顾眉生、董小宛、柳如是、李香君、陈圆圆、马湘兰

续表

并称	组　成
复社四公子	明末清初文学家方以智、冒襄、陈贞慧、侯方域
老蘗禅小蘗禅	明末清初文学家傅山、傅眉父子
海虞二冯	明末清初文学家冯舒、冯班
徐州二遗民	明末清初文学家万寿祺、阎而梅
归奇顾怪	明末清初思想家归庄、顾炎武
莱阳二姜	明末清初文学家姜埰、姜垓
江左三大家	明末清初诗人钱谦益、吴伟业、龚鼎孳
三大儒	明末清初学者黄宗羲、孙奇逢、李颙
明末清初三大儒	明末清初思想家黄宗羲、顾炎武、王夫之
清初四大画僧	明末清初书画家弘仁（号渐江学人）、朱耷（号八大山人）、髡残（字石溪）、原济（字石涛）
余杜白	清代文学家余怀、杜濬、白仲调
万氏八龙	明末清初文人万斯年、万斯程、万斯祯、万斯昌、万斯选、万斯大、万斯備、万斯同
畿南三才子	清初才子张盖、申涵光、殷岳
宁都三魏	清初散文家魏祥（后更名际瑞）、魏禧、魏礼兄弟
易堂九子	明末清初文学家魏禧、魏际瑞、魏礼、彭士望、林时益、李腾蛟、邱维屏、彭任、曾灿

续　表

并称	组　成
蕉园五子	清初才女林以宁、柴静仪、顾姒、钱凤纶、冯娴
太仓十子	清初才子周肇、黄与坚、王揆、许旭、王撰、王昊、王抃、王曜升、顾湄、王摅
南施北宋	清代文学家施闰章、宋琬
燕台七子	清初文学家施闺章、宋琬、丁澎、张谯明、周茂源、严沆、赵锦帆
浙中三毛	清初文学家毛先舒、毛奇龄、毛际可
清初古文三大家	清初文学家魏禧、侯方域、汪琬
海内八家	清初诗人曹尔堪、宋琬、沈荃、施闰章、王士禄、王士禛、汪琬、程可则
岭南七子	清初诗人梁佩兰、程可则、陈恭尹、王邦、方殿元、方还、方朝
海内三布衣	清初文学家严绳孙、朱彝尊、姜宸英
康熙四大书家	清代书法家笪重光、姜宸英、汪士鋐、何焯
崔黄叶王黄叶	清初诗人崔华、王苹
清初词人三大家	清初词人陈维崧、朱彝尊、纳兰性德
江左三凤凰	清初文学家吴兆骞、陈维崧、彭师度
词家三绝	清初词人顾贞观、陈维崧、朱彝尊
南朱北王	清代文学家朱彝尊、王士禛
彭王	清初文学家彭孙遹、王士禛

续　表

并称	组　成
济南三王	清初文学家王士禛、王士禄、王士祜兄弟
南北曹	清代文学家曹贞吉、曹禾；清代曹贞吉、曹尔堪
辇下十子	清代才子曹禾、田雯、宋荦、汪懋麟、颜光敏、王又旦、谢重辉、曹贞吉、丁炜、叶封
岭南三大家	清初诗人屈大均、梁佩兰、陈恭尹
关中三李	清初文学家李颙、李柏、李因笃
昆山三徐	清初文学家徐乾学、徐秉义、徐元文兄弟
浙西三李	清初文学家李绳远、李良年、李符
南洪北孔	清代剧作家洪昇、孔尚任
郢中三友	清代才子李尧臣、蒲松龄、张笃庆
四王	清初画家王时敏、王鉴、王翚、王原祁
浙西六家	清初文学家朱彝尊、李良年、李符、沈皞日、沈岸登、龚翔麟
清六家	清初画家王时敏、王鉴、王翚、王原祁、吴历、恽格
国朝六家	清代文学家王士禛、朱彝尊、施闰章、宋琬、赵执信、查慎行
老查少查	清代文学家查慎行、查昇
扬州二马	清代文学家马曰琯、马曰璐兄弟

续　表

并称	组　成
江左十五子	清代才子王式丹、吴廷桢、宫鸿历、徐昂发、钱名世、张大受、管棆、吴士玉、顾嗣立、李必恒、蒋廷锡、缪沅、王图炳、徐永宣、郭元釪
明清小说四大家	明代小说家罗贯中、施耐庵、吴承恩，清代曹雪芹
江浙两大老	清代文人沈德潜、钱陈群
吴中十子	清代才女张云滋、张芬、陆瑛、李孅、席蕙文、朱宗淑、江珠、沈纕、尤澹仙、沈持玉
京口三诗人	清代诗人余京、张曾、鲍皋
扬州八怪	清代书画家郑燮、汪士慎、李方膺、罗聘、黄慎、金农、高翔、李鳝
髯金瘦厉	清代书画家金农、厉鹗
浙西六家	清代文学家厉鹗、严遂成、钱载、王又曾、袁枚、吴锡麒
南袁北纪	清代才子袁枚、纪昀
南北两随园	清代才子袁枚、边连宝
乾隆三大家/江右三大家	清代诗人袁枚、蒋士铨、赵翼
江西四子	清代才子蒋士铨、汪轫、杨垕、赵由仪
四大书家	清代书法家翁方纲、刘墉、梁同书、王文治
袁家三妹	清代才女袁机、袁杼、袁棠
闺中三大知己	清代才女席佩兰、金纤纤、严蕊珠

续 表

并称	组 成
无锡二裳	清代文学家杨芳灿、杨揆
方刘姚/桐城三祖	清代散文家方苞、刘大櫆、姚鼐
二难	清代文学家张问安、张问陶兄弟
清代四川三大才子	清代才子李调元、彭端淑、张问陶
骈文三大家	清代文学家汪中、洪亮吉、邵齐焘
骈文八家	清代文学家袁枚、邵齐焘、刘星炜、吴锡麒、曾燠、洪亮吉、孙星衍、孔广森
西泠八家	清代书画家丁敬、蒋仁、黄易、奚冈、陈豫钟、陈鸿寿、赵之琛、钱松
吴中七子	清代才子曹仁虎、王鸣盛、王昶、钱大昕、赵文哲、吴泰来、黄文莲
高密三李	清代文学家李怀民（宪噩）、李宪暠、李宪乔
四川三才子	清代才子李调元、彭端淑、张问陶
绵州三李	清代才子李调元、李鼎元、李骥元
段王	清代学者段玉裁、王念孙
毗陵七子	清代文学家洪亮吉、孙星衍、赵怀玉、黄景仁、杨伦、吕星垣、徐书受
乾隆二仲	清代诗人王昙、黄景仁
洪黄	清代文学家洪亮吉、黄景仁
北方三鼎足	清代书法家刘墉、翁方纲、铁保

续　表

并称	组　成
清代隶书四大家	清代书法家郑簠、金农、邓石如、伊秉绶
三君	清代文学家舒位、孙原湘、王昙
京江七子	清代文学家吴朴、应让、鲍文逵、张学仁、顾鹤庆、王豫、钱之鼎
姚门四杰	清代文学家刘开、管同、方东树、梅曾亮
粤东三子	清代文学家张维屏、谭敬昭、黄培芳
粤东七子	清诗人林联桂、黄玉衡、黄培芳、张维屏、谭敬昭、吴梯、黄钊
龚魏	清代文学家龚自珍、魏源
岭西五大家	清代文学家吕璜、朱琦、彭昱尧、龙启瑞、王拯
郑莫/西南两子	清代文学家郑珍、莫友芝
曾门四大弟子	清代文学家张裕钊、吴汝纶、黎庶昌、薛福成
清词三鼎足	清代词人纳兰性德、项鸿祚、蒋春霖
西南二子	清代诗人莫友芝、郑珍
沪上三熊	清代画家张熊、任熊、朱熊
清末三大家	清末民初画家任颐、吴昌硕、赵之谦
近世诗家三杰	清末诗人黄遵宪、夏曾佑、蒋智由
清季四大词人	清末词人况周颐、王鹏运、朱孝臧、郑文焯

续 表

并称	组 成
清末民初四大诗人	清末民初诗人王闿运、陈三立、樊增祥、易顺鼎
清末四大谴责小说作家	清末小说家李伯元、吴趼人、刘鹗、曾朴
清代四大女词人	清代词人徐灿、顾太清、吴藻、吕碧城
康梁	清末学者康有为、梁启超

后　记

“寄蜉蝣于天地，渺沧海之一粟。哀吾生之须臾，羡长江之无穷”。行笔至此，这部书稿总算是完成了，然而内心却并没有感到如释重负的轻松和快乐，而是拂不去的茫然和遗憾。“吾生也有涯，而知也无涯”，这一生还需要学习和掌握的知识实在是太多了，尽管此书已经耗费笔者十五年之心血，但可以预料的是缺漏和不足之处依然很多。原本想此书再推迟几年出版，那样将会更加丰富和完善，然而一想世上并不存在非常完美的书，早一点出版自然也有其面世的价值和意义，不求能发挥多大作用、引起多大关注，至少能起到抛砖引玉的效果或者能引起部分读者的注意就已经很知足了。在此，先交代一下本书的写作缘由吧。

最早萌发撰写本书的想法是在 2001 年 4 月 26 日，当时正值大一下学期。在当天的日记里我写道：“今天晚上有了正式编撰一本书籍的设想，书的名字暂定为《趣味数字文学小常识》，分为上下两部分，上部分为‘人物’，下部分为‘作品’，估计条目可达上百条。”

这是我的日记里关于此书的最早记载，而实际上材料搜集工作最早可追溯到高中，从《语文知识》杂志上 1998 年发表的三篇文学数字类文史小知识开始的。在萌想撰写此书后大约一年的时候，2002 年 4 月 1 日，我又重新更名为《中国文学并称录》，并设想全书分为四卷：第一卷中国古代作家并称，第二卷中国现代作家并称，第三卷中国古代作品并称，第四卷中国现代作品并称。此后，我进一步加大了资料搜集工作的力度，不断积累素材。

在整个大学期间，有三本书对我撰写此书产生了较大的影响。按阅读的先后顺序，一是张秀平主编的《华夏名人称号掌故手册》，二是袁行霈教授主编的《中国文学史》，三是龙潜庵、李小松、黄昏编著的《历代名人并称辞典》。在大学时，我所读的专业是信息管理与信息系统，可以算是一个半工科专业，与文史哲并不相关。直到毕业时也从未想过攻读文学专业，曾尝试转去攻读经济学研究生，但终因未能通过国家统考，又因生计问题，只得先参加工作，来到了一家国有大型煤炭企业从事秘书工作。煤矿工作是紧张忙碌的，而秘书工作又是繁杂琐碎的，因此时间是需要“挤”出来的。每当工作的材料完成之余，我便开始我的业余积累和写作了。然而煤矿毕竟是一个企业而不是科研院所，它没有高等学府或者科研院所的那种学术氛围，因此，关于此书写作的一切工作都是在工作之余默默进行。

2006年我将书名改定为《中国古代文人并称大观》，并在年内完成了《中国古代文人并称大观》写作大纲和部分章节，一晃又是十年过去了。韩愈曾云：“无望其速成，无诱于势利，养其根而竢其实，加其膏而希其光。根之茂者其实遂，膏之沃者其光晔。”对于我而言，却是想要速成也不成，因为我的国学和古文底子太薄了，又无名师予以指点，我只能在黑暗中独自前行、摸索。

我出身于一个半工半农的家庭，家境一直不太宽裕。但从小时候起，我就非常喜欢读书，那时候我最大的梦想就是长大后能够当一名图书管理员，可以天天与书为伴。在大学里，我嗜书如命，整日泡在图书馆里，这种读书的习惯，工作后依然坚持。至今，每年我都会在网上购买大量的书籍，特别是与人物并称、地方文化、文学评论等有关的书籍。参加工作以来，我从事文字工作已有十余年，选择秘书这个职业，并非只是简单的生存需要，而是我非常喜欢写作。尽管工作压力很大，时间也很匆忙，但一有闲暇时间，我还是立即投入到文人并称资料的搜集和编撰工作。从事著述工作是一件苦差事，也是一项需要耐得住寂寞的工作，个人自知没有超世之才，因此唯有坚韧不拔之志方能走下去。正如张舜徽先生在《张舜徽壮议轩日记》中所云："盖著述之业，谈何容易！必须刊落声华，专一神志，先之以十年廿载伏案之功，再益以旁推广览批检之学，反诸己而有得，然后敢著纸笔。艰难寂寞，非文士所能堪。"

在这期间我也彷徨、迷茫过，特别是外面的世界如此繁华，而我独守清斋，淡去功名利禄，亦是有所不甘。只是想起古人有云："常人学道者千，而知道者一；知道者千，而志道者一；志道者千，而专精者一；专精者千，而勤久者一。是以学者众，而成者寡也。"我还是决定坚持不懈地研究下去，毕竟有了自己的观点、想法和声音，能够表达出来，这也是一种责任意识的表现。人的一生其实难得做几件让自己非常满意、让后人铭记的事情。

工作之余，非常幸运的是能够神交两位同行：一是张珊博士，二是陈凯玲博士。张珊博士的硕士毕业论文《中国古代作家并称研究》和陈凯玲博士的博士毕业论文《清代诗人并称群体研究》，进一步启发了我的灵感，也进一步激发了我写作的欲望，"瞻天下以为师，历寒暑以求成，沐风雨而自华"，在业余时间我进一步加大了资料搜集的力度，并对文稿进行反复的修订、补充、完善、调整、锤炼。我虽然学过文、理相关课程，也粗通一点诗词和文史，但毕竟学无专主、根基不厚，在搜集整理过程中也遇到了不少困难，如对古代文学史认识浅陋、工具书不全、可供参考资料较少、日常工作繁忙，等等。往往力不从心，捉襟见肘。因为发自内心的渴望，所以我不懈坚持。所幸我得到了诸多领导老师、专家学者、文朋诗友、热心人士的大力支持，特别是得到了陈凯玲博士的关心、帮助与支持；与此同时，也得益于互联网的便捷快速，使我穿过重重障碍，一步步走到了今天，《中国古代文人并称导论》终于完稿了。陈凯玲博士对书稿进行了审阅，并提出了诸多宝贵意见，在此表示衷心感谢！虽然书稿中仍有诸多缺漏或错误之处，但毕竟已成稿，这也为今后的修订完善奠定了坚实的基础。

如开头所提，按照最初的设想，在有生之年，我还想完成《中国文学并称录》其他三卷“现当代文人并称卷”“古代文学作品并称卷”“现当代文学作品并称卷”的著述工作。只是人生实在太短暂了，想要做点有意义的事情又太多了。自己日常工作繁忙，又非专职研究者，仅仅“古代文人并称”一卷中的导论部分就花费了我十五年的时间，完成剩余三卷的难度实在太大，只能等待有关爱好者、研究者再继续进行归纳、整理和著述了。

“并称学”其实还是可以构成一门学科的，除了文学方面的上述四个领域外，至少还是可以向着两个方向发展，一是向横向领域扩展，即从文学领域扩展到其他领域，仅以人物并称为例，就可以继续研究“军事人物并称”“政治人物并称”“科学人物并称”……，也可以扩展到器物类、文化类、地理类……。如此，并称领域就更为宽广了。二是向纵向领域扩展，例如可以研究“江苏文人并称”“浙江文人并称”“山东文人并称”等地域人物并称；也可以研究“诗人并称”“词人并称”“小说家并称”等分门类人物并称；还可以研究“唐代文人并称”“宋代文人并称”“明代文人并称”“清代文人并称”等断代史文人并称。至于每一个并称组合或条目，亦可以更加细致深入地研究，少则可以作为一篇论文，大则可以成为一部专著，这个只能有待于今后继续开拓了。

应该说这本著作的完成首先要感谢的是我的家人，我的妻子张霞在我驻外开发期间承担了所有的家务，为整个家庭付出了艰辛的劳动，给了我极大地支持；我的父母、岳父母一直给我无私的关爱和帮助，我都心存感恩。无论身处何方，我都应该奋发向上、积极作为，作为对家人的报答。其次要感谢的还是我所在的单位和单位的历任领导，给我提供了较好的工作和生活条件。感谢席建海先生、王潇女士为本书的出版给予热忱的帮助。还有其他帮助我的朋友，在此不再一一列举，一并表示致谢。

最后，我想说的是这仍然是一部尚未写完的书，这颇令人有些遗憾，然而从某种意义上来讲，世上本就没有写完的书。在有生之年，我将继续修订完善，希望广大读者能够给予批评指正，也衷心希望广大读者能够提供相关素材，在此也表示衷心的感谢！